GS칼텍스

집합테스트
일반직

PREFACE

우리나라 기업들은 1960년대 이후 현재까지 비약적인 발전을 이루었다. 이렇게 급속한 성장을 이룰 수 있었던 배경에는 우리나라 국민들의 근면성 및 도전정신이 있었다. 그러나 빠르게 변화하는 세계 경제의 환경에 적응하기 위해서는 근면성과 도전정신 이외에 또 다른 성장 요인이 필요하다.

한국기업들이 지속가능한 성장을 하기 위해서는 혁신적인 제품 및 서비스 개발, 선도 기술을 위한 R&D, 새로운 비즈니스 모델 개발, 효율적인 기업의 합병 · 인수, 신사업 진출 및 새로운 시장 개발 등 다양한 대안을 구축해 볼 수 있다. 하지만, 이러한 대안들 역시 훌륭한 인적자원을 바탕으로 할 때에 가능하다. 최근으로 올수록 기업체들은 자신의 기업에 적합한 인재를 선발하기 위해 기존의 학벌 위주의 채용을 탈피하고 기업 고유의 인 · 적성검사 제도를 도입하고 있는 추세이다.

GS칼텍스에서도 업무에 필요한 역량 및 책임감과 적응력 등을 구비한 인재를 선발하기 위하여 고유의 집합테스트를 치르고 있다. 본서는 GS칼텍스 채용대비를 위한 필독서로 GS칼텍스 집합테스트의 출제경향을 철저히 분석하여 응시자들이 보다 쉽게 시험유형을 파악하고 효율적으로 대비할 수 있도록 구성하였다.

신념을 가지고 도전하는 사람은 반드시 그 꿈을 이룰 수 있습니다. 처음에 품은 신념과 열정이 취업 성공의 그 날까지 빛바래지 않도록 서원각이 수험생 여러분을 응원합니다.

STRUCTURE

출제예상문제

각 영역별 다양한 유형의 출제예상문제를 다수 수록하여 실전에 완벽하게 대비할 수 있습니다.

상세한 해설

문제의 핵심을 꿰뚫는 명쾌하고 자세한 해설로 수험생들의 이해를 돕습니다.

면접

성공취업을 위한 면접의 기본과 면접기출을 수록하여 취업의 마무리까지 깔끔하게 책임집니다.

CONTENTS

PART

I

GS칼텍스 소개

01 기업소개

1 GS칼텍스 개요

(1) 회사 소개

정유 · 석유화학 · 윤활유 등 기존 사업의 지속적인 성장을 넘어 앞선 기술과 차별된 품질로 전 세계 46여개국에 석유 및 석유제품을 수출하고 있는 GS칼텍스는 글로벌 에너지 시장을 선도하는 세계적인 에너지 전문 기업이다.

(2) 비전

GS칼텍스는 2014년 1월 'Value No. 1 Energy & Chamical Partner'를 비전으로 선포함

① 환경변화에 앞서가는 Energy & Chemical Partner

향후 에너지 시장은 수요 변화, 가격의 변동폭 확대 등의 내부 요인에 더해 전 세계적인 이슈인 기후변화, 세계화 등 복잡하고 다양한 변수들 속에 급변할 것으로 예상되고 있다. 에너지를 제공하는 기업은 에너지 시장에서 '맞춤 서비스'로 고객의 다양한 요구를 만족시키는 것 뿐 아니라, 보다 넓고 장기적인 안목으로 전지구적 환경과 인류의 미래를 고려한 최상의 에너지 조합을 제안하고 실행할 수 있어야만 그 사명을 다하는 것이다.

② GSC Way 실천으로 비전 달성

GS칼텍스의 비전은 GS칼텍스가 지향하는 GSC Way를 통해서 구현되어야만 한다. GS칼텍스는 고객 만족을 비롯, 구성원 성장, 주주가치 극대화, 사회발전 기여를 GS칼텍스의 가치, 존재의 이유로 인식하고 있다. 또한 GS칼텍스 구성원들은 서로 믿고 존중하는 신뢰, 열린 사고와 행동으로 다양성을 추구하는 유연, 높은 목표를 설정하고 과감하게 시도하는 도전, 최고를 지향하는 탁월이라는 조직가치와 먼저 생각하고 앞서 실행하는 선제행동, 대내외 자원과 역량을 결집하는 상호협력, 가시적인 성과를 창출하는 성과창출이라는 핵심행동을 바탕으로 GSC Way를 실천하고 있다.

③ 창의와 도전으로 지속적인 혁신

지향 가치와 더불어 비전달성의 또 하나의 축은 혁신이다. 급변하는 경영환경 속에서 살아남기 위해서 조직은 끊임없이 혁신해야 한다. 1999년 전세계 정유업계 최초로 6시그마 활동을 도입한 GS칼텍스는 이를 GS칼텍스 고유의 변화혁신 활동으로 체화하였다. 문제해결을 위한 끈질긴 도전과 한계를 뛰어넘는 창의적 자세를 지향하는 GS칼텍스의 혁신은 멈추지 않는다.

2 사업영역

(1) 석유분야

① 정유생산

GS칼텍스는 원유 구입선 다변화를 추진하며, 중동 뿐 아니라 러시아 원유를 도입하는 등 하루 80만 배럴의 석유정제시설 및 등·경유 탈황시설 등 최첨단 자동화 생산 설비에서 고품질의 석유제품을 생산하고 있다.

② 정유영업

GS칼텍스가 생산한 석유제품들은 전국 2,500여 개의 주유소와 400여 개의 충전소를 통해 운전자들에게 제공되고 있다. 이외에도 각종 공장, 철도 및 항공 등 산업용과 운송용으로 직접 공급하고 있을 뿐만 아니라, 생산량의 60% 이상을 전세계에 수출하고 있다.

(2) 석유화학분야

① 방향족

석유화학제품은 목재, 고무, 섬유 등 천연제품의 한계를 대체하고 자동차, 전자, 건설, 의류 등 거의 모든 산업에 기초소재로 사용됨으로써 '산업의 쌀'로 불린다. GS칼텍스는 지속적인 증설을 통해 연산 135만톤의 파라자일렌 생산시설을 비롯하여 한해 총 280만톤에 이르는 방향족(벤젠, 톨루엔, 자일렌) 생산능력을 갖추어, 단일 방향족 공장으로는 세계 최대 규모 수준의 생산능력과 경쟁력을 갖추고 있다.

② 폴리프로필렌

GS칼텍스는 1988년 폴리프로필렌 '하이르핀'의 생산을 시작한 이래, 지속적인 증설을 통해 연산 18만톤의 생산능력을 확보하여 최고의 품질과 서비스를 제공하고 있다. 폴리프로필렌의 원료인 프로필렌은 RFOC(중질유분해시설) 공정으로부터 전량 자체 조달하여 제품경쟁력을 강화하고 있으며, 윤활유 용기용 원료, 생수병용 원료, 발포용 원료 등을 국내 최초로 개발함으로써 고객의 요구를 충족시킴은 물론, 국내 폴리프로필렌 업계의 기술력을 한단계 향상시키는 데 기여하고 있다. GS칼텍스는 여기서 멈추지 않고 도장성 원료, 흡음파이트용 원료 등 고기능성 원료 개발 및 상품화에 주력하고 있다.

(3) Base Oil 및 윤활유분야

① Base Oil

2007년 11월, 일산 1만 6천 배럴의 생산능력으로 Base Oil 생산을 시작한 GS칼텍스는 Base Oil 공장개선(Revamping)을 통해 2011년 기준 일산 2만 6천 배럴의 생산능력을 보유하고 있다. 최첨단 수첨분해공법(Hydrocracker, HCR)으로 환경친화적인 고품질 Base Oil를 생산하여, 자동차용 및 산업용 윤활유 제조사에서 요구하는 까다로운 조건을 만족시키고 있다. GS칼텍스는 Base Oil의 전체 생산 물량 중 70% 이상을 해외에 수출하고 있으며, 아시아의 Base Oil 수요가 증가함에 따라 향후 지속적으로 생산능력을 개선하여 아시아의 선도적인 Base Oil 공급 회사로 자리매김 할 것이다.

② 윤활유

GS칼텍스는 하루 9천배럴 규모의 윤활유 제품과 연간 8천톤 규모의 그리스 제품을 생산하고 있으며, 국내 윤활유 완제품시장에서 시장점유율 및 판매량 1위를 기록하는 등 우수한 제품력과 기술력을 인정받고 있다. Kixx 엔진오일을 대표 브랜드로 하는 GS칼텍스 윤활유는 용도에 따라 자동차용, 선박용 및 특수유 등 약 180여종의 다양한 제품을 갖추고 있으며, 전국의 대리점, 카센터를 통해 고객들에게 제공되고 있다. GS칼텍스는 국내 윤활유 시장에서의 경쟁력을 바탕으로 해외 윤활유 시장에 본격 진출하고 있으며, 2010년에는 인도 뭄바이에 현지법인을 설립하였다. 또한 2012년에는 중국 현지법인 및 러시아 대표사무소를, 2017년 베트남 현지사무소를 설립하였다.

02 채용안내

1 인재상

신뢰 (Trust)	자신의 역할을 다하며 서로 믿고 존중한다. • 역할에 대한 이해 : 고객 및 사회, 조직이 자신에게 기대하는 바를 이해하고 행동한다. • 책임감 : 업무수행 결과에 대해 책임을 진다. • 원칙준수(공정성) : 공정하고 투명한 원칙에 입각하여 행동한다.
유연 (Flexibility)	열린 사고와 행동으로 다양성을 추구한다. • 이견에 대한 존중 : 본인과 다른 의견에 대해서도 경청하고 존중한다. • 창의적 아이디어 인정 : 가치를 창출하는 새로운 아이디어를 적극적으로 개진하고 수용한다. • 다양성 활용 : 타인의 다양한 특·장점을 적극적으로 배우고 활용한다.
도전 (Challenge)	높은 목표를 설정하고 과감하게 시도한다. • 높은 목표 설정 : 한계를 뛰어넘는 높은 목표를 설정한다. • 과감한 시도 : 새롭고 진취적인 것을 과감하게 시도한다. • 위험 감수 : 위험요소가 있더라도 필요하다고 판단되면 적극 추진한다.
탁월 (Excellence)	구성원과 조직 모두가 최고를 지향한다. • 최고에 대한 열정 : 모두가 최고가 될 수 있다는 열정과 자신감을 갖는다. • 역량개발 및 발휘 : 세계 최고 전문가로 성장하기 위해 역량을 개발하고, 최대한 발휘한다. • 무결점 추구 : 모든 업무에서 완벽을 추구한다.
선제행동 (Proactive)	먼저 생각하고 앞서 실행한다. • Reactive의 상대개념 : 수동적이 아닌 능동적으로 한다. • 미래에 대한 대비 : 미래 상황을 예견하고 대비한다. • 적극성 : 기대 되는 일 이상의 것을 열정을 다해 수행한다.
상호협력 (Collaboration)	대내외 자원과 역량을 결집한다. • 공동의 목표 : 원활한 소통을 통해 수평 간, 수직 간 벽을 뛰어 넘어 공동의 목표를 추구한다. • 자원의 전략적 활용 : 동원할 수 있는 모든 내·외부 자원을 활용한다. • Synergy(시너지) : 전체의 합이 부분의 합보다 크도록 시너지를 낸다.
성과 창출 (Performance Driven)	가시적인 성과를 창출한다. • 결과지향(Outcome Oriented) : 업무를 수행하면 결과를 낸다. • 경영성과(Business Result) 추구 : 내가 하는 일의 결과는 고객만족과 회사성과에 기여한다. • Earning(수익) 창출 : 실질적이고 가시적인 수익을 창출한다.

2 **인사제도**

(1) 급여

국내 제조업계 중 최고 수준의 급여를 지급한다.

- 2007년부터 대리, 사원으로 연봉제를 확대 실시하고 있다.
- 성과에 상응하는 보상을 통해 구성원들의 적극적인 동기 유발을 꾀하고 있다.
- 경영성과가 발생할 경우, 별도의 특별 성과급을 지급한다.

(2) 인사관리

- 직위체계 : 사원 - 대리 - 과장 - 차장 - 부장 - 임원
- 직책체계 : 팀원 - 팀장 - 부문장 - 본부장
- 인사고과 점수제 : 인사고과에 따라 매년 점수를 부여하여, 승진 필요점수를 획득할 경우 승진한다. 점수는 직위별로 누적되며, 승진시 누적점수는 소멸된다. 직위 승진에 단계별로 평균 4년 정도 소요되나, 고과에 따라 기간이 달라질 수 있으며, 과장 이상은 개인의 역량에 따라 팀장으로 선임될 수 있다.

(3) 현장근무제도 실시

생산현장 근무를 통해 현장감각을 갖춘 인재로 성장한다.
일반직의 경우 현장 이해도가 높은 인재로 육성하기 위해 생산현장에서 근무 경험을 쌓는 현장근무제도를 실시하고 있다.

대상		근무부서	기간	시점	프로그램 개요
일반직 신입사원	엔지니어	생산본부	16주(4개월)	입문연수 직후	- 생산본부 입문 - 주요 공정 심화 - 생산부서 근무 - 업무연관부서 근무
	엔지니어 外	생산본부 및 기타 사업장	8주(2개월)		
일반직 경력사원		생산본부	4주(1개월)	입사 시점 및 인원감안 별도 결정	- 생산본부 입문 - 생산부서 근무

3 **채용절차**

- 상반기 인턴

서류접수 ⇨ 집합 테스트 ⇨ 1차면접 ⇨ 인턴활동 ⇨ 최종면접 ⇨ 최종 합격발표

※ 인턴활동 우수자에 한해 최종면접 기회가 부여됩니다.

- 상/하반기 신입

서류접수 ⇨ 집합 테스트 ⇨ 1차면접 ⇨ 최종면접 ⇨ 최종 합격발표

(1) 서류접수

홈페이지 채용공고를 확인한 후, 홈페이지에서 자기소개 및 입사지원서를 작성하여 제출

(2) 테스트

① GSC Way 부합도검사(375문항)

GS칼텍스에서 가장 중요하게 생각하고 있는 조직가치를 지원자가 어느 정도 보유하고 있으며, 얼마나 부합하는지 측정하는 일종의 객관식 인성검사 테스트

② 직무능력검사

개인의 직무역량을 판단하는 몇 가지 항목을 측정함으로써 실제 업무에 필요한 역량을 어느 정도 갖추었는지 평가하는 검사

※ 검사항목 : 언어추리, 공간지각, 응용계산 등 8개 영역 총 151문항

③ 한국사시험(10문항/객관식)

한국사에 대한 기본 소양이 어느 정도인지 평가하는 시험으로 일반 상식 수준의 난이도로 출제

(3) 1차 면접

임원/팀장급 전문면접위원이 참여하는 실무면접으로 Biz. Case를 활용한 PT면접 및 인성면접으로 구성

※ 산학/하계 인턴(해당 시) 7~8월 8주간 인턴활동을 수행

(4) 최종면접

GS칼텍스 최고 경영층이 참석하는 면접으로 집단 면접으로 이루어짐(GS칼텍스의 모든 채용 프로세스는 신입사원 채용 프로세스와 동일하게 운영)

(5) 최종 합격자 발표

최종 합격자 발표는 홈페이지 '채용공고 합격자 발표'를 통해 확인 가능

03 GS칼텍스 관련기사

GS칼텍스, 올레핀 사업에 집중

GS칼텍스의 올레핀 생산시설 기본 설계 끝나고 상세설계 작업 진행 중

GS칼텍스는 석유화학업계에서 주목하는 올레핀 생산시설 구축한다. GS칼텍스는 올레핀 생산시설 (MFC)은 여수 제2공장 인근 약 43만㎡ 부지에 올해부터 3년간 2조7000억 원 이상을 투자해 2021년 가동을 목표로 연간 에틸렌 70만톤, 폴리에틸렌 50만톤을 생산할 계획이다.

올레핀 시설은 석유화학제품의 기초 유분인 에틸렌, 프로필렌 등을 생산하는 시설로 주로 나프타를 원료로 투입하는 석유화학사의 납사분해시설(NCC)과 달리 나프타는 물론 정유 공정에서 생산되는 액화석유가스(LPG), 부생가스 등 다양한 유분을 원료로 투입할 수 있는 장점이 있다.

대표적인 생산품은 에틸렌으로 중합의 과정을 거쳐 폴리에틸렌으로 전환되며 가공이나 성형 등 과정을 거쳐 일상생활에서 다양하게 쓰이는 비닐, 용기, 일회용품 등 플라스틱 제품으로 활용된다. 전 세계 폴리에틸렌 시장 규모는 연간 1억 톤으로 전체 올레핀 시장 규모 2억6000만톤 중 가장 큰 비중을 차지하며 전 세계 수요성장률은 연 4.2%로 견고하다는 것이 회사의 설명이다.

지난달 GS건설은 1조1560억 원 규모의 '올레핀 생산시설 설계·조달·시공 프로젝트 가계약'을 맺었다. 현대 GS칼텍스의 올레핀 생산시설은 기본 설계가 끝나고 상세설계 작업이 진행 중이며, 올해 중 첫 삽을 들 예정이다. GS칼텍스 측은 올레핀에 대한 투자는 100년 기업 도약을 위해 결정한 일이라며 연간 4000억 원 이상의 추가 영업이익을 기대하고 있다.

– 2019. 8. 21

면접질문 ● 자사에서 추진하는 올레핀 생산시설의 장점에 대해 설명하시오.

GS칼텍스 여수공장, 희망에너지캠프 '성황'

희망에너지캠프 통해 '작은 밴드 만들기' 프로그램 진행

GS칼텍스 여수공장은 여름방학을 맞아 'GS칼텍스 희망에너지캠프'를 개최하고 여수지역 아동·청소년에게 일일 버스커가 되는 특별한 경험을 선사했다.

28일 GS칼텍스 여수공장에 따르면 최근 여수시 소라면 소재 여수YMCA 생태교육관에서 개최된 캠프에는 여수지역 10개 지역아동센터의 초등학생과 중학생 63명이 참가해 희망에너지캠프를 진행했다.

이번 행사에는 각 지역아동센터에서 총 8개의 작은 밴드를 결성해 참가한 학생들은 1박2일 동안 합숙하며 전문기관의 집중 지도를 통해 악기 연주를 배웠으며, 여수 소호동동다리에서 거리 공연을 펼치는 것으로 캠프 일정을 마무리했다.

건반을 연주한 여수부영초등학교 4학년 정모 양은 "여수 밤바다 버스킹을 자주 접하며 언젠가는 나도 거리 무대에 서보고 싶다는 상상을 했는데, 친구들과 함께 꿈을 이룬 것 같아 뿌듯하다"는 소감을 밝혔다.

허정란 여수지역아동센터연합회장은 "아이들이 서로를 다독이고 격려하며 하모니를 이루고, 용기 내어 대중 앞에 서는 일련의 과정을 통해 정서적으로 부쩍 성장한 것 같아 매우 유익한 시간이었다"고 말했다.

GS칼텍스는 지난 2010년부터 'GS칼텍스 희망에너지교실'이라는 연중 프로그램을 통해 여수지역 아동·청소년들의 꿈과 비전 함양을 위한 다양한 체험 활동을 진행하고 있다.

올해는 여수지역사회연구소와 협력해 여수지역 역사 탐구와 답사를 주제로 진행 중이며, 작년까지 여수지역 40개 지역아동센터 아동·청소년 3000여 명이 참여했다.

-2019. 7. 28

면접질문　● 2010년부터 진행해 온 '희망에너지교실' 프로그램의 사회 공헌 방향에 대해 말하시오.

2000억원 상생펀드 조성해 협력사 지원

과도한 경쟁으로 인한 품질저하 방지, 저가 심의제 운영하기도

GS그룹은 허창수 회장의 동반성장 정신 강조에 따라 각 계열사별로 협력사와의 상생경영 활동에 힘쓰고 있다. 공동 기술 개발이나 판로 개척을 함께하고 자금 지원에도 나섰다.

GS는 2010년부터 ㈜GS 대표이사를 위원장으로 하고 자회사 및 계열사 대표이사를 위원으로 하는 그룹 차원의 '공생발전협의회'를 정기적으로 개최하고 있다. 각 계열사별로 추진하고 있는 협력회사 동반성장 프로그램 추진 실적을 점검하고, 활성화 방안을 모색하기 위해서다.

GS칼텍스는 협력사의 경쟁력 향상을 위해 자금 지원, 기술 개발 지원, 교육 및 훈련 등의 다양한 상생 프로그램을 운영하고 있다.

GS칼텍스는 거래 관계에 있는 중소기업 및 중견기업을 대상으로 다양한 자금 지원 프로그램을 운영하고 있다. 구매대금의 경우 100% 현금 결제 및 세금계산서 수취 후 7일 이내에 지급하고 있으며 동반성장 협약 체결 협력사를 대상으로 금융권과 공동으로 2000억 원의 상생펀드를 조성해 우대금리 대출을 지원하고 있다.

서비스 용역 구매 시 업체 간 과도한 경쟁을 예방하고 품질을 확보한다는 차원에서 '저가 심의제도'도 운영한다. 업체 입찰가격이 회사 산정 기준가격 대비 과도하게 낮으면 입찰에서 제외시키는 제도이다. GS칼텍스는 자재 구매 시에도 사전 기술평가를 통과한 업체를 대상으로 입찰에 참가할 수 있도록 하는 등 협력사 기술 건전성 확보에도 노력하고 있다.

— 2019. 8. 30

면접질문 • 자사의 상생펀드를 통해 얻을 수 있는 기대이익에 대해 말해보시오.

"SK에너지 · GS칼텍스 주유소가 택배 거점"…주유소 홈픽 서비스 인기

스타트업과 손잡고 만든 주유소 거점 택배 '홈픽'

주유소를 택배 거점으로 한 홈픽(HOMEPICK) 서비스가 눈길을 끌고 있다. SK에너지와 GS칼텍스가 공유 인프라로 제공한 주유소를 스타트업 줌마가 택배 거점으로 활용해 탄생시킨 택배 서비스가 사업을 시작한지 10개월(7월말 현재)만에 1일 주문량이 3만건을 넘어섰다. 올 1월말(1만건)에 비해 6개월 여만에 3배 성장한 것이다. 또 이 서비스는 재이용고객 비율이 70%로 집계돼 연초 대비 20% 상승했다. 앱 누적 다운로드 건수도 올해 초 6만8000건에서 7월말 기준 14만6000건을 넘어서기도 했다. '주유소 홈픽'은 오는 9월 1일 정식 서비스 개시 1주년을 맞는다.

일반적으로 홈픽은 택배회사 직원이 고객의 집을 방문, 택배물건으로 수거해가는 C2C(고객 대 고객) 택배 서비스의 일종이다. '주유소 홈픽'은 대기업과 중소기업의 모범적인 상생 사례로 평가받으면서 소비자들의 관심을 받고 있다는 게 업계 분석이다. 택배 업계 관계자는 "전국 곳곳에 포진하고 있는 주유소를 고객 접근성 높은 물류 거점으로 재해석하고, 이를 활용한 것이 성공 배경이 된 것으로 판단한다"고 말했다.

줌마 관계자는 "1년여 동안 홈픽 서비스를 운영하며 현장에서 얻은 고객 의견을 바탕으로 중량별 운임 다양화, 대량발송 고객 운임할인 등 다양한 서비스를 개발해 고객의 재이용률을 높이고 빠른 반품, 소형 가전 A/S 수거 등 고객 편의를 높이는 방향으로 서비스 영역을 확대했다"고 말했다.

'주유소 홈픽'은 중고거래 플랫폼, e커머스, 가전공구업체 등과의 제휴를 통해 사업 영역을 확장해 나가고 있다. 번개장터 중고거래 택배, e커머스 업체인 위메프의 긴급 반품 서비스, 공구업체인 스탠리블랙앤데커의 A/S 수거와 같은 서비스가 대표적이다. 여기에 지역 특산품, 공산품 등 대량으로 택배를 보내는 기업 고객을 적극 유치하는 등 고객 저변 확대에도 힘쓰고 있다. 줌마 김영민 대표는 "SK에너지와 GS칼텍스가 주유소를 거점으로 제공한 데 이어 기업 PR 캠페인에도 홈픽을 소재로 활용하는 등 브랜드 신뢰도 확보 측면에서도 적극적으로 지원해 사업이 조기에 안정화될 수 있었다"며 향후 "독거노인, 장애인 등 취약계층에 대한 택배 서비스 지원 등을 통해 SK에너지와 GS칼텍스가 추구하는 사회적가치 창출에도 적극적으로 기여하겠다"고 말했다.

-2019. 8. 21

면접질문 • '홈픽' 서비스를 통해 자사가 추구하는 사회적 가치에 대해 말하시오.

PART II

직무능력검사

사무지각

┃1~2┃ 다음은 어느 해 국가직 9급 공개경쟁채용시험 최종합격자 명단이다. 다음을 보고 물음에 답하시오.

20××년 국가직 9급 공개경쟁채용시험 최종합격자 명단					
60000524	60000881	60001069	60001386	60001428	60002373
60002867	60003247	60003927	60004430	60004457	60006547
60007477	60007700	60007721	60008488	60029586	60030738
60037505	60049921	60066338	60079514	60100061	60100121
60160028	60179008	60179070	63100078	63100085	63100143
63400150	63129031	63149020	63149058	63158004	63166030

1 다음 중 합격자 명단에 없는 사람은?

① 60000881　　　　　　　　② 60079514

③ 60160029　　　　　　　　④ 63158004

 60160029는 합격자 명단에 없다.

2 수험번호 앞자리가 601로 시작하는 사람은 장애인 일반행정직 응시생이다. 해당 년도의 장애인 일반행정직 합격자는 몇 명인가?

① 4명　　　　　　　　　② 5명

③ 6명　　　　　　　　　④ 7명

 60100061, 60100121, 60160028, 60179008, 60179070 총 5명이다.

▌3~4 ▌ 다음은 어느 회사의 사원명단과 사원번호이다. 다음을 보고 물음에 답하시오.

고명수	31011	김지혜	31452	김영민	31603	유나나	31644
최지혜	32235	박희웅	32246	방지원	32657	김동규	32978
정은숙	61409	이학진	61560	이새롬	61610	백설희	71182
이건우	71373	황인영	71574	이기현	71655	허장범	72326
송영태	72527	정윤미	72558	양정원	72819	김영민	81070
황지원	81301	소영선	81732	최소현	81863	신혁	91064
최연순	91155	김재진	91206	김유식	91527	김민지	91648
김민준	91969	신연준	92210	이학우	92219	정은수	92812

3 다음 중 같은 이름을 가진 사람이 2인 이상인 사람은?

① 김민지 ② 이학진
③ 정은수 ④ 김영민

 김영민이라는 이름을 가진 사원은 사원번호 31603, 81070 두 명이다.

4 사원번호는 부서식별번호(1자리), 팀식별번호(1자리), 개인식별번호(3자리)로 지정된다. 부서식별번호가 다음과 같을 때 가장 많은 사람이 소속되어 있는 팀은?

부서식별번호	부서명
3	기획부
6	편집부
7	영업부
8	총무부
9	연구개발부

※ 예시 : 92××× → 연구개발2팀

① 기획2팀 ② 영업1팀
③ 총무1팀 ④ 연구개발1팀

 연구개발1팀이 총 6명으로 가장 많은 사람이 소속되어 있다.

Answer ↱ 1.③ 2.② 3.④ 4.④

┃5~8┃ 다음 제시된 두 보기에서 배열과 문자가 다른 것이 몇 개인지 고르시오.

5

| はじめからわかってる　　　　はしめからあかってる |

① 1개　　　　　　　　　　　② 2개
③ 3개　　　　　　　　　　　④ 4개

(Tip) はじめからわかってる－はしめからあかってる

6

| ◐□●◎○●☝■◆◎⚞🖵▲　　◐□●◐◐●☝■◆◎🖵▲ |

① 4개　　　　　　　　　　　② 5개
③ 6개　　　　　　　　　　　④ 7개

(Tip) ◐□●◎○●☝■◆◎⚞🖵▲ － ◐□●◐◐●☝■◆◎🖵▲

7

| SE울LON던도시행BOK　　　　SE을LAN던도시행BOL |

① 1개　　　　　　　　　　　② 2개
③ 3개　　　　　　　　　　　④ 4개

(Tip) SE울LON던도시행BOK － SE을LAN던도시행BOL

8

| Love will find a way　　　Love wild find a wav |

① 없음　　　　　　　　　　② 1개
③ 2개　　　　　　　　　　　④ 3개

(Tip) Love will find a way－Love wild find a wav

▌9~12▐ 다음 제시된 두 보기에서 배열과 문자가 같은 것이 몇 개인지 고르시오.

9

> 지각정확성상황판단력창의력 지각성확정상항판단력참의력

① 6개   ② 7개
③ 8개   ④ 9개

(Tip) <u>지각</u>정확<u>성상</u>황판단력창<u>의</u>력 – <u>지각</u>성확정상항판단력참<u>의</u>력

10

> 아노호시니미레바보쿠와호시   이누호사니미리바부구와호시

① 6개   ② 7개
③ 8개   ④ 9개

(Tip) 아<u>노</u>호시니<u>미</u>레바보쿠<u>와호시</u> – 이<u>누</u>호사<u>니</u>미리바부구<u>와호시</u>

11

> 식⊂어∈몽∀몽▓몽너∞마늘 시⊆어몽몽∀몽▓몽이∝만을

① 2개   ② 3개
③ 4개   ④ 5개

(Tip) 식⊂<u>어</u>∈<u>몽∀몽▓몽</u>너∞마늘   시⊆<u>어몽몽∀몽▓몽</u>이∝만을

12

> Na꺼∞人듯nA꺼▼A닌같EUN   ∞Na꺼人득nA꺼▼A인같EVN

① 4개   ② 5개
③ 6개   ④ 7개

(Tip) Na꺼∞<u>人</u>듯<u>nA꺼</u>▼A닌같EUN – ∞Na꺼<u>人</u>득<u>nA꺼</u>▼P인같EVM

Answer┏▶ 5.② 6.② 7.③ 8.③ 9.④ 10.② 11.④ 12.④

▌13~15 ▌ 다음의 기호군에서 제시된 기호가 몇 개인지를 고르시오.

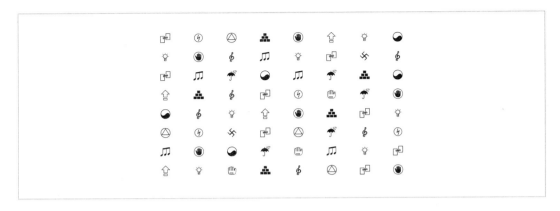

13

$$ⓕ$$

① 3개   ② 4개

③ 5개   ④ 5개

14

① 4개   ② 5개

③ 6개   ④ 7개

15

① 3개   ② 4개

③ 5개   ④ 6개

Answer → 13.②   14.②   15.①

송아지	송사리	고사리	고양이	호랑이	병아리	강아지	고양이
고양이	강아지	망아지	정어리	송사리	고라니	정어리	송아지
망아지	병아리	송아지	따개비	도라지	송아지	망아지	송사리
병아리	호랑이	정어리	도라지	강아지	고사리	고라니	강아지
송사리	고라니	도라지	호랑이	도라지	따개비	고양이	호랑이
호랑이	고사리	고양이	송아지	망아지	정어리	도라지	송사리
고라니	강아지	호랑이	고라니	고양이	고라니	호랑이	고양이
고양이	송아지	따개비	고사리	병아리	송사리	망아지	강아지

16

도라지

① 2개   ② 3개

③ 4개   ④ 5개

송아지	송사리	고사리	고양이	호랑이	병아리	강아지	고양이
고양이	강아지	망아지	정어리	송사리	고라니	정어리	송아지
망아지	병아리	송아지	따개비	도라지	송아지	망아지	송사리
병아리	호랑이	정어리	도라지	강아지	고사리	고라니	강아지
송사리	고라니	도라지	호랑이	도라지	따개비	고양이	호랑이
호랑이	고사리	고양이	송아지	망아지	정어리	도라지	송사리
고라니	강아지	호랑이	고라니	고양이	고라니	호랑이	고양이
고양이	송아지	따개비	고사리	병아리	송사리	망아지	강아지

17

정어리

① 2개   ② 3개

③ 4개   ④ 5개

송아지	송사리	고사리	고양이	호랑이	병아리	강아지	고양이
고양이	강아지	망아지	정어리	송사리	고라니	정어리	송아지
망아지	병아리	송아지	따개비	도라지	송아지	망아지	송사리
병아리	호랑이	정어리	도라지	강아지	고사리	고라니	강아지
송사리	고라니	도라지	호랑이	도라지	따개비	고양이	호랑이
호랑이	고사리	고양이	송아지	망아지	정어리	도라지	송사리
고라니	강아지	호랑이	고라니	고양이	고라니	호랑이	고양이
고양이	송아지	따개비	고사리	병아리	송사리	망아지	강아지

18

송사리

① 3개   ② 4개

③ 5개   ④ 6개

송아지	송사리	고사리	고양이	호랑이	병아리	강아지	고양이
고양이	강아지	망아지	정어리	송사리	고라니	정어리	송아지
망아지	병아리	송아지	따개비	도라지	송아지	망아지	송사리
병아리	호랑이	정어리	도라지	강아지	고사리	고라니	강아지
송사리	고라니	도라지	호랑이	도라지	따개비	고양이	호랑이
호랑이	고사리	고양이	송아지	망아지	정어리	도라지	송사리
고라니	강아지	호랑이	고라니	고양이	고라니	호랑이	고양이
고양이	송아지	따개비	고사리	병아리	송사리	망아지	강아지

Answer ☞ 16.④   17.③   18.④

H	C	K	S	K	L	V
S	T	E	V	X	S	O
L	V	E	C	P	Z	J
E	N	L	O	U	I	B
M	E	J	T	R	S	O
O	H	X	E	O	Q	C
H	C	V	B	J	A	P

19 ① A   ② U
③ I   ④ D

```
H C K S K L V
S T E V X S O
L V E C P Z J
E N L O U I B
M E J T R S O
O H X E O Q C
H C V B J A P
```

20 ① Q   ② O
③ F   ④ C

```
H C K S K L V
S T E V X S O
L V E C P Z J
E N L O U I B
M E J T R S O
O H X E O Q C
H C V B J A P
```

21 ① K   ② W

   ③ L   ④ P

 Tip

```
H  C  K  S  K  L  V
S  T  E  V  X  S  O
L  V  E  C  P  Z  J
E  N  L  O  U  I  B
M  E  J  T  R  S  O
O  H  X  E  O  Q  C
H  C  V  B  J  A  P
```

22 ① Y   ② M

   ③ N   ④ T

 Tip

```
H  C  K  S  K  L  V
S  T  E  V  X  S  O
L  V  E  C  P  Z  J
E  N  L  O  U  I  B
M  E  J  T  R  S  O
O  H  X  E  O  Q  C
H  C  V  B  J  A  P
```

23 ① H   ② G

   ③ S   ④ E

Tip

```
H  C  K  S  K  L  V
S  T  E  V  X  S  O
L  V  E  C  P  Z  J
E  N  L  O  U  I  B
M  E  J  T  R  S  O
O  H  X  E  O  Q  C
H  C  V  B  J  A  P
```

Answer → 19.④ 20.③ 21.② 22.① 23.②

|24~27| 다음 제시된 문자가 반복되는 개수를 고르시오.

갸 삑 붉 만 벡 샵 흚 붂 쥐
삷 쀑 붂 걊 삶 붉 쥐 설 쉮
지 쉮 갸 샬 짊 샵 섞 별 핡
핡 힌 돍 닭 동 질 민 읆 숤
삶 설 짊 흚 붂 샬 갸 닭 돍
쉮 붉 설 쉮 짊 힌 핡 쥐 쥐
설 별 짊 지 삷 흚 걊 돍 설

24
흚

① 2개   ② 3개
③ 4개   ④ 5개

갸 삑 붉 만 벡 샵 <u>흚</u> 붂 쥐
삷 쀑 붂 걊 삶 붉 쥐 설 쉮
지 쉮 갸 샬 짊 샵 섞 별 핡
핡 힌 돍 닭 동 질 민 읆 숤
삶 설 짊 <u>흚</u> 붂 샬 갸 닭 돍
쉮 붉 설 쉮 짊 힌 핡 쥐 쥐
설 별 짊 지 삷 <u>흚</u> 걊 돍 설

25
닭

① 2개   ② 3개
③ 4개   ④ 5개

갸 삑 붉 만 벡 샵 흚 붂 쥐
삷 쀑 붂 걊 삶 붉 쥐 설 쉮
지 쉮 갸 샬 짊 샵 섞 별 핡
핡 힌 돍 <u>닭</u> 동 질 민 읆 숤
삶 설 짊 흚 붂 샬 갸 <u>닭</u> 돍
쉮 붉 설 쉮 짊 힌 핡 쥐 쥐
설 별 짊 지 삷 흚 걊 돍 설

26

붉

① 2개 ② 3개

③ 4개 ④ 5개

 걀 뷀 <u>붉</u> 먄 벡 샾 흚 붂 쥒
삵 뷊 붂 걊 삵 <u>붉</u> 쥒 셜 싐
지 싐 걀 샬 짏 샾 셝 별 핡
핡 힌 돍 닭 동 질 민 읅 숡
삵 셜 짏 흚 붂 샬 걀 닭 돍
싐 <u>붉</u> 셜 싐 짏 힌 핡 쥒 쥒
셜 별 짏 지 삵 흚 걊 돍 셜

27

짋

① 2개 ② 3개

③ 4개 ④ 5개

 걀 뷀 붉 먄 벡 샾 흚 붂 쥒
삵 뷊 붂 걊 삵 붉 쥒 셜 싐
지 싐 걀 샬 <u>짏</u> 샾 셝 별 핡
핡 힌 돍 닭 동 질 민 읅 숡
삵 셜 <u>짏</u> 흚 붂 샬 걀 닭 돍
싐 붉 셜 싐 <u>짏</u> 힌 핡 쥒 쥒
셜 별 <u>짏</u> 지 삵 흚 걊 돍 셜

Answer ⬐ 24.② 25.① 26.② 27.③

▎28~30 ▎ 다음 제시된 단어와 같은 단어의 개수를 고르시오.

마음	마을	마이너스	마이신	마약	마우스	마술
마부	마력	마루	마늘	말다	마당	마그마
마디	마감	마개	마가린	마스크	마임	마중
마취	망상	막차	마하	막걸리	막간	막내딸
마패	마카로니	마침내	마찰	마초	마천루	마지기
마직	마파람	무마	마피아	마련	마무리	마니아
마비	마치	망사	만취	마름	마다	만사

28

마주	마찰	마임	마인	마전	마정	마제

① 2개   ② 3개

③ 4개   ④ 5개

마음	마을	마이너스	마이신	마약	마우스	마술
마부	마력	마루	마늘	말다	마당	마그마
마디	마감	마개	마가린	마스크	<u>마임</u>	마중
마취	망상	막차	마하	막걸리	막간	막내딸
마패	마카로니	마침내	<u>마찰</u>	마초	마천루	마지기
마직	마파람	무마	마피아	마련	마무리	마니아
마비	마치	망사	만취	마름	마다	만사

29

| 마을 마야 마이오세 마방진 마약 마카로니 마하 |

① 2개   ② 3개
③ 4개   ④ 5개

마음 <u>마을</u>   마이너스 마이신 <u>마약</u>   마우스 마술
마부 마력   마루   마늘   말다   마당   마그마
마디 마감   마개   마가린 마스크 마임   마중
마취 망상   막차   <u>마하</u>   막걸리 막간   막내딸
마패 <u>마카로니</u> 마침내   마찰   마초   마천루 마지기
마직 마파람 무마   마피아 마련   마무리 마니아
마비 마치   망사   만취   마름   마다   만사

30

| 마당 마지기 마패 막간 |

① 2개   ② 3개
③ 4개   ④ 5개

마음 마을   마이너스 마이신 마약   마우스 마술
마부 마력   마루   마늘   말다   <u>마당</u>   마그마
마디 마감   마개   마가린 마스크 마임   마중
마취 망상   막차   마하   막걸리 <u>막간</u>   막내딸
<u>마패</u> 마카로니 마침내   마찰   마초   마천루 <u>마 지 기</u>
마직 마파람 무마   마피아 마련   마무리 마니아
마비 마치   망사   만취   마름   마다   만사

Answer → 28.① 29.③ 30.③

| 31~33 | 다음 제시된 문자가 반복되는 개수를 고르시오.

다음 다리 서울 다정 다과 홍삼 사과 달력 화분
홍삼 과자 다과 다리 다재 다독 달님 가방 다음
이불 과장 마비 마트 지명 지리 당도 화분 홍삼
집게 과자 반지 반야 달력 이불 가위 전화 반찬
바보 형광 자판 베개 이불 마비 청춘 섬세 다독
전화 다음 달님 집게 서울 달력 지명 형광 바보
반야 이불 다리 당도 화분 가방 다과 다독 과장
솔로 집게 서울 화분 홍삼 유아 유리 사장 다리

31

서울

① 1개   ② 2개
③ 3개   ④ 4개

다음 다리 <u>서울</u> 다정 다과 홍삼 사과 달력 화분
홍삼 과자 다과 다리 다재 다독 달님 가방 다음
이불 과장 마비 마트 지명 지리 당도 화분 홍삼
집게 과자 반지 반야 달력 이불 가위 전화 반찬
바보 형광 자판 베개 이불 마비 청춘 섬세 다독
전화 다음 달님 집게 <u>서울</u> 달력 지명 형광 바보
반야 이불 다리 당도 화분 가방 다과 다독 과장
솔로 집게 <u>서울</u> 화분 홍삼 유아 유리 사장 다리

32

화분

① 1개　　　　　　　　　　　② 2개
③ 3개　　　　　　　　　　　④ 4개

 다음 다리 서울 다정 다과 홍삼 사과 달력 <u>화분</u>
홍삼 과자 다과 다리 다재 다독 달님 가방 다음
이불 과장 마비 마트 지명 지리 당도 <u>화분</u> 홍삼
집게 과자 반지 반야 달력 이불 가위 전화 반찬
바보 형광 자판 베개 이불 마비 청춘 섬세 다독
전화 다음 달님 집게 서울 달력 지명 형광 바보
반야 이불 다리 당도 <u>화분</u> 가방 다과 다독 과장
솔로 집게 서울 <u>화분</u> 홍삼 유아 유리 사장 다리

33

지명

① 1개　　　　　　　　　　　② 2개
③ 3개　　　　　　　　　　　④ 4개

 다음 다리 서울 다정 다과 홍삼 사과 달력 화분
홍삼 과자 다과 다리 다재 다독 달님 가방 다음
이불 과장 마비 마트 <u>지명</u> 지리 당도 화분 홍삼
집게 과자 반지 반야 달력 이불 가위 전화 반찬
바보 형광 자판 베개 이불 마비 청춘 섬세 다독
전화 다음 달님 집게 서울 달력 <u>지명</u> 형광 바보
반야 이불 다리 당도 화분 가방 다과 다독 과장
솔로 집게 서울 화분 홍삼 유아 유리 사장 다리

Answer⌐→ 31.③　32.④　33.②

▌34~36 ▌ 다음에 주어진 두 지문에서 서로 다른 곳이 몇 군데인지 고르시오.

34

> GS칼텍스는 추석을 맞아 여수시지역사회복지협의회 주관으로 여수시·전남사회복지 공동모금회와 함께 지역의 어려운 이들에게 추석 성품을 전달했다. GS칼텍스는 지난 3일 노인무료급식소인 GS칼텍스 사랑나눔터에서 성품 전달식을 가졌다. 이날 전달식에는 여수시장, 여수시의회 의장 등 여수시 관계자와 여수시지역사회복지협의체 공동위원장 등 사회복지단체 관계자, GS칼텍스 사장과 여수공장 봉사자 40여명 등 각계각층 인사가 참석했다. 특히 올해는 독거노인들에게 꼭 필요한 생필품 세트를 GS칼텍스 봉사자들이 직접 만들었다는 점에서 더욱 의미가 깊다.

> GS칼텍스는 추석을 맞아 여수시지역사회복지협의회 주관으로 여수시·전남사회복지 공동모금회와 함께 지역의 어려운 이들에게 추석 상품을 전달했다. GS칼텍스는 지난 3일 노인무료급식소인 GS칼텍스 사랑나눔터에서 성품 전달식을 가졌다. 이날 전달식에는 여수시장, 여수시의회 장 등 여수시 관계자와 여수시지역사회복지협의체 공동위원장 등 사회복지단체 관계자, GS칼텍스 사장과 여수공장 봉사자 40명 등 각계각층 인사가 참석했다. 특히 올해는 독거노인들에게 꼭 필요한 생필품 세트를 GS칼텍스 봉사자들이 직접 만들었다는 점에서 더욱 의미가 깊다.

① 2군데　　　　　　　　　② 3군데

③ 4군데　　　　　　　　　④ 5군데

> GS칼텍스는 추석을 맞아 여수시지역사회복지협의회 주관으로 여수시·전남사회복지 공동모금회와 함께 지역의 어려운 이들에게 추석 <u>성품</u>을 전달했다. GS칼텍스는 지난 3일 노인무료급식소인 GS칼텍스 사랑나눔터에서 성품 전달식을 가졌다. 이날 전달식에는 여수시장, 여수시의회 <u>의장</u> 등 여수시 관계자와 여수시지역사회복지협의체 공동위원장 등 사회복지단체 관계자, GS칼텍스 사장과 여수공장 봉사자 <u>40여명</u> 등 각계각층 인사가 참석했다. 특히 올해는 독거노인들에게 꼭 필요한 생필품 세트를 GS칼텍스 봉사자들이 직접 만들었다는 점에서 더욱 의미가 깊다.

> GS칼텍스는 추석을 맞아 여수시지역사회복지협의회 주관으로 여수시·전남사회복지 공동모금회와 함께 지역의 어려운 이들에게 추석 <u>상품</u>을 전달했다. GS칼텍스는 지난 3일 노인무료급식소인 GS칼텍스 사랑나눔터에서 성품 전달식을 가졌다. 이날 전달식에는 여수시장, 여수시의회 <u>장</u> 등 여수시 관계자와 여수시지역사회복지협의체 공동위원장 등 사회복지단체 관계자, GS칼텍스 사장과 여수공장 봉사자 <u>40명</u> 등 각계각층 인사가 참석했다. 특히 올해는 독거노인들에게 꼭 필요한 생필품 세트를 GS칼텍스 봉사자들이 직접 만들었다는 점에서 더욱 의미가 깊다.

35

허창수 GS그룹 회장은 학창시절 때 '모범생'이었을 것 같은 반듯한 이미지를 갖고 있다. 깔끔하게 빗어 넘긴 머리와 정장에 와이셔츠 차림은 그의 올곧은 성품을 잘 보여준다. 그는 세간에 엄격하고 규칙적인 생활을 하는 CEO로 알려져 있다. 허 회장은 매일 새벽 5시에 일어난다. 기상 후에는 어제 읽었던 책의 내용을 되새기고 아침 운동과 식사를 마친 후 오전 8시에 회사로 출근한다. 그의 하루 일과를 따라가다 보면 훌륭한 '생활계획표'를 보는 듯하다. 또한 그는 스스로 정한 원칙을 칼 같이 지키는 것으로도 유명하다.

허창수 GS그룹 회장은 학창시절 때 '모범생'이었을 것 같은 반듯한 이미지를 갖고 있다. 말끔하게 빗어 넘긴 머리와 정장에 와이셔츠 차림은 그의 올곧은 성격을 잘 보여준다. 그는 세상에 엄격하고 규칙적인 생활을 하는 CEO로 알려져 있다. 허 회장은 매일 새벽 5시에 일어난다. 기상 후에는 어제 읽었던 책의 내용을 되새기고 아침 운동과 식사를 마친 뒤 오전 8시에 회사로 출근한다. 그의 하루 일과를 따라가다 보면 훌륭한 '생활계획표'를 보는 듯하다. 또한 그는 스스로 정한 원칙을 칼 같이 지키는 것으로 유명하다.

① 2군데   ② 3군데

③ 4군데   ④ 5군데

허창수 GS그룹 회장은 학창시절 때 '모범생'이었을 것 같은 반듯한 이미지를 갖고 있다. 깔끔하게 빗어 넘긴 머리와 정장에 와이셔츠 차림은 그의 올곧은 성<u>품</u>을 잘 보여준다. 그는 세<u>간</u>에 엄격하고 규칙적인 생활을 하는 CEO로 알려져 있다. 허 회장은 매일 새벽 5시에 일어난다. 기상 후에는 어제 읽었던 책의 내용을 되새기고 아침 운동과 식사를 마친 <u>후</u> 오전 8시에 회사로 출근한다. 그의 하루 일과를 따라가다 보면 훌륭한 '생활계획표'를 보는 듯하다. 또한 그는 스스로 정한 원칙을 칼 같이 지키는 <u>것으</u><u>로도</u> 유명하다.

허창수 GS그룹 회장은 학창시절 때 '모범생'이었을 것 같은 반듯한 이미지를 갖고 있다. 말끔하게 빗어 넘긴 머리와 정장에 와이셔츠 차림은 그의 올곧은 성격을 잘 보여준다. 그는 세<u>상</u>에 엄격하고 규칙적인 생활을 하는 CEO로 알려져 있다. 허 회장은 매일 새벽 5시에 일어난다. 기상 후에는 어제 읽었던 책의 내용을 되새기고 아침 운동과 식사를 마친 <u>뒤</u> 오전 8시에 회사로 출근한다. 그의 하루 일과를 따라가다 보면 훌륭한 '생활계획표'를 보는 듯하다. 또한 그는 스스로 정한 원칙을 칼 같이 지키는 <u>것으</u><u>로</u> 유명하다.

Answer ↪ 34.② 35.④

36

　　GS칼텍스는 기업의 사회적 책임과 역할을 다하기 위해 2005년부터 '에너지로 나누는 아름다운 세상'이라는 사회공헌 슬로건 아래 다양한 활동을 펼치고 있습니다. GS칼텍스는 종합에너지 기업으로서 생산해내는 물질적인 에너지 뿐만 아니라 우리 사회를 보다 희망차고 아름답게 만드는 데 희망의 에너지, 미래의 에너지가 필요하다고 생각합니다. 이에 GS칼텍스와 임직원이 고객, 지역사회와 더불어 에너지를 나눌 수 있는 장을 마련하고 서로 나눔으로써 아름다운 세상을 만들어 나가는데 기여하고자 합니다.

　　GS칼텍스는 기업의 사회적 책임과 역할을 다하기 위해 2005년부터 '에너지로 나누는 아름다운 세상'이라는 사회공헌 슬로간 아래 다양한 활동을 펼치고 있습니다. GS칼텍스는 종합에너지 기업으로서 생산해내는 물질적인 에너지 뿐만 아니라 우리 사회를 보다 희망차고 아릅답게 만드는 데 희망의 에너지, 미래의 에너지가 필요하다고 생각합니다. 이에 GS칼텍스와 임직원이 고객, 지역사회와 더불어 에너지를 나눌 수 있는 장을 마련하고 서로 나눔으로써 아름다운 세상을 만들어 나가는데 기여하고자 합니다.

① 2군데　　　　　　　　　　② 3군데

③ 4군데　　　　　　　　　　④ 5군데

　　GS칼텍스는 기업의 사회적 책임과 역할을 다하기 위해 2005년부터 '에너지로 나누는 아름다운 세상'이라는 사회공헌 <u>슬로건</u> 아래 다양한 활동을 펼치고 있습니다. GS칼텍스는 종합에너지 기업으로서 생산해내는 물질적인 에너지 뿐만 아니라 우리 사회를 보다 희망차고 <u>아름답게</u> 만드는 데 희망의 에너지, 미래의 에너지가 필요하다고 생각합니다. 이에 GS칼텍스와 임직원이 고객, 지역사회와 더불어 에너지를 나눌 수 있는 장을 마련하고 서로 나눔으로써 아름다운 세상을 만들어 나가는데 기여하고자 합니다.

　　GS칼텍스는 기업의 사회적 책임과 역할을 다하기 위해 2005년부터 '에너지로 나누는 아름다운 세상'이라는 사회공헌 <u>슬로간</u> 아래 다양한 활동을 펼치고 있습니다. GS칼텍스는 종합에너지 기업으로서 생산해내는 물질적인 에너지 뿐만 아니라 우리 사회를 보다 희망차고 <u>아릅답게</u> 만드는 데 희망의 에너지, 미래의 에너지가 필요하다고 생각합니다. 이에 GS칼텍스와 임직원이 고객, 지역사회와 더불어 에너지를 나눌 수 있는 장을 마련하고 서로 나눔으로써 아름다운 세상을 만들어 나가는데 기여하고자 합니다.

| 37~38 | 다음 제시된 글을 보고 물음에 답하시오.

A국 의회 의원은 10인 이상 의원의 찬성으로 법률안을 발의할 수 있다. 법률안을 발의한 의원(이하 '발의의원'이라 한다)은 찬성의원 명단과 함께 법률안을 의장에게 제출하여야 한다. 의원이 법률안을 발의할 때에는 그 법률안에 대하여 법률명의 부제로 발의의원의 성명을 기재한다. 만약 발의의원이 2인 이상이면 발의의원 중 대표발의의원 1인을 정하여 그 1인의 성명만을 기재해야 한다. 의장은 법률안이 발의되었을 때 이를 의원에게 배포하고 본회의에 보고하며, 소관상임위원회에 회부하여 그 심사가 끝난 후 본회의에 부의한다. 법률안이 어느 상임위원회의 소관인지 명백하지 않을 때 의장은 의회운영회와 협의하여 정한 소관상임위원회에 회부하되, 협의가 이루어지지 않을 때는 의장이 소관상임위원회를 결정한다.

37 위의 글에서 '의원'이라는 단어는 몇 번 나오는가?

① 11번　　　　　　　　　　　② 12번

③ 13번　　　　　　　　　　　④ 14번

A국 의회 <u>의원</u>은 10인 이상 <u>의원</u>의 찬성으로 법률안을 발의할 수 있다. 법률안을 발의한 <u>의원</u>(이하 '발의<u>의원</u>'이라 한다)은 찬성<u>의원</u> 명단과 함께 법률안을 의장에게 제출하여야 한다. <u>의원</u>이 법률안을 발의할 때에는 그 법률안에 대하여 법률명의 부제로 발의<u>의원</u>의 성명을 기재한다. 만약 발의<u>의원</u>이 2인 이상이면 발의<u>의원</u> 중 대표발의<u>의원</u> 1인을 정하여 그 1인의 성명만을 기재해야 한다. 의장은 법률안이 발의되었을 때 이를 <u>의원</u>에게 배포하고 본회의에 보고하며, 소관상임위원회에 회부하여 그 심사가 끝난 후 본회의에 부의한다. 법률안이 어느 상임위원회의 소관인지 명백하지 않을 때 의장은 의회운영회와 협의하여 정한 소관상임위원회에 회부하되, 협의가 이루어지지 않을 때는 의장이 소관상임위원회를 결정한다.

38 위의 글은 몇 문장으로 구성되어 있는가?

① 4문장　　　　　　　　　　　② 5문장

③ 6문장　　　　　　　　　　　④ 7문장

(Tip) 총 6문장으로 이루어져 있다.

Answer ┌→ 36.① 37.① 38.③

┃39∼40┃ 다음 제시된 글을 보고 물음에 답하시오.

> 자본 구조가 기업의 가치와 무관하다는 명제로 표현되는 모딜리아니−밀러 이론은 완전 자본 시장 가정, 곧 자본 시장에 불완전성을 가져올 수 있는 모든 마찰 요인이 전혀 없다는 가정에 기초한 자본 구조 이론이다. 이 이론에 따르면, 기업의 영업 이익에 대한 법인세 등의 세금이 없고 거래 비용이 없으며 모든 기업이 완전히 동일한 정도로 위험에 처해 있다면, 기업의 가치는 기업 내부 여유 자금이나 주식 같은 자기 자본을 활용하든지 부채 같은 타인 자본을 활용하든지 간에 어떤 영향도 받지 않는다. 모딜리아니−밀러 이론은 현실적으로 타당한 이론을 제시했다기보다는 현대 자본 구조 이론의 출발점을 제시하였다는 데 중요한 의미가 있다.

39 위 글에서 '자본'이라는 단어는 몇 번 나오는가?

① 5번 ② 6번
③ 7번 ④ 8번

> 자본 구조가 기업의 가치와 무관하다는 명제로 표현되는 모딜리아니−밀러 이론은 완전 자본 시장 가정, 곧 자본 시장에 불완전성을 가져올 수 있는 모든 마찰 요인이 전혀 없다는 가정에 기초한 자본 구조 이론이다. 이 이론에 따르면, 기업의 영업 이익에 대한 법인세 등의 세금이 없고 거래 비용이 없으며 모든 기업이 완전히 동일한 정도로 위험에 처해 있다면, 기업의 가치는 기업 내부 여유 자금이나 주식 같은 자기 자본을 활용하든지 부채 같은 타인 자본을 활용하든지 간에 어떤 영향도 받지 않는다. 모딜리아니−밀러 이론은 현실적으로 타당한 이론을 제시했다기보다는 현대 자본 구조 이론의 출발점을 제시하였다는 데 중요한 의미가 있다.

40 위의 글은 총 몇 문장으로 이루어져 있는가?

① 3문장 ② 4문장
③ 5문장 ④ 6문장

 총 3문장으로 이루어져 있다.

언어추리

|1~10| 다음 제시어 중 서로 관련이 있는 세 개의 단어를 찾아 연상되는 것을 고르시오.

1

> 고향, 겨울, 친구, 사슴, 도서관, 송편, 커피, 보름달, 라디오

① 계절   ② 추석

③ 신발   ④ 찻잔

Tip 제시된 단어 중 고향, 송편, 보름달을 통해 '추석'을 유추해 낼 수 있다.

2

> 봄, 빌딩, 과일, 사막, 가위, 시계, 바람, 선인장, 칼슘

① 황사   ② 미국

③ 손톱   ④ 휴대폰

Tip 제시된 단어 중 봄, 사막, 바람을 통해 '황사'를 유추해 낼 수 있다.

3

> 주차장, 대통령, 명함, 병원, 면세점, 여권, 축구, 라면, 비행기

① 목도리   ② 호수

③ 공항   ④ 쪽지

Tip 제시된 단어 중 면세점, 여권, 비행기를 통해 '공항'을 유추해 낼 수 있다.

Answer ⟶ 39.③ 40.① / 1.② 2.① 3.③

4

> 흰머리수리, 사다리, 종이, 봄, 도널드, 거울, 바람, 가위, 50

① 나무

② 미국

③ 소방관

④ 계절

> **Tip** 제시된 단어 중 흰머리수리, 도널드, 50을 통해 미국을 연상할 수 있다.

5

> 우산, 금메달, 시계, 화장품, 중금속, 평창, 썰매, 수영, 남자

① 스켈레톤

② 청와대

③ 택시

④ 승마

> **Tip** 제시된 단어 중 금메달, 평창, 썰매를 통해 스켈레톤을 연상할 수 있다.

6

> 산소, 탄소, 자동차, 학교, 반지, 동전, 결혼, 공무원, 게임

① 돌

② 자석

③ 다이아몬드

④ 물

> **Tip** 제시된 단어 중 탄소, 반지, 결혼을 통해 다이아몬드를 연상할 수 있다.

7

> 호두, 미용실, 닭, 커튼, 튀김, 액자, 와인, 식탁, 맥주

① 아몬드

② 소풍

③ 치킨

④ 야구

> **Tip** 제시된 단어 중 닭, 튀김, 맥주를 통해 치킨을 연상할 수 있다.

8

안장, 도로, 산마루, 페달, 나무, 모자, 휴지, 바다, 어린이

① 꽃   ② 말
③ 휴가   ④ 자전거

 제시된 단어 중 안장, (자전거)도로, 페달을 통해 '자전거'를 유추해 낼 수 있다.

9

태양, 사람, 문방구, 겨울, 치마, 화장품, 썰매, 고양이, 강아지

① 장난감   ② 눈
③ 피부   ④ 미용

 제시된 단어 중 (눈)사람, 겨울, (눈)썰매를 통해 '눈'을 유추해 낼 수 있다.

10

과자, 숟가락, 나비, 꽃, 우유, 더듬이, 자연, 숙제, 채집

① 곤충   ② 방학
③ 설탕   ④ 화분

제시된 단어 중 나비, 더듬이, (곤충)채집을 통해 '곤충'을 유추해 낼 수 있다.

Answer → 4.② 5.① 6.③ 7.③ 8.④ 9.② 10.①

▌11~13 ▌ 다음 글에서 ㉠, ㉡의 관계와 같은 관계를 이루는 단어쌍을 고르시오.

11

보건당국이 ㉠간호사가 영양제 또는 ㉡정맥주사 투여행위를 할 때 의사가 반드시 현장에서 이를 지켜볼 필요가 없이 일반적인 지도·감독만으로도 수행이 가능하다는 해석을 내렸다. 대한전공의협의회 등에 따르면 보건복지부는 최근 신생아 사망사건과 관련해 「간호사 지질영양제 투여 시 의사의 지도 감독 범위」의 추가 질의에 이같이 답변했다. 복지부는 국민신문고를 통해 "간호사의 지질영양제를 비롯한 수액제재 정맥주사 행위는 '통상적인 간호업무'이며 의사의 입회가 반드시 필요한 것은 아니다"라고 규정했다.

① 교사 : 학생

② 교회 : 목사

③ 미용사 : 염색

④ 학생 : 친구

 정맥주사는 간호사가 하는 간호업무 중 하나이다. 미용사는 염색을 한다.

12

최근 끊이지 않는 악재로 인해 민주당이 심상치 않은 분위기다. 안희정 전 충남지사와 정봉주 의원 등 정치권의 '미투(#MeToo)운동' 여파가 ㉠여당인 민주당에 집중되었기 때문이다. 또한 약 2달 앞으로 다가 온 6·13 지방선거를 두고 '민주당 경선이 곧 본선'이라는 말이 떠돌면서, 당 내부에서도 경선을 두고 혈투가 이어지고 있는 상황이다. 민주당은 여소야대(與小野大)의 구도 속에서 당내 지도력도, ㉡야당과의 협상력도 발휘하지 못한 채 지지부진한 모습이다.

① 하늘 : 바다

② 남자 : 여자

③ 국가 : 나라

④ 물 : 공기

 '여당'은 현재 정권을 잡고 있는 정당이고 '야당'은 현재 정권을 잡고 있지 않은 정당으로 반의 관계이다.

13

월요일 출근길 수도권을 중심으로 ⊙미세먼지 농도가 높게 나타난 데다 안개까지 겹쳐 뿌연 하늘을 보이고 있다. 환경부 대기환경정보 에어코리아에 따르면, 이날 오전 8시 미세먼지 농도는 서울 120μg/㎥, 경기 95μg/㎥, 인천 81μg/㎥, 대전 85μg/㎥, 광주 83 μg/㎥, 제주 104μg/㎥ 등으로 전국적으로 '나쁨' 수준을 보이고 있다. 특히 서울과 경기, 광주, 전북, 경남 지역에는 ⓒ초미세먼지 주의보가 발령됐다. 초미세먼지는 미세먼지의 4분의 1 규모로 입자 크기가 매우 작아 코나 기관지에서 잘 걸러지지 않고 인체에 축적될 가능성이 높아 마스크 착용을 꼭 하는 것이 좋다.

① 카메라 : 디지털 카메라
② TV : 스마트TV
③ SD카드 : 마이크로 SD카드
④ 톨게이트 : 하이패스

Tip 초미세먼지는 미세먼지의 4분의 1규모로 입자 크기가 매우 작은 것을 말한다.

▍14~15 ▍ 세 상품 A, B, C에 대한 선호도 조사를 했다. 조사에 응한 사람은 가장 좋아하는 상품부터 1~3 순위를 부여했다. 두 상품에 같은 순위를 표시할 수는 없다. 조사의 결과가 다음과 같을 때 물음에 답하시오.

- 조사에 응한 사람은 20명이다.
- A를 B보다 선호한 사람은 11명이다.
- B를 C보다 선호한 사람은 14명이다.
- C를 A보다 선호한 사람은 6명이다.

---

14 C에 1순위를 부여한 사람은 없다고 할 때, C 상품에 3순위를 부여한 사람의 수는?

① 8 ② 7

③ 6 ④ 5

 C에 1순위를 부여한 경우를 제외하고 A, B, C를 1~3순위로 배열할 수 있는 경우의 수(A, B, C를 1~3순위로 배열할 수 있는 경우의 수는 6가지인데, C에 1순위를 부여한 사람은 없다고 하였으므로 4가지가 된다.)

ㄱ A → B → C = 5명
ㄴ A → C → B = 6명
ㄷ B → A → C = 3명
ㄹ B → C → A = 6명

따라서 C에 3순위를 부여한 사람의 수는 8명이다.

15 A를 1순위에 부여한 사람은 5명이고 A를 3순위에 부여한 사람은 없다고 할 때, A, C, B 순서로 배열한 사람은 몇 명인가?

① 5 ② 3

③ 1 ④ 0

 A → B → C 또는 A → C → B이 5명이고 위의 지문에 따라 C → A → B는 6명이므로 B → A → C는 9명이 된다. 그런데 B를 C보다 선호한 사람이 14명이므로 A, C, B 순서로 배열한 사람은 없다.

16 다음을 읽고 추리한 것으로 옳은 것은?

> ⊙ 어떤 회사의 사원 평가 결과 모든 사원이 최우수, 우수, 보통 중 한 등급으로 분류되었다.
> ⓒ 최우수에 속한 사원은 모두 45세 이상 이었다.
> ⓒ 35세 이상의 사원은 '우수'에 속하거나 자녀를 두고 있지 않았다.
> ⓔ 우수에 속한 사원은 아무도 이직경력이 없다.
> ⓜ 보통에 속한 사원은 모두 대출을 받고 있으며, 무주택자인 사원 중에는 대출을 받고 있는 사람이 없다.
> ⓗ 이 회사의 직원 A는 자녀가 있으며 이직경력이 있는 사원이다.

① A는 35세 미만이고 무주택자이다.
② A는 35세 이상이고 무주택자이다.
③ A는 35세 미만이고 주택을 소유하고 있다.
④ A는 45세 미만이고 무주택자이다.

 마지막 단서에서부터 시작해서 추론하면 된다.
직원 A는 자녀가 있으며 이직경력이 있는 사원이다. 따라서 이직경력이 있기 때문에 ⓔ에 의해 A는 우수에 속한 사원이 아니다. 또 자녀가 있으며 우수에 속하지 않았기 때문에 ⓒ에 의해 35세 미만인 것을 알 수 있다. 35세 미만이기 때문에 ⓒ에 의해 최우수에 속하지도 않고, 이 결과 A는 보통에 해당함을 알 수 있다. ⓜ에 의해 대출을 받고 있으며, 무주택 사원이 아님을 알 수 있다.
∴ A는 35세 미만이고 주택을 소유하고 있다.

Answer 14.① 15.④ 16.③

17 함께 여가를 보내려는 A, B, C, D, E 다섯 사람의 자리를 원형탁자에 배정하려고 한다. 다음 글을 보고 옳은 것을 고르면?

> • A 옆에는 반드시 C가 앉아야 된다.
> • D의 맞은편에는 A가 앉아야 된다.
> • 여가시간을 보내는 방법은 책읽기, 수영, 영화 관람이다.
> • C와 E는 취미생활을 둘이서 같이 해야 한다.
> • B와 C는 취미가 같다.

① A의 오른편에는 B가 앉아야 한다.
② B가 책읽기를 좋아한다면 E도 여가 시간을 책읽기로 보낸다.
③ B는 E의 옆에 앉아야 한다.
④ A와 D 사이에 C가 앉아있다.

 ② B와 C가 취미가 같고, C는 E와 취미생활을 둘이서 같이 하므로 B가 책읽기를 좋아한다면 E도 여가 시간을 책읽기로 보낸다.

18 A회사의 건물에는 1층에서 4층 사이에 5개의 부서가 있다. 다음 조건에 일치하는 것은?

> • 영업부와 기획부는 복사기를 같이 쓴다.
> • 3층에는 경리부가 있다.
> • 인사부는 홍보부의 바로 아래층에 있다.
> • 홍보부는 영업부의 아래쪽에 있으며 2층의 복사기를 쓰고 있다.
> • 경리부는 위층의 복사기를 쓰고 있다.

① 영업부는 기획부와 같은 층에 있다.
② 경리부는 4층의 복사기를 쓰고 있다.
③ 인사부는 2층의 복사기를 쓰고 있다.
④ 기획부는 4층에 있다.

 ① 복사기를 같이 쓴다고 해서 같은 층에 있는 것은 아니다. 영업부가 경리부처럼 위층의 복사기를 쓸 수도 있다.
③ 인사부가 2층의 복사기를 쓰고 있다고 해서 인사부의 위치가 2층인지는 알 수 없다.
④ 제시된 조건으로 기획부의 위치는 알 수 없다.

19 4명의 사원을 세계의 각 도시로 출장을 보내려고 한다. 도쿄에 가는 사람은 누구인가?

> • 甲은 뉴욕과 파리를 선호한다.
> • 乙은 도쿄와 파리를 싫어한다.
> • 乙과 丁은 함께 가야한다.
> • 丙과 丁은 뉴욕과 도쿄를 선호한다.
> • 丙은 甲과 같은 도시에는 가지 않을 생각이다.

① 甲   ② 乙

③ 丙   ④ 丁

 丙은 뉴욕과 도쿄를 선호하는데 甲과 같은 도시에는 가지 않을 생각이므로 뉴욕은 갈 수 없고 丙 아니면 丁이 도쿄에 가는데 乙이 丁과 함께 가야하므로 丁이 도쿄에 갈 수 없다. 따라서 丙이 도쿄에 간다.

20 6권의 책을 책장에 크기가 큰 것부터 차례대로 책을 배열하려고 한다. 책의 크기가 동일할 때 알파벳 순서대로 책을 넣는다면 다음 조건에 맞는 진술은 어느 것인가?

> • Demian은 책장의 책들 중 두 번째로 큰 하드커버 북이다.
> • One Piece와 Death Note의 책 크기는 같다.
> • Bleach는 가장 작은 포켓북이다.
> • Death Note는 Slam Dunk보다 작다.
> • The Moon and Sixpence는 One Piece보다 크다.

① Demian은 Bleach 다음 순서에 온다.

② 책의 크기는 Slam Dunk가 The Moon and Sixpence 보다 크다.

③ One Piece는 Bleach의 바로 앞에 온다.

④ Slam Dunk 다음 순서로 Demian이 온다.

 ① Bleach는 가장 작은 포켓북이므로 마지막 순서에 온다.
② Slam Dunk와 The Moon and Sixpence 둘 중 어떤 책이 더 큰지는 알 수 없다.
④ Demian이 더 큰지 Slam Dunk가 더 큰지 알 수 없다.

Answer 17.②   18.②   19.③   20.③

21 다음 글을 통해서 볼 때, 그림을 그린 사람(들)은 누구인가?

> 송화, 진수, 경주, 상민, 정란은 대학교 회화학과에 입학하기 위해 △△미술학원에서 그림을 그린다. 이들은 특이한 버릇을 가지고 있다. 송화, 경주, 정란은 항상 그림이 마무리되면 자신의 작품 밑에 거짓을 쓰고, 진수와 상민은 자신의 그림에 언제나 참말을 써넣는다. 우연히 다음과 같은 글귀가 적힌 그림이 발견되었다.
> "이 그림은 진수가 그린 것이 아님."

① 진수
② 상민
③ 송화, 경주
④ 경주, 정란

 작품 밑에 참인 글귀를 적는 진수와 상민이 그렸다면, 진수일 경우 진수가 그리지 않았으므로 진수는 그림을 그린 것이 아니고 상민일 경우 문제의 조건에 맞으므로 상민이 그린 것이 된다.

22 세 극장 A, B와 C는 직선도로를 따라 서로 이웃하고 있다. 이들 극장의 건물 색깔이 회색, 파란색, 주황색이며 극장 앞에서 극장들을 바라볼 때 다음과 같다면 옳은 것은?

> • B극장은 A극장의 왼쪽에 있다.
> • C극장의 건물은 회색이다.
> • 주황색 건물은 오른쪽 끝에 있는 극장의 것이다.

① A의 건물은 파란색이다.
② A는 가운데 극장이다.
③ B의 건물은 주황색이다.
④ C는 맨 왼쪽에 위치하는 극장이다.

 제시된 조건에 따라 극장과 건물 색깔을 배열하면 C(회색), B(파란색), A(주황색)이 된다.

23 A, B, C, D, E 5명의 입사성적을 비교하여 높은 순서로 순번을 매겼더니 다음과 같은 사항을 알게 되었다. 입사성적이 두 번째로 높은 사람은?

> • 순번 상 E의 앞에는 2명 이상의 사람이 있고 C보다는 앞이었다.
> • D의 순번 바로 앞에는 B가 있다.
> • A의 순번 뒤에는 2명이 있다.

① A
② B
③ C
④ D

 조건에 따라 순번을 매겨 높은 순으로 정리하면 BDAEC가 된다.

24 A, B, C, D 네 명이 원탁에 둘러앉았다. A는 B의 오른쪽에 있고, B와 C는 마주보고 있다. D의 왼쪽과 오른쪽에 앉은 사람을 차례로 짝지은 것은?

① B − A
② B − C
③ C − B
④ A − C

 조건에 따라 4명을 원탁에 앉히면 오른쪽 그림과 같이 되므로 D의 왼쪽과 오른쪽에 앉은 사람은 C − B가 된다.

25~26 다음의 말이 전부 진실일 때 참이라고 말할 수 없는 것을 고르시오.

25

> • 상자에 5개의 공이 있다.
> • 공 4개는 같은 색깔이다.
> • 공 1개는 다른 색깔이다.
> • 상자에서 **빨간색** 공 하나를 꺼냈다.

① 상자에 남아있는 공은 모두 같은 색이다.
② 상자에 남아있는 공은 모두 **빨간색**이 아니다.
③ 상자에 남아있는 공은 모두 파란색이다.
④ 상자에 남아있는 공은 모두 **빨간색**이다.

 4개는 같은 색이고, 1개는 다른 색이라고 했으므로 상자 안의 공은 모두 빨간색이 아니거나, 빨간색 3개와 다른 색 1개로 이루어져 있을 것이다.

26

> • 민수는 25살이다.
> • 민수는 2년 터울의 여동생이 2명 있다.
> • 영민이는 29살이다.
> • 영민이는 3년 터울의 여동생이 2명 있다.

① 영민이의 첫째 동생이 동생들 중 나이가 가장 많다.
② 영민이의 둘째 동생과 민수의 첫째 동생은 나이가 같다.
③ 민수의 막내동생이 가장 어리다.
④ 민수는 영민이의 첫째 동생보다는 나이가 많다.

 ④ 영민이의 첫째 동생은 26살, 민수는 25살로 영민이의 첫째 동생이 민수보다 나이가 많다.

|27~28| 다음 문장을 읽고 보기에서 바르게 서술된 것을 고르시오.

27

> 각각의 정수 A, B, C, D를 모두 곱하면 0보다 크다.

① A, B, C, D 모두 양의 정수이다.
② A, B, C, D의 합은 양수이다.
③ A, B, C, D 중 절댓값이 같은 2개를 골라 더했을 경우 0보다 크다면 나머지의 곱은 0보다 크다.
④ A, B, C, D 중 3개를 골라 더했을 경우 0보다 작으면 나머지 1개는 0보다 작다.

 제시된 조건을 만족시키는 것은 '양수×양수×양수×양수', '음수×음수×음수×음수', '양수× 양수×음수×음수'인 경우이다. 각각의 정수 A, B, C, D 중 절댓값이 같은 2개를 골라 더 하여 0보다 크다면 둘 다 양수일 경우이므로 나머지 수는 양수×양수, 음수×음수가 되어 곱은 0보다 크게 된다. A, B, C, D 중 3개를 골라 더했을 때 0보다 작으면 나머지 1개는 0보다 작을 수 있지만 클 수도 있다.

28

> A전자는 오늘 노트북을 출시했는데 국내에서 가장 얇은 제품이다. 두께는 20mm이고 무게는 900g으로 그 이전에 출시되었던 어떤 컴퓨터보다 가벼우며 A전자의 2번째 모델 이다.

① A전자의 이전 모델은 20mm보다 두꺼웠다.
② 노트북의 두께가 20mm 이상이고 무게가 950g 이하인 컴퓨터는 없다.
③ A전자의 노트북 중에 무게가 900g이 아닌 것이 없다.
④ A전자의 이전 모델은 두께가 20mm보다 두꺼웠으며 무게가 900g 이상이었다.

 A전자에서 두께 20mm인 모델이 나왔는데 국내에서 가장 얇은 제품이라는 말은 A전자의 첫 번째 모델보다 얇다는 뜻이 된다. 따라서 A전자의 이전 모델은 20mm보다 두꺼웠다는 문장이 참이다.

Answer ▷ 25.④ 26.④ 27.③ 28.①

- 신입사원 甲, 乙, 丙, 丁 4명이 프레젠테이션 순서를 정하고 있다.
- 甲이 乙보다 먼저 한다.
- 丙은 丁보다 먼저 한다.
- 丁은 甲보다 먼저 한다.

29 가장 먼저 토론을 하는 사람은 누구인가?

① 甲   ② 乙

③ 丙   ④ 丁

 ③ 丙 - 丁 - 甲 - 乙의 순서로 프레젠테이션을 시행한다.

30 다음 중 항상 참이 되는 것은?

① 甲과 乙의 프레젠테이션 시간이 가장 짧다.

② 乙이 가장 먼저 프레젠테이션을 마친다.

③ 乙의 바로 직전에 프레젠테이션을 한 사람은 甲이다.

④ 甲, 乙, 丙, 丁의 프레젠테이션 시간은 동일하다.

 ①④ 주어진 명제만으로 프레젠테이션 진행시간을 알 수 없다.
② 乙의 프레젠테이션 순서는 가장 마지막이다.

■ 31~33 ■ 다음 명제를 읽고 물음에 답하시오.

- 부장 2명, 과장 2명, 차장 3명, 대리 4명, 사원 4명이 야유회를 간다.
- 운전은 부장 1명, 과장 1명, 차장 2명, 대리 1명이 한다.
- 한 차에는 같은 직급이 같이 탈 수 없다.

31 다음 중 항상 참이 되는 것은?

① 대리는 과장과 차를 탈 수 없다.

② 사원 1명은 대리와 차를 타야만 한다.

③ 부장은 대리와 차를 타야만 한다.

④ 차장과 사원은 같은 차를 타야만 한다.

 ① 대리는 과장과 차를 탈 수 있다.
② 사원과 대리가 함께 차를 타지 않는 경우도 가능하다.
③ 부장이 대리와 차를 타지 않는 경우도 가능하다.

32 차장 1명이 당일 사정으로 참석을 못하게 되었다. 다음 중 옳지 않은 것은?

① 부장은 반드시 사원과 같은 차를 타야만 한다.

② 차장은 반드시 대리와 같은 차를 타야만 한다.

③ 모든 차에 동일한 인원을 태울 수 없다.

④ 과장은 대리와 같은 차를 탈 수 없다.

 ④ 다음과 같은 경우도 성립한다.

부장 과장, 대리, 사원	과장 부장, 사원	차장 대리, 사원	차장 대리	대리 사원

33 사원 1명이 대리가 운전하는 차에 탔다. 다음 중 항상 참이 되는 것은?

① 부장은 대리와 같은 차를 타야만 한다.

② 과장은 대리와 같은 차를 타야만 한다.

③ 차장은 사원과 같은 차를 타야만 한다.

④ 차장은 부장과 같은 차를 타야만 한다.

 ② 과장은 대리와 같은 차를 타지 않을 수도 있다.

③ 차장이 대리와 차를 타고 가는 경우도 성립한다.

④ 차장, 대리, 사원이 함께 타고 가는 경우도 성립한다.

▌34~36▌ A, B, C, D, E, F의 각 부서가 6층짜리 건물을 아래 조건에 따라 배치 받는다고 할 때 물음에 답하시오. (단, 한 층에는 한 부서만이 배치된다.)

• A는 5층에 배치된다.

• A, B, C는 같은 층 간격을 갖는다(5, 3, 1층 또는 5, 4, 3층).

• D와 E는 인접하는 층에 배치될 수 없다.

• F는 D보다 위층에 배치된다.

---

34 다음 중 항상 참이 되는 것은?

① C는 항상 A보다 2층 아래에 위치한다.

② A는 항상 B보다 2층 위에 위치한다.

③ D는 항상 2층에 배치된다.

④ F는 1층에 배치될 수 없다.

 ④ F는 D보다는 위층에 있어야 하므로 적어도 2층 이상에 배치되어어야 한다.

35 B부서가 3층에 위치할 때 항상 참이 되는 것은?

① C부서는 1층에 배치된다.

② D부서는 2층에 배치된다.

③ F부서는 6층에 배치된다.

④ E부서는 4층에 배치된다.

 부서가 배치되는 경우는 다음과 같다.

E	F	F
A	A	A
F	E	D
B	B	B
D	D	E
C	C	C

② D부서는 2층 또는 4층에 배치될 수 있다.

③ F부서는 4층 또는 6층에 배치될 수 있다.

④ E부서는 2층, 4층, 6층에 배치될 수 있다.

36 C부서가 3층에 위치할 경우 항상 참이 되는 것은?

① F는 B와 D 사이에 위치한다.

② C는 B의 바로 아래층이다.

③ A와 C는 인접한 층에 위치한다.

④ E의 위층에는 F가 위치한다.

 ① F는 C와 D 사이에 위치한다.

③ A와 C는 인접한 층에 위치하지 않는다.

④ F는 E의 아래쪽에 위치한다.

E
A
B
C
F
D

▌37~38▐ 2층짜리 주택에 부모와 미혼인 자식으로 이루어진 두 가구, ㈎, ㈏, ㈐, ㈑, ㈒, ㈓, ㈔ 총 7명이 살고 있다. 아래의 조건을 보고 물음에 답하시오.

- 1층에는 4명이 산다.
- 혈액형이 O형인 사람은 3명, A형인 사람은 1명, B형인 사람은 1명이다.
- ㈎는 기혼남이며, 혈액형은 A형이다.
- ㈏와 ㈔는 부부이며, 둘 다 O형이다.
- ㈐는 미혼 남성이다.
- ㈑는 1층에 산다.
- ㈒의 혈액형은 B형이다.
- ㈓의 혈액형은 O형이 아니다.

37 ㈐의 혈액형으로 옳은 것은?

① A형　　　　　　　　　② AB형
③ O형　　　　　　　　　④ 알 수 없다.

 조건을 그림으로 도식화 해보면 다음과 같은 사실을 알 수 있다.

2층	㈏ : O형 —^{부부}— ㈔ : O형 ㈐ : O형
1층	㈎ : A형, ㈑ : AB형, ㈒ : B형, ㈓ : AB형

38 1층에 사는 사람은 누구인가?

① ㈎㈐㈑㈓　　　　　　② ㈎㈑㈒㈓
③ ㈏㈑㈓㈔　　　　　　④ 알 수 없다.

 ② 2층에 사는 ㈏, ㈔, ㈐를 제외한 ㈎, ㈑, ㈒, ㈓가 1층에 산다.

┃39~40┃ A, B, C라는 세 팀이 있을 때, A팀은 Ⅰ, Ⅱ, Ⅲ파트로, B팀은 Ⅳ, Ⅴ파트로 C팀은 Ⅵ 파트로 나누어져 있다. 아래 조건에 따라 총인원 8명의 특별팀을 구성한다고 할 때 물음에 답하시오.

- 각 팀당 최대 3명을 뽑을 수 있다.
- 각 파트에서 최대 2명을 뽑을 수 있다.
- Ⅰ이 주체파트이므로 반드시 한 사람을 뽑아야 한다.

39 각 파트에서 반드시 한 명을 뽑는다고 할 때 특별팀을 구성할 수 있는 경우의 수로 옳은 것은?

① 없다　　　　　　　　　　　② 한 가지
③ 두 가지　　　　　　　　　　④ 세 가지

 ⊙ 첫 번째 경우
- A팀 : Ⅰ파트(1명), Ⅱ파트(1명), Ⅲ파트(1명) → 3명
- B팀 : Ⅵ파트(2명), Ⅴ파트(1명) → 3명
- C팀 : Ⅳ파트(2명) → 2명

ⓛ 두 번째 경우
- A팀 : Ⅰ파트(1명), Ⅱ파트(1명), Ⅲ파트(1명) → 3명
- B팀 : Ⅵ파트(1명), Ⅴ파트(2명) → 3명
- C팀 : Ⅳ파트(2명) → 2명

40 다음 중 나올 수 없는 특별팀의 구성도는?

① Ⅰ - Ⅲ - Ⅳ - Ⅴ - Ⅵ　　　　② Ⅰ - Ⅱ - Ⅳ - Ⅴ - Ⅵ
③ Ⅰ - Ⅱ - Ⅲ - Ⅴ - Ⅵ　　　　④ Ⅰ - Ⅱ - Ⅲ - Ⅳ - Ⅴ

 ④ Ⅰ(1명) - Ⅱ(1명) - Ⅲ(1명) - Ⅳ(2·1명) - Ⅴ(1·2명) 으로 최대 6명까지 뽑을 수 있으므로 특별팀을 구성할 수 없다.

Answer ↪ 37.③　38.②　39.③　40.④

1 다음 지문의 논지 전개상 특징으로 가장 적절한 것은?

인간은 성장 과정에서 자기 문화에 익숙해지기 때문에 어떤 제도나 관념을 아주 오래 전부터 지속되어 온 것으로 여긴다. 나아가 그것을 전통이라는 이름 아래 자기 문화의 본질적인 특성으로 믿기도 한다. 그러나 이런 생각은 전통의 시대적 배경 및 사회 문화적 의미를 제대로 파악하지 못하게 하는 결과를 초래한다. 여기에서 과거의 문화를 오늘날과는 또 다른 문화로 보아야 할 필요성이 생긴다.

홉스봄과 레인저는 오래된 것이라고 믿고 있는 전통의 대부분이 그리 멀지 않은 과거에 '발명'되었다고 주장한다. 예컨대 스코틀랜드 사람들은 킬트(kilt)를 입고 전통 의식을 치르며, 이를 대표적인 전통 문화라고 믿는다. 그러나 킬트는 1707년에 스코틀랜드가 잉글랜드에 합병된 후, 이곳에 온 한 잉글랜드 사업가에 의해 불편한 기존의 의상을 대신하여 작업복으로 만들어진 것이다. 이후 킬트는 하층민을 중심으로 유행하였지만, 1745년의 반란 전까지만 해도 전통 의상으로 여겨지지 않았다. 반란 후, 영국 정부는 킬트를 입지 못하도록 했다. 그런데 일부가 몰래 집에서 킬트를 입기 시작했고, 킬트는 점차 전통 의상으로 여겨지게 되었다. 킬트의 독특한 체크무늬가 각 씨족의 상징으로 자리 잡은 것은, 1822년에 영국 왕이 방문했을 때 성대한 환영 행사를 마련하면서 각 씨족장들에게 다른 무늬의 킬트를 입도록 종용하면서부터이다. 이때 채택된 독특한 체크무늬가 각 씨족을 대표하는 의상으로 자리를 잡게 되었다.

킬트의 사례는 전통이 특정 시기에 정착사회적 목적을 달성하기 위해 만들어지기도 한다는 것을 보여 준다. 특히 근대 국가의 출현 이후 국가에 의한 '전통의 발명'은 체제를 확립하는 데 큰 역할을 담당하기도 하였다. 이 과정에서 전통은 그 전통이 생성되었던 시기를 넘어 아주 오래 전부터 지속되어 온 것이라는 신화가 형성되었다. 그러나 전통은 특정한 시공간에 위치하는 사람들에 의해 생성되어 공유되는 것으로, 정치·사회·경제 등과 밀접한 관련을 맺으면서 시대마다 다양한 의미를 지니게 된다. 그러므로 전통을 특정한 사회 문화적 맥락으로부터 분리하여 신화화(神話化)하면 당시의 사회 문화를 총체적으로 이해할 수 없게 된다.

낯선 타(他) 문화를 통해 자기 문화를 좀 더 객관적으로 바라볼 수 있듯이, 과거의 문화를 또 다른 낯선 문화로 봄으로써 전통의 실체를 올바로 인식할 수 있게 된다. 이러한 관점은 신화화된 전통의 실체를 폭로하려는 데에 궁극적 목적이 있는 것이 아니다. 오히려 과거의 문화를 타 문화로 인식함으로써 신화 속에 묻혀 버린 당시의 사람들을 문화와 역사의 주체로 복원하여, 그들의 입장에서 전통의 사회 문화적 맥락과 의미를 새롭게 조명하려는 것이다. 더 나아가 이러한 관점을 통해 우리는 현대 사회에서 전통이 지니는 현재적 의미를 제대로 이해할 수 있을 것이다.

① 연관된 개념들의 상호 관계를 밝혀 문제의 성격을 규명하고 있다.

② 사례를 통해 사회적 통념의 역사적 변화 과정을 추적하고 있다.

③ 상반된 주장을 대비한 후 절충적인 견해를 제시하고 있다.

④ 논지를 제시하고 사례를 통하여 그것을 뒷받침하고 있다.

> **Tip** 필자는 과거의 문화를 오늘날과는 또 다른 문화로 볼 것을 제시하며, 스코틀랜드의 '킬트(kilt)'를 통하여 자신의 논지를 뒷받침하고 있다.

2 다음 글의 내용과 일치하지 않는 것은?

> 명예는 세 가지 종류가 있다. 첫째는 인간으로서의 존엄성에 근거한 고유한 인격적 가치를 의미하는 내적 명예이며, 둘째는 실제 이 사람이 가진 사회적 · 경제적 지위에 대한 사회적 평판을 의미하는 외적 명예, 셋째는 인격적 가치에 대한 자신의 주관적 평가 내지는 감정으로서의 명예감정이다.
>
> 악성 댓글, 즉 악플에 의한 인터넷상의 명예훼손이 통상적 명예훼손보다 더 심하기 때문에 통상의 명예훼손행위에 비해서 인터넷상의 명예훼손행위를 가중해서 처벌해야 한다는 주장이 일고 있다. 이에 대해 법학자 A는 다음과 같이 주장하였다.
>
> 인터넷 기사 등에 악플이 달린다고 해서 즉시 악플 대상자의 인격적 가치에 대한 평가가 하락하는 것은 아니므로, 내적 명예가 그만큼 더 많이 침해되는 것으로 보기 어렵다. 또한 만약 악플 대상자의 외적 명예가 침해되었다고 하더라도 이는 악플에 의한 것이 아니라 악플을 유발한 기사에 의한 것으로 보아야 한다. 오히려 악플로 인해 침해되는 것은 명예감정이라고 보는 것이 마땅하다. 다만 인터넷상의 명예훼손행위는 그 특성상 해당 악플의 내용이 인터넷 곳곳에 퍼져 있을 수 있어 명예감정의 훼손 정도가 피해자의 정보수집량에 좌우될 수 있다는 점을 간과해서는 안 될 것이다. 구태여 자신에 대한 부정적 평가를 모을 필요가 없음에도 부지런히 수집 · 확인하여 명예감정의 훼손을 자초한 피해자에 대해서 국가가 보호해줄 필요성이 없다는 점에서 명예감정을 보호해야 할 법익으로 삼기 어렵다. 따라서 인터넷상의 명예훼손이 통상적 명예훼손보다 더 심하다고 보기 어렵다.

① A에 따르면 악플로 인해 침해되는 것은 외적 명예가 아니라 명예감정이다.

② A에 따르면 명예감정의 훼손 정도가 피해자의 정보수집량에 좌우된다.

③ A에 따르면 명예감정은 보호해야 할 법익으로 삼기 어렵다.

④ A에 따르면 인터넷 기사에 악플이 달리는 즉시 악플 대상자의 인격적 가치에 대한 평가가 하락한다.

> **Tip** ④ A에 따르면 인터넷 기사에 악플이 달린다고 해서 즉시 악플 대상자의 인격적 가치에 대한 평가가 하락하는 것이 아니다.

Answer 1.④ 2.④

3 다음 제시된 지문으로 유추할 수 있는 것 중 옳은 것은?

> 다이아몬드(J. Diamond)는 인류 역사를 인간의 진화와 생태학의 맥락에서 설명하려고 했다. 그는 인간 사회의 운명이 우연적 요인이나 인종적 요인에서 비롯되는 것이 아니라 다른 사람들의 혁신적이고 창의적인 성과물을 채택하려는 인간의 충동에서 나오는 것이며, 이 충동은 지리 및 생태계의 변화와 결합되어 있다는 가설을 제시하였다.
>
> 다이아몬드에 따르면, 1500년 경 유럽에서 발달된 과학 기술과 정치 조직이 현대 세계의 불평등을 낳았지만, 좀 더 거슬러 올라가면 이 불평등은 각 대륙의 발전 속도가 다른 것에서 유래했다. 그리고 각 대륙의 발전 속도의 이러한 차이를 가져온 것은 궁극적으로 지리 및 생태적 환경이었다. 더 나아가 그는 지리 및 생태적 요인이 인간 사회에 어떻게 영향을 미치는지를 비교적 자세히 설명하였다.
>
> 다이아몬드는 세계 최대의 대륙인 유라시아가 각 지역의 혁신적 성과물이 모이는 최대의 집결지라는 사실을 지적하였다. 상인, 체류자, 정복자들은 그것을 수집해 널리 전파시켰고, 교통 요충지에는 인구가 집중됨으로써 도시가 건설되어 다양하고 창의적인 아이디어의 발명과 확산을 가져왔다. 또한 유라시아는 남북으로 뻗은 아프리카나 남북 아메리카와 달리 동서로 뻗어 있어서, 한 지역에서 이용하는 작물과 가축이 비슷한 위도, 비슷한 기후의 다른 지역으로 쉽게 전파될 수 있었다.

① 1500년 경 유럽에서 발달된 과학 기술과 정치 조직이 현대사회의 상하계층구조를 완화시켰다.

② 다이아몬드에 따르면 인간 사회의 운명은 지리 및 생태계의 변화와 무관하다.

③ 남북으로 뻗은 아프리카나 남북 아메리카는 작물을 비슷한 기후의 다른 지역으로 전파시킬 수 있다.

④ 유라시아는 지리 및 생태적 요인으로 인해 빠르게 발전 할 수 있었다.

> (Tip) ④ 지리 및 생태적 요인이 대륙의 발전을 가져오며, 이것은 대륙의 발전 속도에도 차이를 준다고 하였다. 유라시아는 지리적 요인 덕분에 빨리 발전할 수 있다는 것을 유추할 수 있다.

4 다음 ㉠에 들어갈 말로 가장 적절한 것은?

> (개) 사람들은 좋은 그림을 보거나 음악을 들으면 쉽게 감동을 느끼지만 과학 이론을 대하면 복잡한 논리와 딱딱한 언어 때문에 매우 어렵다고 느낀다. 그래서 흔히 과학자는 논리적 분석과 실험을 통해서 객관적 진리를 규명하고자 노력하고, 예술가는 직관적 영감에 의존해서 주관적인 미적 가치를 추구한다고 생각한다. 이러한 통념이 아주 틀린 것은 아니지만, 돌이켜 보면 많은 과학상의 발견들은 직관적 영감 없이는 이루어질 수 없었던 것들이었다.
>
> (내) 아인슈타인은 누구에게나 절대적 진리로 간주되었던 시간과 공간의 불변성을 뒤엎고, 상대성 이론을 통해 시간과 공간도 변할 수 있다는 것을 보여 주었다. 정형화된 사고의 틀을 깨는 이러한 발상의 전환은 직관적 영감에서 나온 것으로, 과학의 발견에서 직관적 영감이 얼마나 큰 역할을 하는지 잘 보여 준다. 그 밖에도 뉴턴은 떨어지는 사과에서 만유인력을 발견하였고, 갈릴레이는 피사의 대사원에서 기도하던 중 천장에서 흔들리는 램프를 보고 진자의 원리를 발견하였다. 그리고 아르키메데스는 목욕탕 안에서 물체의 부피를 측정하는 원리를 발견하고 "유레카! 유레카!"를 외치며 집으로 달려갔던 것이다. 이렇게 볼 때 과학의 발견이 '1퍼센트의 영감과 99퍼센트의 노력'에 의해서 이루어진다는 말은 (㉠   )
>
> (대) 그렇다면 이와 같은 영감은 어디에서 오는 것일까? 사람들은 대체로 과학자들이 논리적 분석과 추리를 통해서 새로운 발견을 하게 된다고 소박하게 믿고 있지만, 상당 부분 그 발견의 밑거름은 직관적 영감이고, 그것은 흔히 언어가 끝나는 곳에서 나온다. 대부분의 위대한 과학자들은 예술가와 마찬가지로 발견의 결정적인 순간에는 논리가 아니라 의식의 심연으로부터 솟아나는, 말로 표현하기 어려운 미적 감각에 이끌린다고 고백한다. 문제와 오랜 씨름을 한 끝에 마음의 긴장과 갈등이 절정에 다다른 순간, 새로운 비전이 환상처럼 나타난다는 것이다. 과학의 발견은 이러한 영감을 논리적으로 분석하고 언어로 기술하여 체계화한 것이다.

① 과학적 발견의 어려움을 잘 표현하고 있다.

② 영감과 노력의 상호 작용을 나타내기에는 미흡하다.

③ 과학자들의 천재성을 보여주기에는 충분하지 못하다.

④ 과학의 발견에서 직관적 영감의 역할을 과소평가한 것이다.

 (내)의 내용만으로도 충분히 추리할 수 있는 문제이다. (내)에서는 과학에 있어서 영감의 중요성을 뉴턴, 갈릴레이, 아르키메데스 등의 예를 통해 충분히 설명하고 있다. 따라서 이러한 입장에서 볼 때 과학에 있어서의 노력의 절대적 중요성을 강조한 '1퍼센트의 영감과 99퍼센트의 노력'이라는 말은 영감의 중요성을 과소평가한 것이 된다.

Answer ☞ 3.④ 4.④

5 다음 글에 대한 비판으로 가장 적절한 것은?

> 난방 사업에 뛰어든 사업가의 예를 들어 이를 설명해 보자. 이 사람이 가진 기술이 뛰어나고 사업 감각이 세련되었다고 할지라도, 그가 사업을 시작한 그 해 겨울이 예상과는 달리 보기 드물게 따뜻했다고 생각해 보자. 그는 결국 사업상의 이익을 볼 수 있을 만큼의 난방 기구 수요자들이 생기지 않아서 도산의 아픔을 맛볼 수밖에 없다. 이 경우는 사업의 실패를 운수의 탓으로밖에 설명할 길이 없을 것이다.

① 독자의 이해를 돕고 논거의 신뢰를 얻기 위해서는, 따뜻한 날씨를 기록했던 겨울이 정확히 언제였는지를 밝혀 주어야 한다.

② 겨울이 따뜻하다고 해서 난방 기구 사업이 도산한다는 것은 실제로 발생할 수 없다. 실제로 일어날 수 있을 만한 다른 사례를 들어야 한다.

③ 과학적인 사고로 다루어야 할 경제학의 내용을 비과학적인 '운'과 관련하여 설명하는 것은 글쓴이의 오류이다. 따라서 이 부분은 삭제되어야 한다.

④ 난방 기구 사업자는 날씨에 대한 대비책을 마련해 놓아야 하는데 그렇지 못해 사업이 도산한 것이므로, 이 사례는 '운'이 아니라 '사업 능력'의 부족으로 보아야 한다.

 글은 경제적 지위의 불평등을 일으키는 원인으로 '운'을 설명하면서, 그 논거로 난방 기구 사업과 날씨의 관계를 제시하고 있다. 그러나 날씨가 따뜻해서 난방 기구 사업가가 도산했다는 것은 '운'으로 설명하기 적절하지 않다. 난방 기구 사업이 날씨에 의해 좌우되는 정도에 이른다면 그것은 '사업'이 아니라 '도박'에 가까운 것이다. 난방 기구 사업자는 당연히 날씨에 대한 대비책을 미리 세워 놓아야 하는 것이다. 따라서 날씨로 인해 사업이 도산한 것은 운이 나빠서가 아니라, 사업 능력이 부족해서 발생한 것이라고 할 수 있다.

6 다음 글의 글쓰기 전략으로 적절하지 않은 것은?

> 지구는 과거 수십만 년 동안 빙하기와 간빙기가 주기적으로 나타나는 기후 변화의 큰 틀 속에서 비교적 안정적인 기후 환경을 유지하여 왔다. 그렇지만 더 과거로 거슬러 올라가면, 공룡들이 활보하던 시기인 중생대에는 지금보다 기온이 더 높았고, 이산화탄소의 농도도 더 높았다.
>
> 지난 만 년 동안 대기 속 이산화탄소 농도는 약 280ppm으로 유지되었다. 그러나 18세기 중반 산업 혁명 이후 200년 동안 이산화탄소 농도는 10퍼센트 증가하였으며, 그 뒤 전 세계 화석 연료 사용량이 급증하면서 이산화탄소의 농도는 2005년 380ppm으로 빠르게 높아지고 있다. 2100년까지 이산화탄소의 농도는 1,000ppm 가까이 높아질 수도 있다. 지구 온난화 정도는 온실가스 농도가 얼마나 높아지느냐에 따라 결정된다. 이미 20세기 지구 평균 기온은 19세기에 비해 0.6℃ 상승하였고, 21세기에는 20세기 변화의 약 10배에 달하는 5.8℃까지 상승할 가능성이 있다.
>
> 온실 효과로 인한 기후 변화는 인간을 비롯한 지구 생명체의 생존을 위협하거나 생태계의 이상을 가져올 수 있다. 겨울이 따뜻해짐에 따라 소나무딱정벌레와 같은 해충은 겨울에 무사히 살아남아 여름에 기승을 부릴 수도 있다. 아열대 지방에서는 너무 온도가 높아서 벼 재배에 비상이 걸릴 수도 있다. 실생활에서도 여름 기온이 올라가 폭염이 자주 발생하고, 그에 따른 질병이나 열대성 전염병이 발생할 가능성도 높아질 것이다. 최근 백령도에서 아열대 나비종이 발견되었다고 보도되었다. 바다의 변화도 감지된다. 우리나라 근해에서 명태와 같은 한류성 어종보다 오징어 같은 난류성 어종이 더 많이 잡힌다. 자그마한 곤충이나 바다에 사는 물고기도 이미 기후 변화가 일어나고 있음을 증명하고 있다.
>
> 그러나 기온만 올라가는 것이 아니다. 지구의 대기 순환 흐름이 달라지면서 비가 오는 것도 달라질 수 있다. 기온이 올라가면 공기가 수증기를 포함할 수 있는 능력이 커져서 호우의 발생이 잦고 보다 강력한 태풍이 발생할 가능성도 높아진다. 해수면의 높이도 지금보다 높아져서 해발 고도가 낮은 네덜란드, 방글라데시와 같은 나라나 투발루 같은 작은 섬나라들의 피해가 커질 것이다.

① 물음과 대답의 형식으로 독자의 관심을 유도하고 있다.

② 객관적 수치를 제시하여 글의 신뢰성을 높이고 있다.

③ 구체적 사례를 통해 상황의 심각성을 부각하고 있다.

④ 예측할 수 있는 상황을 제시하여 문제를 환기하고 있다.

 과거로부터 현재의 이산화탄소 농도 변화 과정을 객관적 수치를 통해 제시하고 있다(②). 또한 온실 효과로 인해 발생할 수 있는 여러 문제들을 구체적 사례를 들어 심각성을 부각하여(③) 앞으로 일어날 수 있는 일들을 예측하게 해 문제를 환기하고 있다(④). 그러나 물음과 대답의 형식으로 독자의 관심을 유도하고 있는 것은 아니다.

Answer ⟶ 5.④ 6.①

7 다음 글의 글쓰기 전략으로 적절하지 않은 것은?

지구는 과거 수십만 년 동안 빙하기와 간빙기가 주기적으로 나타나는 기후 변화의 큰 틀 속에서 비교적 안정적인 기후 환경을 유지하여 왔다. 그렇지만 더 과거로 거슬러 올라가면, 공룡들이 활보하던 시기인 중생대에는 지금보다 기온이 더 높았고, 이산화탄소의 농도도 더 높았다.

지난 만 년 동안 대기 속 이산화탄소 농도는 약 280ppm으로 유지되었다. 그러나 18세기 중반 산업 혁명 이후 200년 동안 이산화탄소 농도는 10퍼센트 증가하였으며, 그 뒤 전 세계 화석 연료 사용량이 급증하면서 이산화탄소의 농도는 2005년 380ppm으로 빠르게 높아지고 있다. 2100년까지 이산화탄소의 농도는 1,000ppm 가까이 높아질 수도 있다. 지구 온난화 정도는 온실가스 농도가 얼마나 높아지느냐에 따라 결정된다. 이미 20세기 지구 평균 기온은 19세기에 비해 0.6℃ 상승하였고, 21세기에는 20세기 변화의 약 10배에 달하는 5.8℃까지 상승할 가능성이 있다.

온실 효과로 인한 기후 변화는 인간을 비롯한 지구 생명체의 생존을 위협하거나 생태계의 이상을 가져올 수 있다. 겨울이 따뜻해짐에 따라 소나무딱정벌레와 같은 해충은 겨울에 무사히 살아남아 여름에 기승을 부릴 수도 있다. 아열대 지방에서는 너무 온도가 높아서 벼 재배에 비상이 걸릴 수도 있다. 실생활에서도 여름 기온이 올라가 폭염이 자주 발생하고, 그에 따른 질병이나 열대성 전염병이 발생할 가능성도 높아질 것이다. 최근 백령도에서 아열대 나비종이 발견되었다고 보도되었다. 바다의 변화도 감지된다. 우리나라 근해에서 명태와 같은 한류성 어종보다 오징어 같은 난류성 어종이 더 많이 잡힌다. 자그마한 곤충이나 바다에 사는 물고기도 이미 기후 변화가 일어나고 있음을 증명하고 있다.

그러나 기온만 올라가는 것이 아니다. 지구의 대기 순환 흐름이 달라지면서 비가 오는 것도 달라질 수 있다. 기온이 올라가면 공기가 수증기를 포함할 수 있는 능력이 커져서 호우의 발생이 잦고 보다 강력한 태풍이 발생할 가능성도 높아진다. 해수면의 높이도 지금보다 높아져서 해발 고도가 낮은 네덜란드, 방글라데시와 같은 나라나 투발루 같은 작은 섬나라들의 피해가 커질 것이다.

① 물음과 대답의 형식으로 독자의 관심을 유도하고 있다.
② 객관적 수치를 제시하여 글의 신뢰성을 높이고 있다.
③ 구체적 사례를 통해 상황의 심각성을 부각하고 있다.
④ 예측할 수 있는 상황을 제시하여 문제를 환기하고 있다.

 과거로부터 현재의 이산화탄소 농도 변화 과정을 객관적 수치를 통해 제시하고 있다(②). 또한 온실 효과로 인해 발생할 수 있는 여러 문제들을 구체적 사례를 들어 심각성을 부각하여(③) 앞으로 일어날 수 있는 일들을 예측하게 해 문제를 환기하고 있다(④). 그러나 물음과 대답의 형식으로 독자의 관심을 유도하고 있는 것은 아니다.

8 다음 글의 내용과 부합하지 않는 것은?

> 현존하는 족보 가운데 가장 오래된 것은 성종 7년(1476)에 간행된 안동 권씨의 「성화보(成化譜)」이다. 이 족보의 간행에는 달성 서씨인 서거정이 깊이 관여하였는데, 그가 안동 권씨 권근의 외손자였기 때문이다. 조선 전기 족보의 가장 큰 특징을 바로 여기에서 찾을 수 있다. 「성화보」에는 모두 9,120명이 수록되어 있는데, 이 가운데 안동 권씨는 9.5퍼센트인 867명에 불과하였다. 배우자가 다른 성씨라 하더라도 절반 정도는 안동 권씨이어야 하는데 어떻게 이런 현상이 나타났을까?
>
> 그것은 당시의 친족 관계에 대한 생각이 이 족보에 고스란히 반영되었기 때문이다. 우선 「성화보」에서는 아들과 딸을 차별하지 않고 출생 순서대로 기재하였다. 이러한 관념이 확대되어 외손들도 모두 친손과 다름없이 기재되었다. 안동 권씨가 당대의 유력 성관이고, 안동 권씨의 본손은 물론이고 인척 관계의 결연으로 이루어진 외손까지 상세히 기재하다보니, 조선 건국에서부터 당시까지 과거 급제자의 절반 정도가 「성화보」에 등장한다.
>
> 한편 「성화보」의 서문에서 서거정은 매우 주목할 만한 발언을 하고 있다. 즉 "우리나라는 자고로 종법이 없고 족보가 없어서 비록 거가대족(巨家大族)이라도 기록이 빈약하여 겨우 몇 대를 접할 뿐이므로 고조나 증조의 이름과 호(號)도 기억하지 못하는 이가 있다."라고 한 것이다. 「성화보」 역시 시조 쪽으로 갈수록 기록이 빈약한 편이다.
>
> 「성화보」 이후 여러 성관의 족보가 활발히 편찬되면서 양반들은 대개 족보를 보유하게 되었다. 하지만 가계의 내력을 정확하게 파악할 수 있는 자료가 충분하지 않아서 조상의 계보와 사회적 지위를 윤색하거나 은폐하기도 하였다. 대다수의 양반 가계가 족보를 편찬하면서 중인 물론 평민들도 족보를 보유하고자 하였다.

① 「성화보」에서 수록된 사람 중 안동 권씨는 10%도 되지 않는다.
② 태조부터 성종까지 과거 급제자의 절반 정도가 「성화보」에 등장하였다.
③ 조선 후기의 족보는 친손과 외손의 차별 없이 모두 수록하고 있다.
④ 가계의 내력을 정확하게 파악할 수 없기 때문에 조상의 지위를 윤색하기도 하였다.

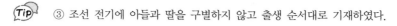 ③ 조선 전기에 아들과 딸을 구별하지 않고 출생 순서대로 기재하였다.

Answer 7.① 8.③

9 다음 글의 내용과 일치하지 않는 것은?

> 민주 정치의 중요 요소인 정당 정치는 '개별 정당'과 '정당 체계' 차원으로 나뉜다. 이때 정당 체계는 여러 정당이 조직화된 양식으로 작동하는 정당 군(群)을 의미한다. 개별 정당 분석이 대의제 아래에서 정당이 수행하는 시민 여론 조직화·가치화 기능에 대한 평가를 중요시한다면, 정당 체계 분석은 정당 간 상호 작용에 초점을 둔다. 정당 체계 분석에서 핵심적 역할을 하는 것이 정당 수 산정이다. 정당 수가 많은가 적은가 하는 것은 그 정치 체계의 이데올로기적 분포 및 정치 상황의 안정도를 보여 주는 중요 지표이다. 이데올로기의 극단적 분포가 궁극적으로 정치 체계의 불안정으로 귀결될 가능성도 있기 때문이다. 즉 정당 수는 이념적 분포가 원심적인지 아니면 구심적인지를 보여 준다. 최근까지 정당 수 산정을 위한 다양한 방식이 제시되어 왔는데, 이는 정치 현상에 대한 우리의 이해를 높이고자 하는 것이다.
>
> 그렇다면 정당 수를 산정하는 방식으로는 무엇이 있을까? 우선 '단순 방식'이 있다. 이 방식에서는 한 정치 체계의 규정에 따른 정당이면 모두 동일한 자격을 갖춘 정당으로 간주한다. 그러나 이 방식은 유효한 정당의 수가 항상 고정된 것이 아니라, 정치 상황의 시점(時點)에 따라 달라질 수 있다는 것을 고려하지 못한다. 특히 내각 책임제의 경우 선거 전이냐 아니면 선거 후냐에 따라 유효한 정당의 수가 달라질 수 있다.
>
> 이러한 문제를 해결하기 위해 등장한 것이 '이항 분류 방식'이다. 이 방식은 의회에 의석을 보유하고, 내각 구성에 참여할 가능성이 있는 정당만을 정당 체계 내 정당으로 인정한다. 이항 분류 방식은 특히 정당 난립 상황이 심할수록 유용한 분석 수단이다. 내각 책임제에서는 얼마나 많은 정당이 있느냐가 아니라 내각 구성에 참여할 수 있는 정당 수가 몇이냐가 중요하기 때문이다. 하지만 대통령제에서 대통령 선거 결과에 따른 정당 체계와 총선 결과에 따른 정당 체계가 서로 다른 경우에는 이항 분류 방식을 사용하여 비교하기가 어렵다. 다시 말해 이 방식은 정부 형태 간 교차 분석을 위해 사용하기 어렵다. 동시에 내각 구성 과정에 영향을 미치지 못하지만, 정치적 실체로서 존재하며 정치적 영향력을 행사하는 정당의 존재가 배제될 수밖에 없는 것이 이 방식의 단점이다.

① 정당 수는 이념적 분포가 원심적인지 아니면 구심적인지를 보여준다.

② 이항 분류 방식은 정치적 실체로서 정치적 영향력을 행사는 정당의 존재가 배제될 수 있다.

③ 정치 상황의 안정도를 보여 주는 중요 지표의 하나는 정당 수이다.

④ 단순방식은 유효한 정당의 수가 달라질 수 있음을 고려한다.

Tip ④ 단순방식은 유효한 정당의 수가 항상 고정된 것이 아니라, 정치 상황의 시점(時點)에 따라 달라질 수 있다는 것을 고려하지 못한다.

10 다음 글의 논지 전개 방식으로 가장 적절한 것은?

> 언젠가부터 우리 바다 속에 해파리나 불가사리와 같이 특정한 종들만이 크게 번창하고 있다는 우려의 말이 들린다. 한마디로 다양성이 크게 줄었다는 이야기다. 척박한 환경에서는 몇몇 특별한 종들만이 득세한다는 점에서 자연 생태계와 우리 사회는 닮은 것 같다. 어떤 특정 집단이나 개인들에게 앞으로 어려워질 경제 상황은 새로운 기회가 될지도 모른다. 하지만 이는 사회 전체로 볼 때 그다지 바람직한 현상이 아니다. 왜냐하면 자원과 에너지 측면에서 보더라도 이들 몇몇 집단들만 존재하는 세계에서는 이들이 쓰다 남은 물자와 이용하지 못한 에너지는 고스란히 버려질 수밖에 없고 따라서 효율성이 극히 낮기 때문이다.
>
> 다양성 확보는 사회 집단의 생존과도 무관하지 않다. 조류 독감이 발생할 때마다 해당 양계장은 물론 그 주변 양계장의 닭까지 모조리 폐사시켜야 하는 참혹한 현실을 본다. 단 한 마리 닭이 걸려도 그렇게 많은 닭들을 죽여야 하는 이유는 인공적인 교배로 인해 이들 모두가 똑같은 유전자를 가졌기 때문이다. 따라서 다양한 유전 형질을 확보하는 길만이 재앙의 확산을 막고 피해를 줄이는 길이다.
>
> 이처럼 다양성의 확보는 자원의 효율적 사용과 사회 안정에 중요하지만 많은 비용이 들기도 한다. 예를 들어 출산 휴가를 주고, 노약자를 배려하고, 장애인에게 보조 공학 기기와 접근성을 제공하는 것을 비롯해 다문화 가정, 외국인 노동자를 위한 행정 제도 개선 등은 결코 공짜가 아니다. 그럼에도 불구하고 다양성 확보가 중요한 이유는 우리가 미처 깨닫고 있지 못하는 넓은 이해와 사랑에 대한 기회를 사회 구성원 모두에게 제공하기 때문이다.

① 다양성 확보의 중요성에 대해 관점이 다른 두 주장을 대비하고 있다.
② 다양성 확보의 중요성에 대해 유추를 통해 설명하고 있다.
③ 다양성이 사라진 사회를 여러 기준에 따라 분류하고 있다.
④ 다양성이 사라진 사회의 사례들을 나열하고 있다.

 바다 속 생태계나 닭들의 사례를 통해 우리 사회의 다양성 확보의 중요성에 대해서 설명하고 있다. 따라서 ②가 옳은 설명이다.

11 다음 글로 미루어 알 수 있는 조선 후기 회화의 장점은?

> 판소리 사설에서의 시점 혼합이 조선 후기 회화에도 나타나고 있다. 원래 시점이란 대상을 바라보는 주체의 위치 문제를 나타내는 용어로서, 언어로 된 문학 작품보다 그림에서의 시점은 이해하기가 훨씬 수월하다. 그렇지만 조선 후기 그림에서의 시점도 판소리 사설처럼 단일 시점으로만 되어 있지 않고 복합적이다.
>
> 우선 실경(實景)을 그대로 담아 낸 실경 산수화 또는 진경산수화를 예로 들면, 흔히 액자 내부 시점과 액자 외부 시점이 혼합되어 나타난다. 예를 들어 박연 폭포를 그린 겸재의 그림을 보면 실제 폭포의 높이보다 그림의 폭포가 훨씬 높게 표현되어 있다. 그것은 액자 내부에 있는 사람들의 시점을 반영한 결과로 보인다. 즉 그림에는 폭포 및 정자 근처에서 폭포수를 쳐다보는 일군의 구경꾼들이 있는데, 폭포의 높이를 시제보다 훨씬 크게 그린 것은 폭포를 올려다보는 그들의 관점을 반영했기 때문이다.
>
> 겸재의 [통천문암]에도 그러한 현상이 보인다. 그림에서 파도는 마치 해일이 일어난 것처럼 실제보다 훨씬 강조되어 있다. 커다란 파도가 넘실대는 것이 금방이라도 땅을 뒤덮어버릴 만큼 위용이 대단하다. 파도가 실제 그런 정도라면 그런 날의 기상 조건은 태풍이 세차게 불고 빗줄기가 쏟아지면서 사람들이 바깥에 서 있을 수도 없는, 그야말로 최악의 기상 조건이어야 할 것이다. 그러나 그림에서는 사람들이 한가롭게 구경하면서 길을 간다. 그것은 이 그림이 액자 외부 시점으로만 구성된 단일 시점이 아니라 액자 내부의 시점, 즉 구경꾼이 파도를 인식하는 관점도 복합되어 있기 때문에 나타나는 현상이다. 바다와 도로 사이의 간격이 전혀 없이 사람의 머리 위로 파도가 넘실대게 그린 것도 그러한 복합 시점의 탓이다.
>
> 풍경을 완상(玩賞)하는 구경꾼을 아주 조그맣게 배치한 그림들은 대개가 복합 시점의 구성이라고 보아도 좋을 것이다. 그림 속의 산수풍경은 액자 바깥에서 볼 수 있는 풍경을 주로 반영하지만, 액자 내부의 관찰자가 느낀 산수 체험도 일정 부분 반영하는 것이다. 그림은 액자 외부 시점을 지배적인 틀로 하되, 거기에 구경꾼 하나하나가 그 나름의 시점으로 대상을 보고 느낀 액자 내부 시점들을 사이사이에 배치함으로써 이루어진다. 이를 판소리에 비하면 액자 외부의 시점은 서술자의 목소리에 해당하고, 액자 내부의 시점은 극중 인물의 목소리에 해당한다고 할 수 있다. 판소리에서 서술자의 목소리에 극중 인물의 목소리가 항상 개입하듯이, 그림에도 액자 외부의 시점에 액자 내부의 시점이 빈번하게 끼어드는 것이다.

① 대상을 사실적으로 재현할 수 있다.
② 융통성 있게 구도를 설정할 수 있다.
③ 그림의 소재를 자유 자재로 취할 수 있다.
④ 여백을 통하여 시점의 일관성을 지속시킬 수 있다.

 판소리의 시점 혼합 현상이 조선 후기 회화에서도 나타나고 있다는 것을 중심 내용으로 하고 있다. 따라서 조선 후기 회화의 복합 시점은 그림의 구도가 융통성 있게 잡혀질 수 있다는 것을 보여 준다. 고정된 시점을 벗어나면 같은 공간 안에, 같은 시간대에 나타날 수 없는 것도 하나의 화면 안에 처리할 수 있기 때문이다.

12 다음 글의 주제로 가장 적합한 것은?

민주주의 정부가 국민들과 한 마음이어서 대다수 국민이 동의하기만 한다면 어떠한 강제 권력도 행사할 수 있다고 가정하기 쉽다. 그러나 나는 국민 스스로에 의해서든, 그들의 정부에 의해서든 이러한 강제를 행사할 권리를 부정한다. 그러한 권력은 결코 정당화될 수 없기 때문이다. 최악의 정부가 그러한 자격을 갖지 않는 것과 마찬가지로 최선의 민주정부 역시 그런 자격을 가질 수 없다. 그러한 권력은 대중의 여론에 반하는 경우보다 대중의 여론에 일치하여 행사될 때 더욱 위험하다. 한 사람을 제외한 모든 인류가 같은 의견이고, 단 한 사람만이 반대 의견이라고 해서 인류가 그 한 사람을 침묵하게 하는 것이 정당화될 수 없는 것과 마찬가지이다. 하나의 의견이 이를 주장하는 몇 사람에게만 가치가 있는 개인적 소유물이어서 그 의견의 향유를 제한하는 일이 단순히 사적인 침해일 뿐이라고 간주하면, 그 침해가 단 몇 명에게만 일어나는 일인지 아니면 많은 이들에게 일어나는 일인지 차이가 있을 수 있다. 그러나 의견을 표현하지 못하게 하여 침묵하게 하는 일은 그 의견을 지지하는 모든 사람에게, 나아가 그 의견을 반대하는 모든 사람들에게, 현존하는 세대뿐만 아니라 후세의 모든 사람에게 강도짓 같은 해악을 끼친다. 만약 그 의견이 옳다면 그러한 권력은 오류를 진리로 바꿀 기회를 모든 사람들에게서 강탈한 것이다. 설사 그 의견이 틀리다 하더라도 진리와 오류가 충돌할 때 발생하는 더욱 명료한 인식과 생생한 교훈을 배울 기회를 우리 모두에게서 빼앗아 버린 것이다.

① 표현의 자유는 민주주의 사회에서 국민이 가지는 기본권이다.
② 민주주의 정부 하에서 표현의 자유를 제한하는 것은 불가피하다.
③ 표현의 자유를 제한하는 것은 모든 사람에게 악행을 행하는 것이다.
④ 소수의 반대의견을 침묵하게 하는 것은 정당하다.

 한 사람의 반대의견을 침묵하게 하는 것은 정당화될 수 없는 것이며, 의견을 침묵하게 한다면 그것은 모든 사람에게 강도짓 같은 해악을 끼친다.

Answer → 11.② 12.③

13 다음 글에서 '공안 개정론자'의 주장으로 옳지 않은 것은?

> 대동법의 핵심 내용으로, 공물을 부과하는 기준이 호(戶)에서 토지로 바뀐 것과 수취 수단이 현물에서 미(米)·포(布)로 바뀐 것을 드는 경우가 많다. 하지만 양자는 이미 대동법 시행 전부터 각 지방에서 광범위하게 시행되고 있었기 때문에 이를 대동법의 본질적 요소라고 볼 수는 없다. 대동법의 진정한 의미는 공물 부과 기준과 수취 수단이 법으로 규정됨으로써, 공납 운영의 원칙인 양입위출(量入爲出)의 객관적 기준이 마련되었다는 점에 있다.
>
> 양입위출은 대동법 실시론자뿐만 아니라 공안(貢案) 개정론자도 공유하는 원칙이었으나, 공납제의 폐단을 두고 문제의 해법을 찾는 방식은 차이가 있었다. 공안 개정론자는 호마다 현물을 거두는 종래의 공물 부과 기준과 수취 수단을 유지하되 공물 수요자인 관료들의 절용을 강조함으로써 '위출'의 측면에 관심을 기울였다. 반면 대동법 실시론자들은 공물가를 한번 거둔 후 다시 거두지 않도록 제도화할 것을 주장하여 '양입'의 측면을 강조하였다.
>
> 요컨대 양입위출에 대한 이런 강조점의 차이는 문제에 대한 해법을 개인적 도덕 수준을 제고하는 것으로 마련하는가, 아니면 제도적 보완이 필요하다고 보고 그 방안을 강구하는가의 차이였다. 공물 수취에 따른 폐해들을 두고 공안 개정론자는 공물 수요자 측의 사적 폐단, 즉 무분별한 개인적 욕망에서 비롯된 것으로 보았다. 반면 대동법 실시론자는 중앙정부 차원에서 공물세를 관리할 수 있는 합리적 근거와 기준이 미비하였기 때문이라고 보았다. 현물을 호에 부과하는 방식으로는 공납제 운영을 객관화하기 어려웠음에도 불구하고, 공안 개정론자는 공물 수요자의 자발적 절용을 강조하는 것 외에 그것을 강제할 수 있는 별도의 방법을 제시하지 못하였다. 이에 반해 대동법 실시론자는 공물 수요자 측의 절용이 필요하다고 보면서도 이들의 '사적 욕망'에서 빚어진 폐습을 극복하기 위해서는 이를 규제할 '공적 제도'가 필요하다고 믿었다.
>
> ※ 양입위출 : 수입을 헤아려 지출을 행하는 재정 운영 방식

① 공물 수취에 따른 폐해는 무분별한 개인적 욕망에서 비롯된다.
② 공물 수요자의 자발적 절용을 강조한다.
③ 사적 욕망에서 빚어진 폐습을 극복하기 위해 공적 제도가 필요하다.
④ '양입'의 측면보다 '위출'의 측면에 더 관심이 있다.

(Tip) ③ 대동법 실시론자는 공물 수요자 측의 절용이 필요하다고 보면서도 이들의 '사적 욕망'에서 빚어진 폐습을 극복하기 위해서는 이를 규제할 '공적 제도'가 필요하다고 믿었다.

14 다음 글의 주제로 가장 적절한 것은?

> 가부장제의 권위에 길들여져 온 우리 사회에는 아직도 권위주의적인 잔재가 남아 있다. 그러나 민주 사회인 오늘날에는 절대적 권위보다 올바른 권위가 어느 때보다도 중요시되고 있다. 권위주의는 상급자가 조직의 힘만을 내세워 하급자에게 일방적으로 명령하고 복종하도록 강요하는 데서 발생한다. 이로 말미암아 상급자의 독주와 횡포가 생겨나게 되고, 하급자의 자율성과 창의성을 끌어내지 못하게 되어 오직 규칙만이 강화되는 비인간적인 사회가 되어 버린다. 그러나 하급자의 마음속에 심리적인 저항감을 주지 않는 상급자의 권위는 오히려 환영을 받는다. 상급자가 인간적인 존경과 신뢰할 만한 실력을 겸비한 인간적 권위의 소유자라면 하급자는 자발적으로 그를 따르게 되며, 그 사회는 인간적인 유대감이 형성될 수 있는 것이다. 권위주의는 조직의 권위만을 내세우고 인간적인 권위를 갖추지 못했을 때 생겨난다. 따라서 인간적 존경과 실력을 갖춘 올바른 권위야말로 권위주의의 폐해를 없애고 건강한 민주 사회를 이루는 지름길인 것이다.

① 권위주의의 역사
② 올바른 권위의 필요성
③ 권위에 대해 잘못된 인식
④ 권위주의의 긍정적인 모습

 이 글은 처음 부분에서 올바른 권위의 중요성을 언급하면서 권위주의의 폐해와 올바른 권위의 모습을 제시하고 있다. 마지막 부분에서는 논의를 결론지으면서 올바른 권위의 필요성을 강조하고 있다.

Answer ➛ 13.③ 14.②

15 다음 글의 내용과 일치하지 않는 것은?

> 쇼윈도는 소비 사회의 대표적인 문화적 표상 중의 하나이다. 책을 읽기 전에 표지나 목차를 먼저 읽듯이 우리는 쇼윈도를 통해 소비 사회의 공간 텍스트에 입문할 수 있다. '텍스트'는 특정한 의도를 가지고 소통할 목적으로 생산한 모든 인공물을 이르는 용어이다. 쇼윈도는 '소비 행위'를 목적으로 하는 일종의 공간 텍스트이다. 기호학 이론에 따르면 '소비 행위'는 이런 공간 텍스트를 매개로 하여 생산자와 소비자가 의사소통하는 과정으로 이해할 수 있다.
>
> 옷 가게의 쇼윈도에는 마네킹이 멋진 목걸이를 한 채 붉은 색 스커트를 날씬한 허리에 감고 있다. 환한 조명 때문에 마네킹은 더욱 선명해 보인다. 길을 걷다가 환한 불빛에 이끌려 마네킹을 하나씩 살펴본다. 마네킹의 예쁜 모습을 보면서 나도 모르게 이야기를 시작한다. '참 날씬하고 예쁘기도 하네. 저 비싸 보이는 목걸이는 어디서 났을까. 짧은 스커트가 눈부시네…. 나도 저 마네킹처럼 되고 싶다.'라는 생각에 곧 옷 가게로 들어간다.
>
> 이와 같은 일련의 과정은 소비자가 쇼윈도라는 공간 텍스트를 읽는 행위로 이해할 수 있다. 공간 텍스트는 세 개의 층위(표층, 심층, 서사)로 존재한다. 표층 층위는 쇼윈도의 장식, 조명, 마네킹의 모습 등과 같은 감각적인 층위이다. 심층 층위는 쇼윈도의 가치와 의미가 내재되어 있는 층위이다. 서사 층위는 표층 층위와 심층 층위를 연결하는 층위로서 이야기 형태로 존재한다.
>
> 서사 층위에서 생산자와 소비자는 상호 작용을 한다. 생산자는 텍스트에 의미와 가치를 부여하고 이를 이야기 형태로 소비자에게 전달한다. 소비자는 이야기를 통해 텍스트의 의미와 가치를 해독한다. 이런 소비의 의사소통 과정은 소비자의 '서사 행로'로 설명될 수 있다. 이 서사 행로는 다음과 같은 네 가지 과정을 거쳐 진행된다.
>
> 첫 번째는 소비자가 제품에 관심을 갖기 시작하는 과정이다. 이때 소비자는 쇼윈도 앞에 멈추어 공간 텍스트를 읽을 준비를 한다. 두 번째는 소비자가 상품을 꼼꼼히 관찰하는 과정이다. 이 과정에서 소비자는 쇼윈도와 쇼윈도의 구성물들을 감상한다. 세 번째는 소비자가 상품에 부여된 가치를 해독하는 과정이다. 이 과정에서 소비자는 쇼윈도 텍스트에 내재된 가치들을 읽어 내게 된다. 네 번째는 소비자가 상품에 대한 최종적인 평가를 내리는 과정이다.
>
> 이 네 과정을 거치면서 소비자는 구매 여부를 결정하게 된다. 서사 행로는 소비자의 측면에서 보면 이 상품이 꼭 필요한지, 자기가 그 상품을 살 능력을 갖고 있는지 등을 면밀히 검토하는 과정이라고 할 수 있다.

① 소비자는 서사 행로를 통해 상품의 구매 여부를 결정한다.
② 심층 층위는 장식, 조명 등의 감각적인 층위에 해당한다.
③ 공간 텍스트란 특정한 의도를 가지고 소통할 목적으로 생산한 공간이다.
④ 소비란 쇼윈도라는 공간 텍스트를 매개로 한 소비자와 생산자의 의사소통 과정이다.

> **Tip** 장식, 조명, 마네킹의 모습 등과 같은 감각적인 층위는 표층 층위에 해당하며, 심층 층위는 쇼윈도의 가치와 의미가 내재되어 있는 층위이다.

16 다음 글의 제목으로 가장 적절한 것은?

> 　얼음이 녹아 먹을 것이 사라져 배를 곯는 북극곰, 사막화와 가뭄으로 검게 타들어 가고 있는 아프리카의 뜨거운 땅. 인간이 지구의 주인을 자처하며 생활의 편리함을 위해 에너지를 마구 사용한 결과가 비극적인 부메랑이 되어 돌아왔다. 기후 변화 여파는 더 이상 텔레비전 속 먼 나라 이야기가 아니다. 100년 만에 찾아온 2011년 9월 중순의 폭염은 우리에게 초유의 정전 사태를 안겨주지 않았던가.
> 　이러한 사태의 원인은 에너지 과잉 소비에 있다. 사람들은 여전히 전기를 비용만 지불하면 마음껏 써도 된다고 생각하며 낭비하고 있다. 에너지 절약을 위한 다각적인 실천은 지구 환경 보호를 위해서만이 아니라 국가 경제를 위해서도 중요하다. 사용하지 않는 플러그 뽑기, 대중교통 이용하기, 일회용품 적게 쓰기 등과 같은 개인적인 실천과 더불어 국가적 차원에서의 구체적이고 실효성 있는 에너지 절약 대책 마련이 시급하다.

① 지구 온난화의 원인
② 에너지 절약의 필요성
③ 에너지 수입의 문제점
④ 대체 에너지 개발의 중요성

 ② 주제 문장이 문단의 맨 끝에 나오는 미괄식 구성방식의 글이다. 에너지 소비의 문제점에 대해서 이야기하고 마지막에 에너지 절약의 필요함에 대해 서술하고 있다.

Answer▷ 15.② 16.②

상처를 보호하기 위해 손가락에 붙이는 밴드가 매끄러운 피부에 잘 붙는 이유는 무엇일까? 이는 분자와 분자 사이에 작용하는 '쿨롱의 힘'과 관련이 있다고 한다. 그런데 쿨롱의 힘이 작용하려면 전자가 남거나 모자란 상태의 이온처럼 물체가 전하를 띠어야 한다. 그렇다면 밴드도 전하를 띠고 있다는 것인가? 물 분자의 경우를 중심으로 분자 사이에 작용하는 쿨롱의 힘에 대해 살펴보자.

물 분자는 수소 원자 두 개가 하나의 산소 원자 양쪽에 공유결합을 하고 있는 구조를 이루고 있는데, 산소를 중심으로 104.5도로 꺾여 있어 마치 부메랑처럼 생겼다. 그런데 물 분자 안에 들어 있는 전자는 산소와 수소의 전기음성도 차에 의해 한쪽으로 치우쳐 있다. 전기음성도는 특정 원자가 화학결합을 이루고 있는 전자를 끌어당기는 정도를 수치로 나타낸 값으로 산소 원자의 전기음성도는 수소 원자의 전기음성도보다 크다. 따라서 산소 원자와 수소 원자 사이의 공유결합은 대칭적이지 않고, 전자가 산소 원자 쪽으로 쏠려 산소 원자 부근에는 음전하가, 수소 원자 부근에는 양전하가 만들어진다. 물 분자처럼 공유결합에서 전자가 한쪽으로 쏠려 분자 하나가 양전하와 음전하로 갈려있는 상태를 쌍극자라 한다. 그리고 분자 안에서 양전하와 음전하가 생기는 정도를 쌍극자모멘트라 한다. 쌍극자모멘트는 크기와 방향을 모두 갖는 벡터량이다. 따라서 각 쌍극자가 만드는 쌍극자모멘트의 벡터합을 구하면 분자 전체의 극성을 알 수 있다. 부메랑 구조를 가진 물 분자의 쌍극자모멘트 합을 구해 보면 산소 원자 쪽이 음전하를 띤다는 사실을 알 수 있다. 물 분자처럼 쌍극자모멘트의 합에 의해 극성이 생기는 분자를 극성분자라 한다.

분자에 극성이 생겼으니 이제 쿨롱의 힘을 이야기할 수 있다. 극성분자 사이에 작용하는 쿨롱의 힘은 막대자석 사이에 작용하는 힘에 빗대어 설명할 수 있다. 막대자석은 N극과 S극으로 이루어져 있다. 두 개의 반대되는 성질이 양쪽으로 나누어져 있으니 극성분자처럼 쌍극자가 있는 셈이다. 막대자석 여러 개를 이어 붙여 큰 구조물을 만든다고 해 보자. 같은 극끼리는 밀어내고 다른 극끼리는 끌어당기므로 N극과 S극을 이어 붙여야 한다. 극성분자인 물도 마찬가지다. 양전하를 띠는 수소 원자는 다른 물 분자의 음전하를 띠는 산소 원자 쪽에 가까워지려고 한다. 그런데 공유결합의 힘보다는 약하지만, 극성분자는 쌍극자를 갖고 있기 때문에 분자들을 적절히 배치하면 분자들 사이에 쿨롱의 힘이 작용한다. 이처럼 극성분자 사이에 작용하는 쿨롱의 힘을 쌍극자간 힘이라 부른다. 극성분자 사이에 작용하는 쿨롱의 힘은 물질의 점성이나 상태를 결정한다. 예컨대 물 분자들이 쌍극자간 힘으로 촘촘히 결합되어 있으면 얼음이 되고 물 분자 사이의 결합이 느슨해지다가 끊어지면 수증기가 된다.

밴드의 접착력도 분자 사이에 작용하는 쿨롱의 힘으로 설명할 수 있다. 밴드의 접착면은 극성을 강하게 ㉠띠는 고분자물질로 처리되어 있어 피부에 잘 붙는다. 밴드가 떨어지는 이유는 밴드와 피부를 이루는 분자 사이에 작용하는 힘이 이 둘을 떨어뜨리려는 외부의 힘에 비해 약하기 때문이다. 밴드 외에도 우리 주위를 살펴보면 분자간 힘이 작용하는 현상을 손쉽게 찾아볼 수 있다. 순간접착제로 깨진 그릇을 붙일 수 있는 이유도 순간접착제와 그릇을 구성하고 있는 분자 사이의 힘이 손으로 뗄 수 없을 정도로 강하기 때문이다.

17 윗글에 대한 설명으로 가장 적절한 것은?

① 특수한 현상에 대한 다양한 이론을 소개하고 있다.

② 새로 발견된 과학 원리의 응용 가능성을 전망하고 있다.

③ 사례들의 공통점을 추출하여 보편적 원리를 도출하고 있다.

④ 현상의 과학적 원리를 특정 대상을 중심으로 설명하고 있다.

 본문의 첫째 문단에서 물 분자의 경우를 중심으로 분자 사이에 작용하는 쿨롱의 힘에 대해 살펴보자고 하면서 뒤의 내용이 전개된다. 따라서 쿨롱의 힘의 과학적 원리를 특정 대상인 물 분자를 중심으로 설명하고 있다는 ④가 가장 적절하다.

18 ㉠과 문맥적 의미가 유사한 것은?

① 일에 전문성을 <u>띠지</u> 않으면 성공하기 쉽지 않다.

② 미소를 <u>띤</u> 얼굴을 본 순간 화를 낼 수 없었다.

③ 그는 중요한 임무를 <u>띠고</u> 작전에 투입되었다.

④ 노기를 <u>띤</u> 그의 얼굴을 보자 말문이 막혔다.

 ① 어떤 성질을 지니다.
②④ 표정이나 감정, 기운 따위가 겉으로 드러나다.
③ 용무나 직책, 사명 따위를 가지다.

19 다음 글의 제목과 부제로 가장 적절한 것은?

> 수학은 본래 자연에 대한 관찰과 경험을 통해 얻은 실용적인 사실들의 수집에서 출발했다. 그 후 고대 그리스 시대에 이르러 증명과 공리(公理)적 방법의 도입으로 확고한 체제를 갖추게 되었다. 여기에서 증명은 다른 사람을 설득하기 위한 논리적 설명이고, 공리적 방법은 증대된 수학 지식의 체계적인 정리라고 할 수 있다. 그러므로 증명이나 공리적 방법은 발견의 도구가 될 수는 없으며, 창의적 발상을 저해할 수도 있다. 그리스 시대 이후 오랫동안 정체의 늪에 빠져 있던 수학은, 저명한 수학자이며 과학자인 갈릴레오와 케플러의 놀라운 발견이 이루어진 후, 17세기에 새로운 힘을 얻게 되었다. 이들의 업적은 수학에 관한 기초적인 사실을 많이 발견했고, 케플러는 그 유명한 행성의 운동 법칙 세 가지 모두를 밝혀냈다. 이들의 발견이 현대 동역학(動力學)과 현대 천체 역학으로 발전하는 과정에서 이러한 변화와 운동을 다룰 수 있는 새로운 수학 도구를 필요로 했기 때문이다.
>
> 이렇게 해서 미분 적분학이라는 새로운 형태의 수학이 탄생했다. 옛 수학과 새로운 수학을 비교하면, 옛것은 고정되고 유한한 대상을 고려하며 정적인 반면에, 새 것은 변화하고 무한한 대상을 연구하며 역동적이다. 이렇듯 수학은 자연에 발을 딛고 있을 때, 현대 동역학이나 현대 천체 역학과 같은 자연 과학의 발전에 공헌함은 물론 수학 자체의 지속적인 발전을 이루어 낼 수 있었다.

① 위대한 '케플러'의 업적 – 행성의 운동 법칙 세 가지
② 미분 적분학의 탄생 – 역동적인 새로운 수학의 발전
③ 창의력을 저해시키는 증명 수학 – 더 이상 나아갈 길은 없는가?
④ 고정되어버린 수학 – 창의력이 필요한 때

 제시된 지문은 고정적이고 정적인 옛 수학이 17세기 이후 여러 발견으로 인해 무한하고 역동적으로 변화된 과정에 대해 서술하고 있다. 이미 역동적으로 변화된 수학에 대해 이야기하고 있으므로 보기 ③과 ④는 적절하지 않다.

20 다음 글의 중심 내용으로 가장 적절한 것은?

오늘날 환경 운동의 의의는 인간 삶의 물질적, 정신적 재생산의 원천인 자연 환경의 파괴를 방지하고 자기 순환성을 회복하여 인간 사회와 자연 환경 간의 지속적인 공생을 도모하고자 하는 데 있다. 따라서 환경 운동은 이른바 전통적인 사회 운동, 특히 노동 운동처럼 특정한 계급의 특수한 이익을 목적으로 하는 변혁 운동과는 상당히 다른 양상을 보이고 있다. 예를 들어 노동 운동에서 강조되는 '산업 노동자의 주체성', '계급투쟁의 절대적 우위성', '생산 양식의 전환을 위한 혁명' 등은 환경 운동에서 더 이상 절대적인 중요성을 지니지 못한다. 오히려 환경 운동은 모든 잠재적 우군들을 동원할 수 있기 위해서 사회, 공간적으로 상이한 집단들에게 모두 적용되는 비계급적 이슈 또는 이들을 관통하는 다계급적, 통계급적 주제들을 전면에 내걸고 있고, 새로운 변화를 요구하기보다는 무리한 변화에 대해 저항하거나 변화된 환경의 원상회복 내지는 이에 대한 배상을 요구하는 경우가 많다.

① 환경문제의 심각성　　　　② 환경운동의 의의

③ 환경운동의 전개양상　　　　④ 환경운동의 발생 기제

 제시된 글의 첫 번째 문장 때문에 글의 중심 내용이 '환경운동의 의의'라고 생각할 수 있지만 글의 전체적인 내용으로 볼 때 첫 번째 문장은 다음 문장을 이끌어내기 위한 서론에 불과하다. 특정한 계급의 특수한 이익을 목적으로 하는 변혁 운동과는 다른 양상을 보이는 환경운동에 대한 내용을 다루고 있으므로 글의 중심 내용은 '환경운동의 양상'이 가장 적절하다.

Answer → 19.② 20.③

21 다음 글을 읽고 내린 판단으로 적절하지 않은 것은?

> 화학은 분자 구조, 분자가 가지는 각종 성질, 분자 구조의 변화, 새로운 분자의 제작 등에 관련된 사항을 다루는 학문이다. 분자란 어떤 물질의 성질을 보유하는 최소 크기의 입자 단위를 일컫는다. 자연계에 존재하는 물질의 대부분은 분자로 구성되어 있다. 크기가 작은 분자의 예로는 공기 중의 산소, 질소, 이산화탄소라든지 물, 알코올, 설탕, 휘발유, 포도당, 아스피린, 페니실린 등을 들 수 있다. 크기가 큰 분자의 예로는 녹말, 단백질, 핵산, 각종 플라스틱, 고무 등을 들 수 있고, 초대형 분자의 예로는 다이아몬드, 암석 등을 들 수 있다.
>
> 분자는 원자로 이루어진다. 원자들이 모여서 분자를 구성하는 것은 레고 장난감을 만드는 것에 비유할 수 있다. 몇 가지 기본적인 레고 조각에 해당하는 것이 원자이고, 레고 조각들을 짜맞추어 여러 가지 형태를 가지게끔 만든 것이 분자이며, 레고 조각들끼리 연결하는 부위는 분자 속에서 원자 사이에 형성되는 화학 결합에 해당한다. 레고 조각의 연결 부위를 떼어 내거나 새로운 조각을 붙이면 새로운 모양의 장난감이 생겨난다. 분자 속에서 원자를 연결시켜 주는 화학 결합을 절단하거나 새로운 화학 결합을 형성하면 새로운 분자가 생겨나고 새로운 물질로 바뀌게 된다. 이와 같이 화학 결합을 자르거나 붙이는 것을 화학 반응이라고 부른다.
>
> 생체 속에서 일어나는 현상들은 모두 화학 반응의 결과로 일어나는 것이다. 20세기 초까지도 생명력으로 간주되던 모든 현상들도 실은 크고 작은 분자들 사이에서 일어나는 화학 반응에 기인한다. 우리가 밥을 먹으면 소화기관에서 밥에 포함된 큰 분자들이 조그만 조각으로 갈라져서 세포 내로 이동된 뒤, 여러 단계의 구조 변화를 일으켜 마지막으로 탄산가스로 바뀌어 체외로 배출된다. 이러한 과정을 거쳐 생명을 유지하는 데 필요한 에너지를 세포가 흡수하게 된다. 여기서 든 예에서 '밥'이 '탄산가스'로 바뀌는 것은, 분자를 구성하는 화학 결합이 절단되거나 새로 형성되는 일련의 화학 반응에 의하여 진행되는 것이고, 이 화학 반응의 결과로 밥이 가지고 있던 화학 에너지는 다른 형태의 에너지로 세포에 전달된다. 이밖에도 호흡, 생식, 운동, 감각, 병균 퇴치, 노화, 광합성 등 모든 생명 현상에 관련된 화학 반응의 본질에 관한 지식이 계속 축적되고 있다. 먼 장래에 자연 과학이 더욱 발전하면 사고 활동에 관련된 화학 반응까지 밝힐 수 있게 될 것이다.
>
> 고전적인 학문 분류에 따르면, 생체와 관련된 자연 현상은 생물학 및 이에 관련된 의학, 농학, 약학 등 응용 분야에 속하는 것으로 인식되어 왔다. 그러나 학문이 발전함에 따라 생체와 관련된 제반 현상이 각종 분자에 기인한 것임을 알게 되었다. 모든 산업에서 핵심적인 요소는 소재이다. 모든 소재는 분자로 구성된다. 생명 과학과 재료 과학에 관련된 학문적인 돌파구는 화학의 영역과 깊은 관련을 가지고 있다. 따라서, 분자를 다루는 학문인 화학의 영역은 생명 과학과 재료 과학을 포괄하는 범위로까지 확장되어 나갈 것이다.
>
> 분자들이 인류의 복지에 중요한 역할을 담당하는 또 다른 예로 각종 소재를 들 수 있다. 플라스틱, 합성수지, 합성섬유 등과 같은 고분자 소재는 인공적으로 거대한 탄소 화합물을 합성하는 방법을 화학자들이 발견함으로써 대량 생산의 길이 열리게 되었다.

지금도 화학자들은 이러한 합성 고분자가 전기 이동, 촉매 작용, 고강도, 생분해 등의 새로운 성질을 가질 수 있도록 분자 차원에서 구조를 설계하고 있다. 이밖에도 금속 소재, 무기 재료 등도 분자 차원에서 물성이 결정되기 때문에 새로운 기능을 가진 물질을 발명하기 위해서는 우선 분자에 대한 지식이 필요하다. 금속 공학, 고분자 공학, 섬유 공학, 무기 재료 공학, 재료 공학 등의 명칭을 가진 응용 과학의 여러 분야와 화학 공학, 공업 화학, 환경 공학 등에 관련된 학문적인 돌파구는 화학의 영역과 깊은 관련을 가지고 있다.

① 분자의 크기는 물질마다 일정하지 않다.
② 화학의 영역은 과학의 발전에 따라 확대되고 있다.
③ 새로운 물질은 분자의 결합이나 단절을 통해서 생성된다.
④ 화학적 접근은 생명현상의 본질을 밝히는 데 필수적이다.

 화학은 분자를 다루는 학문이고, 분자는 원자로 구성된 물질이다. 원자 사이의 결합이 화학 결합이고 이 화학 결합을 자르거나 붙이는 것을 화학 반응이라 하는데, 이 화학 반응에 의해 새로운 성질을 지닌 물질이 만들어진다. 새로운 성질의 물질이 생성되려면 분자를 이루고 있는 원자가 바뀌어야 한다. 원자 사이의 결합으로 새로운 분자가 만들어진다.

22 다음 글은 '신화란 무엇인가'를 밝히는 글의 마지막 부분이다. 이 글로 미루어 보아 본론에서 언급한 내용이 아닌 것은?

> 지금까지 보았던 것처럼, 신화의 소성(素性)인 기원, 설명, 믿음이 모두 신화의 존재양식인 이야기의 통제를 받고 있음은 주지의 사실이다. 그러나 또한 신화가 단순히 이야기만은 아님도 알았다. 역으로 기원, 설명, 믿음이라는 종차가 이야기를 한정하고 있다. 이들은 상호 규정적이다. 그런 의미에서 신화는 역사, 학문, 종교, 예술과 모두 관련되지만, 그 중 어떤 하나도 아니며, 또 어떤 하나가 아니다. 예를 들어 '신화는 역사다.'라는 말이 하나의 전체일 수는 없다. 나머지인 학문, 종교, 예술이 배제되고서는 더 이상 신화가 아니기 때문이다. 이들의 복잡한 총체가 신화며, 또한 신화는 미분화된 상태로서 그것들을 한 몸에 안는다. 이들 네 가지 소성(素性) 중 그 어떤 하나라도 부족하면 더 이상 신화는 아니다. 따라서 신화는 단지 신화일 뿐이지, 그것이 역사나 학문이나 종교나 예술자체일 수는 없는 것이다.

① 신화는 종교적 상관물이다.
② 신화는 신화로서의 특수성이 있다.
③ 신화가 과학 시대 이전에는 학문이었지만 지금은 학문이 아니다.
④ 신화는 하나의 이야기라는 점에서 예술적인 문화작품이다.

 ① 문단의 앞부분에서 문화의 타고난 성품이 기원, 설명, 믿음임을 알 수 있다. 또한 신화는 종교와 관련 있다.
② 마지막 부분에서 신화는 단지 신화일 뿐 역사나 학문, 종교, 예술자체일 수는 없다고 말하고 있다.
④ 신화는 역사, 학문, 종교, 예술과 모두 관련이 있다.

23 다음 제시된 지문의 내용을 바르게 이해하지 못한 것은?

> 　요즘 우리나라에서도 비윤리적인 범죄들이 빈발하고 있는데, 그 주된 원인을 현대 가족제도의 혼란에서 찾는 사람들이 많습니다. 그래서 그 해결방안을 모색하는 데 도움이 됐으면 하는 마음으로 우리나라의 전통적인 가족제도에 대해 한 말씀 드릴까 합니다. 우리나라는 전통적으로 농경사회와 유교적 이념을 배경으로 하여 가부장적인 대가족제도를 유지해 왔습니다. 전통사회에서 '가정'이라는 말보다는 '집안'이나 '문중'이라는 말이 일반적일 정도로 가족의 범위가 현대사회에 비해 훨씬 넓었으며, 그 기능도 다양하였습니다. 가족은 농경사회에서의 생산이나 소비의 단위일 뿐만 아니라 교육의 기본단위이기도 하였습니다. 이 가족 안에서의 교육을 바탕으로 사회나 국가의 윤리와 질서가 유지되었던 것입니다. 물론 전통적 가족제도는 상하관계를 중시하는 수직구조였으나, 그것이 강압에 의한 것이 아니라 서로 간의 애정과 이해를 바탕으로 한 것임은 말할 필요도 없습니다. 예컨대 남편은 남편으로서, 아내는 아내로서, 자식은 자식으로서 자신의 본분을 지켜가며 서로를 신뢰하고 존중하는 것을 기본전제로 해서 형성된 것이 전통적인 가족제도였습니다. 물론 이러한 전통적 가족제도가 현대의 기술·공업사회에 적합한 것은 결코 아닙니다. 그러나 현대사회의 한 특징인 핵가족화와 그로 인한 가정의 기능상실, 더 나아가 여기에서 파생되는 사회기초윤리의 소멸 등이 문제점으로 부각되고 있는 지금 전통적인 가족제도는 우리에게 많은 암시를 주고 있다고 할 것입니다.

① 많은 사람들이 요즘 발생하는 비윤리적인 범죄들의 주된 원인을 현대 가족제도의 혼란에서 찾고 있다.

② 우리나라는 전통적으로 농경사회와 유교적 이념을 배경으로 하여 가부장적인 대가족제도를 유지해 왔다.

③ 가족은 교육의 기본단위이기도 하였다.

④ 전통사회에서는 '가정'이라는 말이 '집안'이나 '문중'이라는 말보다 일반적일 정도로 현대사회에 비해 좁고 폐쇄적인 가족의 범위를 유지하였다.

 ④ 전통사회에서는 '가정'이라는 말보다는 '집안'이나 '문중'이라는 말이 일반적일 정도로 가족의 범위가 현대사회에 비해 훨씬 넓었다.

Answer ↪ 22.③　23.④

24 다음 중 ㉠에 들어갈 문장으로 가장 알맞은 것은?

> 　어느 시대든 사람들은 원인이 무엇인지 알고 있다고 믿었다. 사람들은 그런 앎을 어디서 얻는가? 원인을 안다고 믿는 사람들의 믿음은 어디서 생기는 것일까?
>
> 　새로운 것, 체험되지 않은 것, 낯선 것은 원인이 될 수 없다. 알려지지 않은 것에서는 위험, 불안정, 걱정, 공포감이 뒤따라 나오기 때문이다. 우리 마음의 불안한 상태를 없애고자한다면, 우리는 알려지지 않은 것을 알려진 것으로 환원해야 한다. 이러한 환원은 _____ ㉠ _____ 이 때문에 우리는 이미 알려진 것, 체험된 것, 기억에 각인된 것을 원인으로 설정하게 된다. '왜?'라는 물음의 답으로 나온 것은 그것이 진짜 원인이기 때문에 우리에게 떠오른 것이 아니다. 그것이 우리에게 떠오른 것은 그것이 우리를 안정시켜주고 성가신 것을 없애주며 무겁고 불편한 마음을 가볍게 해주기 때문이다. 따라서 원인을 찾으려는 우리의 본능은 위험, 불안정, 걱정, 공포감 등에 의해 촉발되고 자극받는다.
>
> 　우리는 '설명이 없는 것보다 설명이 있는 것이 언제나 더 낫다'고 믿는다. 우리는 특별한 유형의 원인만을 써서 설명을 만들어 낸다. 이것은 낯설고 체험하지 않았다는 느낌을 가장 빠르고 가장 쉽게 제거해 버린다. 그래서 특정 유형의 설명만이 점점 더 우세해지고, 그러한 설명들이 하나의 체계로 모아져 결국 그런 설명이 우리의 사고방식을 지배하게 된다. 기업인은 즉시 이윤을 생각하고, 기독교인은 즉시 원죄를 생각하며, 소녀는 즉시 사랑을 생각한다.

① 우리의 호기심과 모험심을 자극하여 새로운 시도를 할 수 있게 만든다.

② 우리 마음을 편하게 해주고 안심시키며 만족하게 하고 힘을 느끼게 한다.

③ 우리의 지식을 넓혀주고 많은 정보를 습득하게 한다.

④ 우리의 마음을 더 불안하게 만들고 새로운 걱정들이 생겨난다.

 바로 앞 문장에 "마음의 불안한 상태를 없애고자한다면, 우리는 알려지지 않은 것을 알려진 것으로 환원해야 한다."라고 했으므로 ㉠에 들어갈 내용은 "우리 마음을 편하게 해주고 안심시키며 만족하게 하고 힘을 느끼게 한다."가 적당하다.

25 다음 글에서 알 수 있는 내용이 아닌 것은?

'한 달이 지나도 무르지 않고 거의 원형 그대로 남아 있는 토마토', '제초제를 뿌려도 말라죽지 않고 끄떡없이 잘 자라는 콩', '열매는 토마토, 뿌리는 감자' ……. 이전에는 상상 속에서나 가능했던 것들이 오늘날 종자 내부의 유전자를 조작할 수 있게 됨으로써 현실에서도 가능하게 되었다. 이러한 유전자조작식품은 의심할 여지없이 과학의 산물이며, 생명공학 진보의 또 하나의 표상인 것처럼 보인다. 그러나 전 세계 곳곳에서는 이에 대한 찬성뿐 아니라 우려와 반대의 목소리도 드높다. 찬성하는 측에서는 유전자조작식품은 제2의 농업 혁명으로서 앞으로 닥칠 식량 위기를 해결해 줄 유일한 방법이라고 주장하고 있으나, 반대하는 측에서는 인체에 대한 유해성 검증에서 안전하다고 판명된 것이 아니며 게다가 생태계를 교란시키고 지속 가능한 농업을 불가능하게 만든다고 주장하고 있다. 양측 모두 나름대로의 과학적 증거를 제시하면서 자신의 목소리에 타당성을 부여하고 있으나 서로 상대측의 증거를 인정하지 않아 논란은 더욱 심화되어 가고 있다. 과연 유전자조작식품은 인류를 굶주림과 고통에서 해방시켜 줄 구원인가, 아니면 회복할 수 없는 생태계의 재앙을 초래할 판도라의 상자인가?

유전자조작식품은 오래 저장할 수 있게 해주는 유전자, 제초제에 대한 내성을 길러주는 유전자, 병충해에 저항성이 높은 유전자 등을 삽입하여 만든 새로운 생물 중 채소나 음식으로 먹을 수 있는 식품을 의미한다.

최초의 유전자조작식품은 1994년 미국 칼진 사가 미국 FDA의 승인을 얻어 시판한 '무르지 않는 토마토'이다. 이것은 토마토의 숙성을 촉진시키는 유전자를 개조하거나 변형시켜 숙성을 더디게 만든 것으로, 저장 기간이 길어서 농민과 상인들에게 폭발적인 인기를 얻었다.

이후 품목과 비율이 급속하게 늘어나면서 현재 미국 내에서 시판 중인 유전자조작식품들은 콩, 옥수수, 감자, 토마토, 민화 등 모두 약 10여 종에 이른다. 그 대부분은 제초제에 저항성을 갖도록 하거나 해충에 견디기 위해 자체 독소를 만들어 내도록 유전자조작된 것들이다.

① 유전자조작식품의 최초 출현 시기
② 유전자조작식품의 개념 설명
③ 유전자조작식품의 유해성 검증 방법
④ 유전자조작식품의 유용성 사례

 Tip   ① 3문단 첫째 줄
        ② 2문단
        ④ 3문단

Answer↪ 24.② 25.③

26 다음 글에서 글쓴이가 궁극적으로 말하고자 하는 것은 무엇인가?

> 역사가는 하나의 개인입니다. 그와 동시에 다른 많은 개인들과 마찬가지로 그들은 하나의 사회적 현상이고, 자신이 속해 있는 사회의 산물인 동시에 의식적이건 무의식적이건 그 사회의 대변인인 것입니다. 바로 이러한 자격으로 그들은 역사적인 과거의 사실에 접근하는 것입니다.
>
> 우리는 가끔 역사과정을 '진행하는 행렬'이라 말합니다. 이 비유는 그런대로 괜찮다고 할 수는 있겠지요. 하지만 이런 비유에 현혹되어 역사가들이, 우뚝 솟은 암벽 위에서 아래 경치를 내려다보는 독수리나 사열대에 선 중요 인물과 같은 위치에 서 있다고 생각해서는 안 됩니다. 이러한 비유는 사실 말도 안 되는 이야기입니다. 역사가도 이러한 행렬의 한편에 끼어서 타박타박 걸어가고 있는 또 하나의 보잘것없는 인물밖에는 안 됩니다. 더구나 행렬이 구부러지거나, 우측 혹은 좌측으로 돌며, 때로는 거꾸로 되돌아오고 함에 따라 행렬 각 부분의 상대적인 위치가 잘리게 되어 변하게 마련입니다.
>
> 따라서 1세기 전 우리들의 증조부들보다도 지금 우리들이 중세에 더 가깝다든가, 혹은 시저의 시대가 단테의 시대보다 현대에 가깝다든가 하는 이야기는, 매우 좋은 의미를 갖는 경우도 될 수 있는 것입니다. 이 행렬 – 그와 더불어 역사가들도 – 이 움직여 나감에 따라 새로운 전망과 새로운 시각은 끊임없이 나타나게 됩니다. 이처럼 역사의 시각은 역사의 일부분만을 보는데 지나지 않습니다. 즉 그가 참여하고 있는 행렬의 지점이 과거에 대한 그의 시각을 결정한다는 것이지요.

① 역사는 현재와 과거의 단절에 기초한다.
② 역사가는 주관적으로 역사를 바라보아야 한다.
③ 역사는 사실의 객관적 판단이다.
④ 과거의 역사는 현재를 통해서 보아야 한다.

 역사가가 참여하고 있는 행렬의 지점이 과거에 대한 그의 시각을 결정한다고 하였으므로 역사를 볼 때 현재가 중요시됨을 알 수 있다.

27 다음 글의 내용과 부합하는 것은?

> 뇌가 우리의 생명이 의존하고 있는 수많은 신체 기능을 조율하기 위해서는 다양한 신체 기관을 매 순간 표상하는 지도가 필요하다. 뇌가 신체의 각 부분에서 어떤 일이 일어나는지 아는 것은 신체의 특정 기능을 작동시키고 조절하기 위해서 필수적인 것이다. 그렇게 함으로써 뇌는 생명 조절 기능을 적절하게 수행할 수 있다. 외상이나 감염에 의한 국소적 손상, 심장이나 신장 같은 기관의 기능 부전, 호르몬 불균형 등에서 이런 조절이 일어나는 것을 발견할 수 있다. 그런데 생명의 조절 기능에서 결정적인 역할을 하는 이 신경 지도는, 우리가 흔히 '느낌'이라고 부르는 심적 상태와 직접적으로 관련을 맺는다.
>
> 느낌은 어쩌면 생명을 관장하는 뇌의 핵심적 기능을 고려 할 때 지극히 부수적인 것으로 생각될 수 있다. 더구나 신체 상태에 대한 신경 지도가 없다면 느낌 역시 애초에 존재하지 않았을 것이다. 생명 조절의 기본적인 절차는 자동적이고 무의식적이기 때문에 의식적으로 간주되는 느낌은 아예 불필요하다는 입장이 있다. 이 입장에서는 뇌가 의식적인 느낌의 도움 없이 신경 지도를 통해 생명의 현상을 조율하고 생리적 과정을 실행할 수 있다고 말한다. 그 지도의 내용이 의식적으로 드러날 필요가 없다는 것이다. 그러나 이러한 주장은 부분적으로만 옳다.
>
> 신체 상태를 표상하는 지도가, 생명체 자신이 그런 지도의 존재를 의식하지 못하는 상태에서도 뇌의 생명 관장 활동을 돕는다는 말은 어느 범위까지는 진실이다. 그러나 이러한 주장은 중요한 사실을 간과하고 있다. 이런 신경 지도는 의식적 느낌 없이는 단지 제한된 수준의 도움만을 뇌에 제공할 수 있다는 것이다. 이러한 지도들은 문제의 복잡성이 어느 정도 수준을 넘어서면 혼자서 문제를 해결하지 못한다. 문제가 너무나 복잡해져서 자동적 반응 뿐만 아니라 추론과 축적된 지식의 힘을 함께 빌어야 할 경우가 되면 무의식 속의 지도는 뒤로 물러서고 느낌이 구원투수로 나선다.

① 신경 지도는, 우리가 흔히 '느낌'이라고 부르는 심적 상태와 간접적으로 관련을 맺는다.
② 신체 상태에 대한 신경 지도가 없더라도 느낌은 존재했을 것이다.
③ 신경 지도는 문제가 복잡해질수록 혼자서 문제를 잘 해결한다.
④ 신경 지도는 의식적 느낌 없이는 단지 일부분의 도움만을 뇌에 제공한다.

    ① 신경 지도는, 우리가 흔히 '느낌'이라고 부르는 심적 상태와 직접적으로 관련을 맺는다.
    ② 신체 상태에 대한 신경 지도가 없다면 느낌 역시 애초에 존재하지 않았을 것이다.
    ③ 지도들은 문제의 복잡성이 어느 정도 수준을 넘어서면 혼자서 문제를 해결하지 못한다.

Answer↪ 26.④ 27.④

3세기 중엽에 중국인들은 우리나라를 퍽 자세히 관찰할 기회를 가졌던 것 같다. 그때의 관찰이 「삼국지 동이전」 속에 기록되어 있는데, 이에 의하면 한국인은 대체로 성격이 용감하고 소박, 순직하였다고 한다. 이것은 그 당시까지도 씨족 사회의 전통을 많이 지닌 한국인의 모습이 당시의 문명인인 중국인들에게 그렇게 비쳤음을 나타내는 것이다. 아직 공동체적인 관념이 강한 그들은 그들이 소속된 사회를 위하여 생명을 돌보지 않고 적과 싸웠을 것이므로, 이미 개인의 명예나 출세에 대한 관념이 강해지고 따라서 생명을 아낄 줄 아는 중국인에게는 용감하고 소박, 순직하게 비쳤을 것임이 틀림없다.

그러나 삼국 시대가 되면서 공동체적인 유제는 무너지고 골품 제도와 같은 엄격한 신분 제도를 토대로 한 귀족 사회가 생겨났다. 정치적으로는 전제적인 왕권을 중심으로 한 중앙 집권적인 통치 체제가 발달하고, 사회적으로는 가부장을 중심으로 한 가족 제도가 생겨났다. 그리고 밖으로는 영토의 확장을 위한 끊임없는 전쟁이 계속되어 마치 삼국 시대는 전쟁의 시대와 같은 느낌을 주게 되었다. 그러므로 안으로는 새로운 질서에 맞추는 충성심이 필요하였고, 밖으로는 전쟁의 수행을 위해 전투 정신이 필요하였다. 이러한 정신은 신라의 화랑도와 같은 청년 조직을 통하여 길러지게 되었다. 화랑도와 비슷한 조직은 고구려나 백제에도 있었으리라 추측된다.

원광은 신라의 청년들이 지켜야 할 덕목으로서 세속오계(世俗五戒)를 내세웠다고 하는데, 이 세속오계는 또한 화랑도의 정신이었을 것이고, 그 속에서 신라 귀족들이 지향하는 바를 찾을 수가 있다. 세속오계 속에는 충, 효, 신 등의 덕목이 있는데, 이것은 사회적인 새 질서에 적합한 것들이며, 특히 화랑도 안에서 낭도들 사이의 신의는 극히 중요시되었던 것이다. <u>화랑 사다함이 죽은 벗을 슬퍼한 나머지 자기도 병들어 죽었다든지, 또 화랑 죽지랑이 자기의 낭도 득오가 군대에 나간 것을 위문했다든지 하는 인정 어린 이야기가 많이 전하고 있다.</u>

28 글의 내용과 일치하지 않는 것은?

① 신라 귀족과 화랑들이 지향하는 가치관이 일치했다.

② 3세기 중엽의 한국인들은 개인의 명예나 출세에 대한 관념이 강했다.

③ 글쓴이는 고구려나 백제에도 화랑과 같은 청년 조직이 있었을 것으로 추측하고 있다.

④ 삼국 시대는 전제 왕권에 의한 중앙집권체제가 발달하였다.

 3세기 중엽에 개인의 명예나 출세에 대한 관념이 강했던 중국인들은 당시까지도 씨족 사회의 전통을 많이 지닌 한국인의 모습을 소박하고 순직하게 보았다.

29 위 글의 밑줄 친 부분과 일맥상통하는 사자성어는?

① 事君以忠

② 事親以孝

③ 交友以信

④ 臨戰無退

 세속오계

㉠ 사군이충(事君以忠) : 충성으로 임금을 섬긴다.

㉡ 사친이효(事親以孝) : 효도로써 어버이를 섬긴다.

㉢ 교우이신(交友以信) : 믿음으로써 벗을 사귄다.

㉣ 임전무퇴(臨戰無退) : 싸움에 임해서는 물러남이 없다.

㉤ 살생유택(殺生有擇) : 산 것을 죽임에는 가림이 있다.

30 다음 중 동물의 온혈동물의 몸집이 커지는 쪽으로 진화하는 환경적인 요인으로 바르지 않은 것은?

> 동물의 몸집이 커지는 쪽으로 진화하는 데는 환경적인 요인도 작용한다. 예를 들어 차가운 기후에서 포유류와 같은 온혈동물의 몸집은 더 커져야 한다. 체온을 유지하기 위해서는 큰 몸뚱이가 유리하기 때문이다. 반면 양서류나 파충류와 같은 냉혈동물은 따뜻한 기후에서 몸집이 더 커진다. 몸집이 커지면 외부 열을 차단하기에 그만큼 유리하다. 대기 중 산소 농도가 크기에 영향을 줬다는 주장도 있다. 과학자들은 석탄기에 살던 바퀴벌레가 고양이만 했던 까닭이 대기 중 산소 농도가 지금보다 두 배 높았기 때문일 것으로 보고 있다. 거대 곤충들은 다리에 산소를 공급하는 기관과 힘줄, 신경 다발이 발달했는데, 이들 기관이 산소를 몸 곳곳에 충분히 공급하면서 몸집이 커졌다는 얘기다. 서식지 면적도 영향을 줬을 가능성이 높다. 어떤 학자들은 북극해 랭스 섬에 살던 매머드의 크기가 유라시아 대륙에 살던 매머드의 65%에 불과했던 것은 서식지의 면적과 관련이 있다고 주장한다. 덩치가 큰 동물일수록 먹잇감을 충분하게 공급하는 넓은 면적의 서식지가 필요하기 때문이라는 것이다.

① 차가운 기후인 곳

② 대기 중의 산소 농도가 높은 곳

③ 먹잇감을 충분히 공급하는 곳

④ 서식지의 면적이 좁은 곳

Tip ④ 덩치가 큰 동물일수록 먹잇감을 충분하게 공급하는 넓은 면적의 서식지가 필요하기 때문에 서식지의 면적이 넓은 곳의 동물의 몸집이 크다고 예상할 수 있다.

Answer ↪ 28.② 29.③ 30.④

31 다음 글의 문맥상 빈 칸에 들어갈 진술로 가장 적절한 것은?

> 오늘날 영토의 윤곽은 9세기 샤를마뉴 황제가 유럽 전역을 평정한 후, 그의 후손들 사이에 벌어진 영토 분쟁의 결과로 만들어졌다. 제국 분할을 둘러싸고 그의 후손들 사이에 빚어진 갈등은 제국을 독차지하려던 로타르의 군대와 루이와 샤를의 동맹군 사이의 전쟁으로 확대되었다. 결국 동맹군의 승리로 전쟁이 끝나면서 왕자들 사이에 제국의 영토를 분할하는 원칙을 명시한 베르됭 조약을 체결하였다. 영토 분할을 위임받은 로마 교회는 _____.
> 그래서 게르만어를 사용하는 지역과 로망어를 사용하는 지역을 각각 루이와 샤를에게 할당했다. 그리고 힘없는 로타르에게는 이들 두 국가를 가르는 완충지대로서, 이탈리아 북부 롬바르디아 지역으로부터 프랑스의 프로방스 지방, 스위스, 스트라스부르, 북해로 이어지는 긴 복도 모양의 영토가 주어졌다.
>
> 루이와 샤를은 베르됭 조약 체결에 앞서 스트라스부르에서 서로의 동맹을 다지는 서약 문서를 상대방이 분할 받은 영토의 세속어로 작성하여 교환하고, 곧이어 각자 자신의 군사들로부터 자신이 분할 받은 영토의 세속어로 충성 맹세를 받았다. 학자들은 두 사람이 서로의 동맹에 충실할 것을 상대측 영토의 세속어로 서약했다는 점에 주목한다. 또한 역사적 자료에 의해 루이와 샤를 모두 게르만어를 모어로 사용하였다는 사실이 알려져 있다. 그러므로 루이와 샤를 중 적어도 한 명은 서약 문서를 자신의 모어로 작성한 것이 아니다. 게다가 그들의 군대는 필요에 따라 여기저기서 수시로 징집된 다양한 언어권의 병사들로 구성되어 있었으므로 세속어의 사용이 군사들의 이해를 목적으로 한다는 설명도 설득력이 없다. 결국 학자들은 상대측 영토의 세속어 사용이 상대 국민의 정체성과 그에 따른 권력의 합법성을 상호 인정하기 위한 상징행위로서 의미를 갖는다고 결론을 내렸다.

① 영토 모양을 기준으로 삼는 것이 현명하다는 결론을 내렸다.

② 조세 수입이나 영토 면적보다는 '세속어'를 그 경계의 기준으로 삼는 것이 더 공정하다는 결론을 내렸다.

③ 영토 면적의 크기를 기준으로 영토를 분할하는 것이 적당하다고 생각했다.

④ 군대의 특성에 따라 영토를 분할하자는 결론에 다다랐다.

Tip 빈 칸 뒤에 게르만어를 사용하는 지역과 로망어를 사용하는 지역을 나눴다는 것으로 보아 빈 칸에 들어갈 적절한 진술은 ②이다.

32 다음 밑줄 친 ㉠의 예로 적절하지 않은 것은?

> 사회적 관계에 있어서 상호주의란 "행위자 갑이 을에게 베푼 바와 같이 을도 갑에게 똑같이 행하라."라는 행위 준칙을 의미한다. 상호주의 원형은 '눈에는 눈, 이에는 이'로 표현되는 탈리오의 법칙에서 발견된다. 그것은 일견 피해자의 손실에 상응하는 가해자의 처벌을 정당화한다는 점에서 가혹하고 엄격한 성격을 드러낸다. 만약 상대방의 밥그릇을 빼앗았다면 자신의 밥그릇도 미련 없이 내주어야 하는 것이다. 그러나 탈리오 법칙은 온건하고도 합리적인 속성을 동시에 함축하고 있다. 왜냐하면 누가 자신의 밥그릇을 발로 찼을 경우 보복의 대상은 밥그릇으로 제한되어야지 밥상 전체를 뒤엎는 것으로 확대될 수 없기 때문이다. 이러한 일대일 방식의 상호주의를 '대칭적' 상호주의라 부른다.
>
> 하지만 엄밀한 의미의 대칭적 상호주의는 우리의 실제 일상생활에서 별로 흔하지 않다. 오히려 '되로 주고 말로 받거나, 말로 주고 되로 받는' 교환 관계가 더 일반적이다. 이를 대칭적 상호주의와 대비하여 ㉠ '비대칭적' 상호주의라 일컫는다. 그렇다면 교환되는 내용이 양과 질의 측면에서 정확한 대등성을 결여하고 있음에도 불구하고, 교환에 참여하는 당사자들 사이에 비대칭적 상호주의가 성행하는 이유는 무엇인가? 그것은 이른바 셈에 밝은 이른바 '경제적 인간(Homo economicus)'들에게 있어서 선호나 기호 및 자원이 다양하기 때문이다. 말하자면 교환에 임하는 행위자들이 각인각색인 까닭에 비대칭적 상호주의가 현실적으로 통용될 수밖에 없으며, 어떤 의미에서는 그것만이 그들에게 상호 이익을 보장할 수 있는 것이다.

① 모내기철에 품앗이를 하였다.
② 사재를 통해 폭리를 취했다.
③ 직장 동료끼리 교대로 점심을 샀다.
④ 할인 매장에서 싼값으로 물건을 샀다.

 ㉠의 사례가 되기 위해서는 기본적으로 '서로 상대방에게 혜택이 되는 호혜적 관계'이어야 한다. 그러나 ②의 경우, 어느 한쪽이 일방적으로 다른 쪽의 희생을 강요하고, 그로 인한 반사 이득을 노리는 행위라고 할 수 있다. 따라서 ②는 시장 안에서 벌어지는 정상적인 행위로 볼 수 없는 것이다.

Answer → 31.② 32.②

┃33~34┃ 다음 중 제시된 문장들을 논리적으로 가장 바르게 배열한 것을 고르시오.

33

> ㉠ 진정한 지식인의 역할은 무엇인가.
> ㉡ 과거 지식인들은 현실을 올바로 인식하고 바람직한 가치기준을 제시하고 선도한다고 확신하면서 대중 앞에서 전혀 현실에 맞지 않는 기준을 쏟아내는 병폐를 보여 왔다.
> ㉢ 그 결과 대중은 현실을 제대로 파악하지 못했고 그로 인해 실제 삶에 맞는 올바른 가치판단을 내리지 못했다.
> ㉣ 그리고 실제 현실에 대해 연구도 하지 않고 현실을 제대로 파악하지도 못하면서 언론에 장단을 맞춰왔다.
> ㉤ 진정한 지식인은 과거 지식인의 병폐로부터 벗어나 무엇보다 실제 현실의 문제와 방향성, 가치기준에 대한 진지한 고민과 탐색을 게을리 하지 않아야 한다.
> ㉥ 이를 알기 위해서 먼저 지난 2세기 동안 나타난 지식인의 병폐를 지적해 보자.

① ㉠㉥㉡㉣㉢㉤
② ㉠㉥㉡㉣㉤㉢
③ ㉠㉤㉡㉣㉢㉥
④ ㉠㉤㉢㉡㉥㉣

 ㉠ 화제 제시→㉥ 화제 제시에 대한 세부 지적→㉡ 과거 지식인들의 병폐1→㉣ 과거 지식인들의 병폐2→㉢ 그에 대한 결과→㉤ 진정한 지식인의 역할

34

> ㉠ 버지니아주에서는 정신적 결함을 가진 사람들의 불임시술을 강제하는 법을 1924년에 제정하여 시행하고 있었다.
> ㉡ 우생학은 인간의 유전과 유전형질을 연구하여, 결함이 있는 유전자를 제거하여 인류를 개선하는 것이 주목적이었는데, 정신이상자, 정신박약자, 간질환자 등을 유전적 결함을 가진 대상으로 보았다.
> ㉢ '캐리 벅 사건(1927)'은 버지니아주에서 시행하는 강제불임 시술의 합헌성에 대한 판단을 다룬 것이다.
> ㉣ 이 법은 당시 과학계에서 받아들여지던 우생학의 연구결과들을 반영한 것인데, 유전에 의해 정신적으로 결함이 있는 자들에게 강제불임시술을 함으로써 당사자의 건강과 이익을 증진하는 것을 목적으로 하였다.

① ㉠㉡㉢㉣
② ㉡㉢㉣㉠
③ ㉢㉠㉣㉡
④ ㉣㉡㉠㉢

 ㉢ '캐리 벅 사건' 언급→㉠ 버지니아주에서 1924년에 법 제정→㉣ 이 법의 목적→㉡ 우생학의 대상 순으로 논지를 전개하고 있다.

35~36 다음 글을 읽고 물음에 답하시오.

진화 생물학은 자연계에 적자생존의 원칙이 존재한다고 말한다. 하지만 적자생존이란 어떤 형태로든 잘 살 수 있는, 적응을 잘하는 존재가 살아남는다는 것이지 꼭 남을 꺾어야만 한다는 뜻은 아니다.

그동안 우리는 자연을 그저 경쟁 일변도로만 여겨 왔다. 그야말로 너 죽고 나 살자는, 이에는 이 눈에는 눈이라는 식이었다. 자연을 연구하는 생태학자들도 십 몇 년 전까지는 이것만이 자연의 법칙인 줄 알았다. 그런데 이 세상을 둘러보니 살아남은 존재들은 무조건 전면전을 벌이면서 상대를 꺾는 데만 주력한 생물이 아니라 자기 짝이 있는, 서로 공생하면서 사는 종이라는 사실을 발견했다.

… (중략) …

인류는 오랜 진화 과정을 거쳐 온 결과 생각하는 사람, 현명한 인간이라는 뜻의 호모 사피엔스라는 학명이 붙었다. 이것은 지나친 자만이라고 생각한다. 우리가 정말 현명한 인간이라면 우리의 집인 환경을 망가뜨리면서 살아오진 말았어야 한다. 돌이키기 힘들 정도로 환경을 훼손해 놓고 현명하다고 자화자찬하고 있는 것이 지금 우리의 모습이다.

물론 인간은 똑똑하고 굉장히 머리가 좋다. 그런데 이대로 가면 ㉠제 꾀에 제가 넘어가는 헛똑똑이가 되고 말 것이다. 우리가 정말 지구에서 오래도록 살아남으려면 현명한 인간이라는 오만함을 버리고 다른 동물, 다른 식물과 함께 사는 길을 모색하고 이를 적극적으로 실천에 옮겨야 할 것이다. 우리 모두가 현명한 인간이라는 자만에서 벗어나 더불어 사는 공생인으로 거듭나 환경의 위기를 극복하는 삶을 실천해야 할 것이다.

35 윗글의 내용으로 적절하지 않은 것은?

① 경쟁만이 자연의 법칙이라고 하는 생태학자들이 있었다.
② 살아남은 생물은 상대방과 무조건적인 전면전만 한 것은 아니었다.
③ 인류는 돌이키기 힘들 정도로 환경을 훼손해 놓고 자신을 현명하다고 여긴다.
④ 인간은 현명하기 때문에 다른 동식물들을 지배하면서 사는 것이 당연하다.

 이 글은 인간만이 현명한 존재라는 오만함을 버리고 다른 동물, 다른 식물과 함께 사는 길을 모색하고 실천해야 한다는 주장을 하고 있다. 따라서 ④는 적절하지 않다.

36 ㉠의 모습에 가장 가까운 것은?

① 거듭된 실패로 다들 포기했지만 계속 도전하여 마침내 전구를 발명해 내었다.

② 터널 대신 우회로를 건설해 비용이 증가했지만 멸종 위기 동물의 서식지를 보존할 수 있었다.

③ 살충제 개발로 해충을 없애 식량 증산을 이루었지만 토양오염으로 인류의 생명까지 위협 받게 되었다.

④ 세탁기가 자동화되면서 익혀야 될 사용법은 늘어났지만 한 번에 빨래에서 헹굼, 탈수까지 할 수 있게 되었다.

 ㉠은 눈앞의 경쟁과 생존을 위하여 환경을 훼손하는 것을 말한다. 따라서 해충을 없애기 위해 살충제를 개발하여 식량 증산을 이루었지만 토양이라는 환경을 훼손하여 인류의 생명을 위협받게 된 ③이 해당한다.

┃37~38┃ 다음 글을 읽고 물음에 답하시오.

요사이 우리 주변에는 남의 시선은 전혀 의식하지 않은 채 나만 좋으면 된다는 식의 소비 행태가 날로 늘어나고 있다. 이를 가리켜 흔히 우리는 '과소비'라는 말을 많이 사용하는데, 경제학에서는 과소비와 비슷한 말로 '과시 소비'라는 용어를 사용한다. 과시 소비란 자신이 경제적 또는 사회적으로 남보다 앞선다는 것을 여러 사람들 앞에서 보여 주려는 본능적 욕구에서 나오는 소비를 말한다.

그런데 문제는 정도에 지나친 생활을 하는 사람을 보면 이를 무시하거나 핀잔을 주어야 할 텐데, 오히려 없는 사람들까지도 있는 척하면서 그들을 부러워하고 모방하려고 애쓴다는 사실이다. 이러한 행동은 '모방 본능' 때문에 나타난다.

모방 본능은 필연적으로 '모방 소비'를 부추긴다. 모방 소비란 내게 꼭 필요하지도 않지만 남들이 하니까 나도 무작정 따라 하는 식의 소비이다. 이는 마치 ㉠남들이 시장에 가니까 나도 장바구니를 들고 덩달아 나서는 격이다. 이러한 모방 소비는 참여하는 사람들의 수가 대단히 많다는 점에서 과시 소비 못지않게 큰 경제 악이 된다.

37 윗글의 '과시 소비'에 대한 설명으로 가장 적절한 것은?

① 경제 악이 아니다.

② 날로 줄어드는 소비 행태이다.

③ 경제학에서 사용하지 않는 용어이다.

④ 남에게 보여 주려는 욕구에서 나오는 소비이다.

 ④ 과시 소비란 자신이 경제적 또는 사회적으로 남보다 앞선다는 것을 여러 사람들 앞에서 보여 주려는 본능적 욕구에서 나오는 소비를 말한다.

38 ㉠과 의미가 가장 유사한 속담은?

① 친구 따라 강남 간다.

② 되로 주고 말로 받는다.

③ 소 잃고 외양간 고친다.

④ 사공이 많으면 배가 산으로 간다.

 ① 친구 따라 강남 간다 : 자기는 하고 싶지 아니하나 남에게 끌려서 덩달아 하게 됨을 이르는 말
② 되로 주고 말로 받는다 : 조금 주고 그 대가로 몇 곱절이나 많이 받는 경우를 비유적으로 이르는 말
③ 소 잃고 외양간 고친다 : 일이 이미 잘못된 뒤에는 손을 써도 소용이 없음을 비꼬는 말
④ 사공이 많으면 배가 산으로 간다 : 주관하는 사람 없이 여러 사람이 자기주장만 내세우면 일이 제대로 되기 어려움을 비유적으로 이르는 말

Answer ↝ 36.③ 37.④ 38.①

> 몇 년 전 미국의 주간지 『타임』에서는 올해 최고의 발명품 중 하나로 '스티키봇(Stickybot)'을 선정했다. 이 로봇 기술의 핵심은 한 방향으로 힘을 가하면 잘 붙어 떨어지지 않지만 다른 방향에서 잡아당기면 쉽게 떨어지는 방향성 접착성 화합물의 구조를 가진 미세한 섬유 조직으로, 도마뱀의 발바닥에서 착안한 것이다.
>
> 스티키봇처럼 살아 있는 생물의 행동이나 구조를 모방하거나 생물이 만들어내는 물질 등을 모방함으로써 새로운 기술을 만들어 내는 학문을 생체 모방 공학(biomimetics)이라고 한다. 이는 '생체(bio)'와 '모방(mimetics)'이란 단어의 합성어이다. 그 어원에서 알 수 있듯이 생체 모방 공학은 자연에 대한 체계적이고 조직적인 모방이다.
>
> 칼과 화살촉 같은 사냥 도구가 육식 동물의 날카로운 발톱을 모방해 만든 것이라고 한다면 생체 모방의 역사는 인류의 탄생과 함께 시작되었다고 해도 과언이 아니다. 이렇듯 인간의 모방은 인류 문명의 발전에 기여해 왔고, 이는 앞으로도 계속될 것이다. 그러므로 우리는 일상생활 속에서 '철조망이 장미의 가시를 모방한 것은 아닐까?', '(　ⓐ　)' 하는 의문을 가져 보기도 하고, 또 이를 통해 다른 생명체를 모방할 수 있는 방법을 생각해 보기도 하는 태도를 기를 필요가 있다.

39 윗글을 통해 알 수 있는 것으로 적절하지 않은 것은?

① 스티키봇의 핵심 기술

② 생체 모방 공학의 개념

③ 육식 동물과 초식 동물의 차이

④ 도마뱀의 발바닥을 모방한 로봇

　　육식 동물과 초식 동물의 차이는 이 글을 통해 알 수 없다.
　　① 스티키봇의 핵심 기술은 한 방향으로 힘을 가하면 잘 붙어 떨어지지 않지만 다른 방향에서 잡아당기면 쉽게 떨어지는 방향성 접착성 화합물의 구조를 가진 미세한 섬유 조직이다.
　　② 생체 모방 공학은 살아 있는 생물의 행동이나 구조를 모방하거나 생물이 만들어내는 물질 등을 모방함으로써 새로운 기술을 만들어 내는 학문이다.
　　④ 스티키봇은 도마뱀의 발바닥을 모방한 로봇이다.

40 ⓐ에 들어갈 수 있는 질문으로 가장 적절한 것은?

① 사다리는 의자의 다리를 모방한 것은 아닐까?

② 갑옷은 갑각류의 딱딱한 외피를 모방한 것은 아닐까?

③ 배의 모터는 자동차의 튼튼한 엔진을 모방한 것은 아닐까?

④ 아파트의 거실은 한옥의 넓은 마루를 모방한 것은 아닐까?

 생체 모방 공학은 살아 있는 생물의 행동이나 구조를 모방하거나 생물이 만들어내는 물질 등을 모방하는 기술이다. 갑각류의 딱딱한 외피를 모방해 갑옷을 만든 것이 생체 모방 공학에 적절한 것이다.

Answer↪ 39.③ 40.②

04 자료해석

┃1~2┃ 다음의 표를 보고 물음에 답하시오.

점수	수험생수	비율
400점	2	4%
320~400점 미만	4	8%
240~320점 미만	8	16%
160~240점 미만	㉠	24%
80~160점 미만	19	38%
0~80점 미만	5	㉡
합계	50	100%

1 ㉠에 알맞은 수험생수는?

① 10명   ② 12명

③ 17명   ④ 19명

 $50-(5+19+8+4+2)=12$(명)

2 ㉡에 알맞은 수는?

① 10%   ② 20%

③ 28%   ④ 30%

 $\dfrac{5}{50}\times100=10$(%)

┃3~4┃ 다음은 갑 가게에서 판매된 가전제품의 품목별 판매량에 관한 자료이다. 물음에 답하시오.

판매량 순위	품목	판매량	국내산	국외산
1	TV	271	228	43
2	냉장고	128	118	10
3	에어컨	100	77	23
4	노트북	84	(㉠)	(㉡)
5	세탁기	59	55	4
6위 이하		261	220	41
전체		(㉢)	(㉣)	144

3 위 빈칸 ㉡, ㉣에 들어갈 수로 알맞은 것은?

① ㉡ : 21, ㉣ : 759　　　　　　② ㉡ : 21, ㉣ : 819

③ ㉡ : 23, ㉣ : 759　　　　　　④ ㉡ : 23, ㉣ : 819

$43+10+23+㉡+4+41=144$, ∴ ㉡은 23
$㉠+㉡=㉠+23=84$ ∴ ㉠은 61
$271+128+100+84+59+261=㉢$ ∴ ㉢은 903
$228+118+77+61+55+220=㉣$ ∴ ㉣은 759

4 다음 중 위 표에 대한 설명으로 옳은 것은?

① 전체 냉장고 판매량 중 국외산이 차지하는 비중은 10% 이상이다.
② 전체 판매량 중 국내산이 차지하는 비중은 80% 이상이다.
③ 노트북은 국내산보다 국외산이 더 많이 판매되었다.
④ TV의 판매수익은 갑 가게의 수입의 절반 이상을 차지한다.

② 전체 판매량 중 국내산이 차지하는 비중은 $\frac{759}{903}\times100 ≒ 84.05(\%)$이다.

① 전체 냉장고 판매량 중 국외산이 차지하는 비중은 $\frac{10}{128}\times100 ≒ 7.81(\%)$이다.

③ 노트북은 국외산보다 국내산이 더 많이 판매되었다.
④ 각 제품의 가격이 주어지지 않았기 때문에 판매수익은 알 수 없다.

Answer▸ 1.② 2.① 3.③ 4.②

5 다음 자료는 동일한 산업에 속한 각 기업의 경영현황에 관한 것이다. A~D 기업 중에서 자기자본 대비 자산비율이 가장 큰 기업은?

(단위 : 억원)

기업	자기자본	자산	매출액	순이익
A	500	1,200	1,200	48
B	400	600	800	80
C	1,200	2,400	1,800	72
D	600	1,200	1,000	36

① A
② B
③ C
④ D

① A : $\dfrac{1,200}{500} = 2.4$　　② B : $\dfrac{600}{400} = 1.5$

③ C : $\dfrac{2,400}{1,200} = 2$　　④ D : $\dfrac{1,200}{600} = 2$

6 다음은 과학점수가 70점인 수영이를 기준으로 하여 그 점수차를 나타낸 표이다. 수영이를 포함한 모든 학생들의 평균은 얼마인가?

분류	소희	영희	진희	시아	선아	정수	동수
점수차	+5	−3	+10	−5	−1	0	+12

① 약 68점
② 약 70점
③ 약 72점
④ 약 75점

{70(수영) + 75(소희) + 67(영희) + 80(진희) + 65(시아) + 69(선아) + 70(정수) + 82(동수)} ÷ 8
= 72.2 ≒ 72점

7 다음 표에 대한 설명으로 옳지 않은 것은?

(단위 : 1,000건, 1,000톤)

구분	2014		2013		2012		2011	
	수출	수입	수출	수입	수출	수입	수출	수입
해상건수	4,260	4,620	4,160	4,260	4,000	4,000	3,870	3,950
해상중량	254,900	635,000	246,000	605,100	246,700	601,000	249,500	596,600
항공건수	4,360	25,460	4,050	20,580	3,880	16,900	4,000	14,300
항공중량	1,290	1,230	1,260	1,200	1,280	1,190	1,300	1,250

① 해상수출입은 항공수출입에 비해서 1건당 중량이 크다.

② 2011~2014년 해상·항공수출 건수는 모두 매년 증가하고 있다.

③ 항공수입은 건수에 비해 중량이 크지 않다.

④ 해상수입은 건수가 매년 증가하지만 1건당 중량은 감소추세이다.

 ② 2012년 항공수출 건수는 2011년에 비해 12만 건 감소하였다.

① 수출 건수는 항공과 해상이 비슷하고, 수입 건수는 항공이 월등히 많은데 비해 중량은 해상에 비해 항공을 통한 것이 적다.

③ 항공수입은 해상·항공수출입 통틀어서 건수가 가장 많지만 중량은 가장 작다.

④ 해상수입 1건당 중량

2014년 : 약 137톤/건

2013년 : 약 142톤/건

2012년 : 약 150톤/건

2011년 : 약 151톤/건

8 다음은 지방자치단체별 재정지수에 관한 표이다. 이에 대한 설명으로 옳지 않은 것은?

(단위 : 십억 원)

자치 단체명	기준재정 수입액	기준재정 수요액	재정자립도
A	4,520	3,875	92%
B	1,342	1,323	79%
C	892	898	65%
D	500	520	72%
E	2,815	1,620	69%
F	234	445	18%
G	342	584	29%
H	185	330	30%
I	400	580	35%
J	82	164	31%

※ 재정력지수 = $\dfrac{\text{기준재정 수입액}}{\text{기준재정 수요액}}$

① 자치단체 F의 재정력지수는 자치단체 I보다 작다.
② 표에서 재정자립도가 가장 낮은 자치단체는 F이다.
③ 기준재정 수입액과 기준재정 수요액이 가장 높은 자치단체의 재정자립도가 가장 높다.
④ 자치단체 A, B, D, E의 재정력지수는 모두 1보다 크다.

① F의 재정력지수 = $\dfrac{234}{445} \fallingdotseq 0.53$, I의 재정력지수 = $\dfrac{400}{580} \fallingdotseq 0.69$

④ A의 재정력지수 = $\dfrac{4,520}{3,875} \fallingdotseq 1.17$, B의 재정력지수 = $\dfrac{1,342}{1,323} \fallingdotseq 1.01$

　D의 재정력지수 = $\dfrac{500}{520} \fallingdotseq 0.96$, E의 재정력지수 = $\dfrac{2,815}{1,620} \fallingdotseq 1.74$

9 다음은 한국의 공원 지정 현황이다. 이 자료에 대한 설명으로 옳지 않은 것은?

〈연도별 국립 · 도립공원 현황〉

구분	1991년	1992년	1993년	1994년	1995년	1996년	1997년	1998년
국립공원	3	6	15	15	15	18	20	20
도립공원	5	17	16	30	39	40	41	42

① 1993년부터 1995년까지는 새로운 국립공원이 지정되지 않았다.
② 도립공원은 1991년부터 1998년까지 꾸준히 증가하였다.
③ 1993년 국립공원과 도립공원의 수가 가장 비슷하다.
④ 계속해서 도립공원의 숫자가 국립공원의 숫자보다 많았다.

Tip ② 1992년에서 1993년 사이에는 도립공원의 수가 감소하였다.

10 다음 표는 2005년~2012년 어느 기업의 콘텐츠 유형별 매출액에 관한 자료이다. 이에 대한 설명으로 옳지 않은 것은?

(단위 : 백만원)

연도＼콘텐츠 유형	게임	음원	영화	SNS	전체
2005	235	108	371	30	744
2006	144	175	355	45	719
2007	178	186	391	42	797
2008	269	184	508	59	1,020
2009	485	199	758	58	1,500
2010	470	302	1,031	308	2,111
2011	603	411	1,148	104	2,266
2012	689	419	1,510	341	2,959

① 2006년부터 2012년까지 콘텐츠 전체 매출액은 지속적으로 증가하였다.
② 2010년 영화 매출액은 전체 매출액에서 50% 이상의 비중을 차지한다.
③ SNS 매출액은 2005년에 비해 2012년에 10배 이상 증가하였다.
④ 4개의 콘텐츠 중에서 매년 매출액이 가장 큰 것은 영화이다.

Tip ② 2010년 영화 매출액 비중 : $\frac{1,031}{2,111} \times 100 = 49\%$

Answer↱ 8.④ 9.② 10.②

11 아래 표는 갑, 을, 병 세 학생의 국어와 수학 과목 점수이다. ㉠~㉢의 조건에 맞는 학생 1, 2, 3의 이름을 순서대로 나열한 것은?

	학생 1	학생 2	학생 3
국어	85	75	70
수학	75	70	85

㉠ 갑은 을보다 수학점수가 높다.
㉡ 을과 병의 국어점수 평균은 갑과 병의 수학점수 평균보다 높다.
㉢ 병은 국어점수가 수학점수보다 높다.

① 갑 – 병 – 을 ② 을 – 병 – 갑
③ 을 – 갑 – 병 ④ 병 – 을 – 갑

 ㉠에서 수학 점수는 갑〉을, 학생 3〉학생 1〉학생 2로 쓸 수 있다. ㉢에서 병은 학생 3이 아님을 알 수 있으므로 두 가지 경우의 수가 발생한다. 각 경우의 수에 대하여 ㉡을 적용해보면,

• 학생 1 – 병, 학생 2 – 을, 학생 3 – 갑인 경우 : $\frac{75+85}{2} = 80 = \frac{85+75}{2}$

• 학생 1 – 을, 학생 2 – 병, 학생 3 – 갑인 경우 : $\frac{85+75}{2} = 80 > \frac{85+70}{2} = 77.5$

∴ 학생 1 : 을, 학생 2 : 병, 학생 3 : 갑에 해당한다.

12 다음 자료는 연도별 국제협력기금 조성액 현황이다. 이에 대한 설명 중 옳지 않은 것은?

(단위 : 백만원)

연도	정부출연금	정부외 출연금	공자기금 예수금	운용수익	총 조성액
2013	105,500	3	530,000	162,300	797,803
2012	112,800	2	400,000	51,236	564,038
2011	0	2	104,400	38,276	142,678
2010	0	0	875,000	51,238	926,238
2009	0	56	81,000	74,354	155,410
2008	650,000	52	147,500	49,274	846,826
2007	500,000	75	584,591	38,859	1,123,525
2006	650,000	15	940,000	36,619	1,626,634
2005	500,000	33	460,000	31,178	991,211

① 2009~2011년 정부출연금은 0원이다.

② 운용수익은 해마다 증가하고 있다.

③ 총 조성액이 가장 큰 해는 2006년이다.

④ 2013년 총 조성액 중 공자기금 예수금이 가장 큰 비중을 차지한다.

 ② 운용수익은 2009년까지 증가하다가 2010년, 2011년에 감소하였다.

Answer 11.② 12.②

공항 \ 구분	운항편수(편)	여객수(천명)	화물량(톤)
인천	20,818	3,076	249,076
김포	11,924	1,836	21,512
김해	6,406	(㉠)	10,279
제주	11,204	1,820	21,137
청주	(㉡)	108	1,582
광주	944	129	1,290
대구	771	121	1,413
전체	52,822	7,924	306,289

13 위의 자료에 대한 설명으로 옳지 않은 것은?

① 김포공항의 여객수와 제주항공의 여객수의 합은 인천공항의 여객수보다 많다.

② 김포공항의 화물량은 김해공항의 화물량의 2배 이상이다.

③ 인천공항의 화물량은 전체 화물량의 80% 이상을 차지한다.

④ ㉡에 들어갈 수는 655이다.

 ④ 52,822−20,818−11,924−6,406−11,204−944−771=755

14 위의 자료에서 ㉠에 알맞은 수는?

① 830   ② 834

③ 838   ④ 842

 7,924−3,076−1,836−1,820−108−129−121=834

15~16 다음은 국제 교류 재단에서 운영하는 국제 교류 사업의 기금 운영 명세 현황이다. 물음에 답하시오.

(단위 : 백만 원)

구분＼연도	2005	2006	2007	2008	2009
계	13,596	17,179	18,866	24,425	26,941
한국학 기반 확대	5,370	7,853	6,453	9,212	9,835
한국 전문가 육성	3,128	3,286	3,490	4,259	5,262
인적 교류	1,306	1,401	1,782	2,971	3,588
문화 교류	1,850	2,350	4,482	4,750	4,849
출판 자료 지원	1,942	2,289	2,659	3,233	3,407

15 2009년 국제 교류 사업의 총 기금 운영비는 전년 대비 몇 % 증가하였는가? (단, 소수점 둘째 자리에서 반올림한다.)

① 10.3%

② 10.6%

③ 11.3%

④ 11.6%

 (Tip)

$\dfrac{26,941}{24,425} \times 100 ≒ 110.30$

$110.30 - 100 = 10.30$

16 각 연도별 국제 교류 사업의 기금의 전년 대비 증가율이 가장 큰 해는 언제인가? (단, 소수점 셋째 자리에서 반올림하여 계산한다.)

① 2006년

② 2007년

③ 2008년

④ 2009년

(Tip)

① 2006년도 : $\dfrac{17,179 - 13,596}{13,596} \times 100 ≒ 26.35$

② 2007년도 : $\dfrac{18,866 - 17,179}{17,179} \times 100 ≒ 9.82$

③ 2008년도 : $\dfrac{24,425 - 18,866}{18,866} \times 100 ≒ 29.47$

④ 2009년도 : $\dfrac{26,941 - 24,425}{24,425} \times 100 ≒ 10.30$

Answer ↦ 13.④ 14.② 15.① 16.③

│17~18│ 다음은 용산역, 서울역, 영등포역을 이용한 승객을 연령별로 분류해 놓은 표이다. 물음에 답하시오.

구분	10대	20대	30대	40대	50대	총인원수
용산역	8%	35%	22%	25%	10%	1,000
서울역	3%	10%	50%	9%	28%	2,000
영등포역	14%	23%	21%	28%	14%	2,500

17 서울역의 이용승객 중 40대 승객은 모두 몇 명인가?

① 170명   ② 180명
③ 270명   ④ 280명

 $2,000 \times 0.09 = 180$(명)

18 영등포역 이용승객 중 30대 미만 승객은 서울역 30대 미만 승객의 몇 배인가?

① 2.5배   ② 3.5배
③ 4.5배   ④ 5.5배

 ㉠ 서울역의 30대 미만 승객
$10 + 3 = 13$(%)이므로
$2,000 \times 0.13 = 260$(명)
㉡ 영등포역의 30대 미만 승객
$14 + 23 = 37$(%)이므로
$2,500 \times 0.37 = 925$(명)
∴ $925 \div 260 \fallingdotseq 3.5$(배)

┃19~20┃ 다음 자료는 Y지역에서 판매된 가정용 의료기기의 품목별 판매량에 관한 것이다. 다음을 보고 물음에 답하시오.

(단위 : 천개)

판매량 순위	품목	판매량	국내산	국외산
1	체온계	271	228	43
2	부항기	128	118	10
3	혈압계	100	(㉠)	(㉡)
4	혈당계	84	61	23
5	개인용 전기자극기	59	55	4
	6위 이하	261	220	41
	전체	(㉢)	(㉣)	144

19 위의 괄호에 알맞은 수치로 옳지 않은 것은?

① ㉠ – 77

② ㉡ – 23

③ ㉢ – 905

④ ㉣ – 759

 ㉢에 들어갈 수치는 903이다.

20 위의 표에 대한 설명으로 옳지 않은 것은?

① 전체 가정용 의료기기 판매량 중 국내산 혈당계가 차지하는 비중은 6% 미만이다.

② 국내산 가정용 의료기기 판매량 중 체온계가 차지하는 비중은 30% 이상이다.

③ 부항기는 국내산 판매량이 국외산의 11배 이상이다.

④ 전체 가정용 의료기기 판매량 중 1~5위까지의 판매량이 전체의 70% 이상을 차지한다.

 ① 국내산 혈당계가 차지하는 비중 : $\dfrac{61}{903} \times 100 = 6.75\%$

Answer ⤵ 17.② 18.② 19.③ 20.①

21 다음 표는 2009 ~ 2010년 지역별 직장인들의 자기개발에 관해 조사한 내용을 정리한 것이다. 이에 대한 분석으로 옳은 것은?

(단위 : %)

연도 구분 지역	2009				2010			
	자기개발 하고 있음	자기개발 비용 부담 주체			자기개발 하고 있음	자기개발 비용 부담 주체		
		직장	본인	직장 + 본인		직장	본인	직장 + 본인
충청도	36.8	8.5	88.5	3.1	45.9	9.0	65.5	24.5
제주도	57.4	8.3	89.1	2.9	68.5	7.9	68.3	23.8
경기도	58.2	12	86.3	2.6	71.0	7.5	74.0	18.5
서울시	60.6	13.4	84.2	2.4	72.7	11.0	73.7	15.3
경상도	40.5	10.7	86.1	3.2	51.0	13.6	74.9	11.6

① 2010년 자기개발을 하고 있는 사람의 비율은 예년보다 증가하였지만 본인이 비용을 부담하는 사람의 비율은 감소하였다.

② 자기개발을 하고 있다고 응답한 사람의 수는 2009년과 2010년 모두 서울시가 가장 많다.

③ 자기개발 비용을 직장과 본인이 각각 절반씩 부담하는 사람의 비율은 2009년과 2010년 모두 서울시가 가장 높다.

④ 2009년과 2010년 모두 자기개발을 하고 있다고 응답한 비율이 가장 높은 지역에서 자기개발비용을 직장이 100% 부담한다고 응답한 사람의 비율이 가장 높다.

 ② 지역별 인원수가 제시되어 있지 않으므로, 각 지역별 응답자 수는 알 수 없다.

③ 2009년에는 경상도에서, 2010년에는 충청도에서 가장 높은 비율을 보인다.

④ 2009년과 2010년 모두 '자기 개발을 하고 있다고 응답한 비율이 가장 높은 지역은 서울시이며, 2010년의 경우 자기개발 비용을 직장이 100% 부담한다고 응답한 사람의 비율이 가장 높은 지역은 경상도이다.

22 다음은 우리나라 도시가구 연평균 지출 구성비 일부를 나타낸 것이다. 이에 대한 분석 중 적절하지 않은 것은?

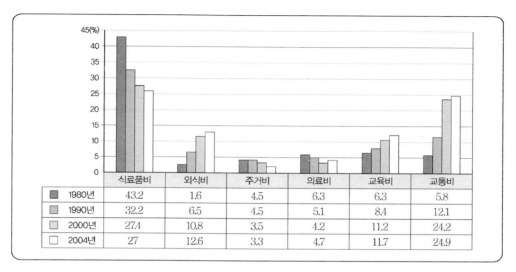

	식료품비	외식비	주거비	의료비	교육비	교통비
1980년	43.2	1.6	4.5	6.3	6.3	5.8
1990년	32.2	6.5	4.5	5.1	8.4	12.1
2000년	27.4	10.8	3.5	4.2	11.2	24.2
2004년	27	12.6	3.3	4.7	11.7	24.9

① 2004년에는 2000년보다 주거비의 구성비가 감소하였다.

② 2004년의 교육비의 구성비는 1990년보다 3.3%p 증가하였다.

③ 2000년에는 20년 전보다 식료품비와 의료비의 구성비가 감소하였다.

④ 1980년부터 1990년까지 외식비 구성비가 증가하였기 때문에 주거비 구성비는 감소하였다.

 ④ 주거비 구성비는 1980년과 1990년이 4.5%로 동일하다.

Answer → 21.① 22.④

23 다음은 건강행태 위험요인별 질병비용에 대한 표이다. 이에 대한 설명으로 옳지 않은 것은?

(단위 : 억원)

위험요인 \ 연도	2007	2008	2009	2010
흡연	87	92	114	131
음주	73	77	98	124
과체중	65	72	90	117
운동부족	52	56	87	111
고혈압	51	62	84	101
영양부족	19	35	42	67
고콜레스테롤	12	25	39	64
계	359	419	554	715

① 2007~2010년의 연도별 질병비용에서 흡연의 질병비용은 매년 가장 많은 비중을 차지한다.

② 2007~2010년 동안 모든 위험요인들의 질병비용은 계속적으로 증가하고 있다.

③ 2009년의 연도별 질병비용에서 '운동부족' 위험요인이 차지하는 비율은 15% 이상이다.

④ 2007~2010년의 연도별 질병비용에서 '음주' 위험요인이 차지하는 비율은 전년대비 매년 증가한다.

 ④ 2007년~2010년의 연도별 질병비용에서 '음주' 위험요인이 차지하는 비율은 전년대비 매년 감소한다.

24 다음 자료는 2006~2010년 K국의 가구당 월평균 교육비 지출액에 대한 자료이다. 이에 대한 설명으로 옳은 것은?

(단위 : 원)

연도 \ 유형		2006	2007	2008	2009	2010
정규 교육비	초등교육비	14,730	13,255	16,256	17,483	17,592
	중등교육비	16,399	20,187	22,809	22,880	22,627
	고등교육비	47,841	52,060	52,003	61,430	66,519
	소계	78,970	85,502	91,068	101,793	106,738
학원 교육비	학생교육비	128,371	137,043	160,344	167,517	166,959
	성인교육비	7,798	9,086	9,750	9,669	9,531
	소계	136,169	146,129	170,094	177,186	176,490
기타 교육비		7,203	9,031	9,960	10,839	13,574
전체 교육비		222,342	240,662	271,122	289,818	296,802

① 정규교육비와 학원교육비 모두 매년 증가하고 있다.

② 정규교육비에서 고등교육비가 차지하는 비중은 매년 60% 이상이다.

③ 전체 교육비에서 정규교육비가 차지하는 비중은 매년 35% 이상이다.

④ 2010년 학원교육비는 2006년 대비 약 30% 증가하였다.

 ① 학원교육비는 2010년에 전년대비 감소하였다.

② 2008년에는 $\dfrac{52,003}{91,068} \times 100 = 57.1\%$ 이다.

③ 2008년에는 $\dfrac{91,068}{271,122} \times 100 = 33.59\%$ 이다.

Answer ⇨ 23.④ 24.④

|25~26| 다음은 최근 5년간 5개 도시의 지하철 분실물개수와 분실물 중 핸드폰 비율을 조사한 결과이다. 물음에 답하시오.

〈표 1〉 도시별 분실물 습득현황

(단위 : 개)

도시 \ 연도	2004	2005	2006	2007	2008
A	49	58	45	32	28
B	23	25	27	28	24
C	19	24	31	39	48
D	35	52	48	54	61
E	31	28	29	24	19

〈표 2〉 도시별 분실물 중 핸드폰 비율

(단위 : %)

도시 \ 연도	2004	2005	2006	2007	2008
A	40	41	44	49	50
B	78	60	55	71	83
C	47	45	74	58	54
D	60	61	62	61	57
E	48	39	48	50	68

25 다음 중 옳지 않은 것은?

① A 도시는 분실물 중 핸드폰의 비율이 꾸준히 증가하고 있다.

② 분실물이 매년 가장 많이 습득되는 도시는 D이다.

③ 2008년 A 도시에서 발견된 핸드폰 개수는 14개이다.

④ D 도시의 2008년 분실물개수는 2004년과 비교하여 50%이상 증가하였다.

 ② D 도시는 2004년, 2005년 A 도시보다 분실물이 더 적게 발견되었다.

26 다음 중 분실물로 핸드폰이 가장 많이 발견된 도시와 연도는?

① D 도시, 2008년

② B 도시, 2008년

③ D 도시, 2007년

④ C 도시, 2007년

Tip
① 2008년 D 도시 분실물 개수 : 61개
2008년 D 도시 분실물 중 핸드폰 비율 : 57%
$61 \times 0.57 = 34.77$(개)

② 2008년 B 도시 분실물 개수 : 24개
2008년 B 도시 분실물 중 핸드폰 비율 : 83%
$24 \times 0.83 = 19.92$(개)

③ 2007년 D 도시 분실물 개수 : 54개
2007년 D 도시 분실물 중 핸드폰 비율 : 61%
$54 \times 0.61 = 32.94$(개)

④ 2007년 C 도시 분실물 개수 : 39개
2007년 C 도시 분실물 중 핸드폰 비율 : 58%
$39 \times 0.58 = 22.62$(개)

Answer ➙ 25.② 26.①

┃ 27~28 ┃ 다음 자료는 직육면체 형태를 가진 제빙기에 관한 자료이다. 물음에 답하시오.

제빙기	1일 생산량 (kg)	저장량 (kg)	길이(mm)			냉각방식	생산가능 얼음형태
			가로	세로	높이		
A	46	15	633	506	690	공냉식	사각
B	375	225	560	830	1,785	수냉식	가루
C	100	55	704	520	1,200	수냉식	사각
D	620	405	1,320	830	2,223	수냉식	반달

27 위의 자료에 대한 설명 중 옳지 않은 것은?

① B의 높이는 A의 높이의 2배가 넘는다.
② 수냉식 중에서 높이가 가장 큰 것은 D이다.
③ 가루의 얼음을 생산 가능한 것은 B밖에 없다.
④ 모든 제빙기는 저장량이 클수록 1일 생산량도 많다.

 저장량은 A<C<B<D=E 이지만, 1일 생산량은 A<C<E<B<D 순이다.

28 위의 자료에서 바닥면적이 제일 큰 제빙기는? (바닥면적＝가로×세로)

① A
② B
③ C
④ D

A : 633×506＝320,298
B : 560×830＝464,800
C : 704×520＝366,080
D : 1,320×830＝1,095,600

┃29~30┃ 다음은 4개 대학교 학생들의 하루 평균 독서시간을 조사한 결과이다. 물음에 답하시오.

구분	1학년	2학년	3학년	4학년
㈎	3.4	2.5	2.4	2.3
㈏	3.5	3.6	4.1	4.7
㈐	2.8	2.4	3.1	2.5
㈑	4.1	3.9	4.6	4.9
대학생평균	2.9	3.7	3.5	3.9

- ㉠ A대학은 고학년이 될수록 독서시간이 증가하는 대학이다.
- ㉡ B대학은 각 학년별 독서시간이 항상 평균 이상이다.
- ㉢ 4개의 대학교 중 3학년의 독서시간이 가장 낮은 대학은 C대학이다.
- ㉣ 2학년의 하루 독서시간은 C대학과 D대학이 비슷하다.

29 표의 처음부터 차례대로 들어갈 대학으로 알맞은 것은?

㈎ ㈏ ㈐ ㈑

① C→A→D→B

③ D→B→A→C

㈎ ㈏ ㈐ ㈑

② A→B→C→D

④ D→C→A→B

 ① 매학년 대학생 평균 독서시간 보다 높은 대학이 B대학이고 3학년의 독서시간이 가장 낮은 대학은 C대학이므로 ㈎는 C, ㈏는 A, ㈐는 D, ㈑는 B가 된다.

30 다음 중 옳지 않은 것은?

① C대학은 학년이 높아질수록 독서시간이 줄어들었다.

② A대학 2학년의 독서시간은 평균보다 낮다.

③ B대학은 학년이 올라갈수록 독서시간이 증가하였다.

④ D대학은 대학생 평균 독서시간보다 매 학년 독서시간이 적다.

 ③ B대학은 2학년의 독서시간이 1학년보다 줄었다.

Answer⤵ 27.④ 28.④ 29.① 30.③

┃31~32┃ 다음 표는 A, B, C 세 공장의 종업원 2인당 제품 생산량과 공장 전체의 1일 총 생산량을 정리한 것이다. 물음에 답하시오.

구분	종업원 2인의 1일 생산량(개)	총 생산량(개)
A	26	156
B	(㉠)	270
C	18	135

31 다음 중 공장 A, C의 종업원 수로 옳은 것은?

	A	C			A	C
①	12명	14명		②	12명	15명
③	13명	14명		④	13명	15명

 A 공장 종업원 수 : $\frac{26}{2} \times A = 156$ ∴ A = 12명

C 공장 종업원 수 : $\frac{18}{2} \times C = 135$ ∴ C = 15명

32 C 공장의 종업원 수와 B 공장의 종업원 수의 비가 1 : 2일 때 ㉠에 들어갈 수치는?

① 9개	② 10개
③ 11개	④ 18개

 C : B = 1 : 2 ∴ B = 30(명)
B 공장 1인당 생산개수 : 270 ÷ 30 = 9 ∴ 9(개)
∴ 2인의 1일 생산량은 9×2 = 18(개)

▎33~34 ▎ 다음은 연도별 유·초·중고등 휴직 교원의 사유에 관한 표이다. 물음에 답하시오.

(단위 : 명, %)

구분	휴직자계	질병	병역	육아	간병	동반	학업	기타
2013	28,562	1,202	1,631	20,826	721	927	327	2,928
2012	25,915	1,174	1,580	18,719	693	1,036	353	2,360
2011	22,882	1,019	1,657	15,830	719	1,196	418	2,043
2010	18,871	547	1,677	12,435	561	1,035	420	2,196
2009	16,111	532	1,359	10,925	392	1,536	559	808
2008	14,123	495	1,261	8,911	485	1,556	609	806
2007	11,119	465	1,188	6,098	558	1,471	587	752
2006	9,895	470	1,216	5,256	437	1,293	514	709
2005	8,848	471	1,071	4,464	367	1,120	456	899

33 다음 중 표에 관한 설명으로 옳지 않은 것은?

① 2005년부터 2013년까지 휴직의 사유를 보면 육아의 비중이 가장 높다.
② 2012년부터 2013년까지의 휴직의 사유 중 기타를 제외하고 비중이 높은 순서대로 나열하면 육아, 병역, 질병, 동반, 간병, 학업이다.
③ 2005년부터 2013년까지 휴직의 사유 중 병역은 항상 질병의 비중보다 높았다.
④ 2010년 휴직의 사유 중 간병은 질병의 비중보다 낮다.

(Tip) ④ 2010년 휴직의 사유 중 간병은 질병의 비중보다 높다.

34 2007년 휴직의 사유 중 간병이 차지하는 비중으로 옳은 것은? (단, 소수 둘째자리에서 반올림한다)

① 2.2%   ② 3.6%
③ 4.2%   ④ 5.0%

(Tip) $\dfrac{558}{11,119} \times 100 = 5.0(\%)$

Answer ➡ 31.② 32.④ 33.④ 34.④

│35～36│ 다음 자료는 2008~2012년 커피 수입 현황에 대한 자료이다. 물음에 답하시오.

(단위 : 톤, 천달러)

구분 \ 연도		2008	2009	2010	2011	2012
생두	중량	97.8	96.9	107.2	116.4	100.2
	금액	252.1	234.0	316.1	528.1	365.4
원두	중량	3.1	3.5	4.5	5.4	5.4
	금액	37.1	42.2	55.5	90.5	109.8
커피 조제품	중량	6.3	5.0	5.5	8.5	8.9
	금액	42.1	34.6	44.4	98.8	122.4

※ 수입단가 $= \dfrac{금액}{중량}$

35 위 표에 대한 설명으로 옳지 않은 것은?

① 원두의 수입금액은 매년 증가하고 있다.
② 생두의 수입금액은 매년 증가하다가 2012년에 감소하였다.
③ 2012년 생두의 수입금액은 원두의 수입금액의 3배 이상이다.
④ 2011년의 커피조제품 수입금액은 전년도의 두 배 이상이 되었다.

 ② 생두의 수입금액은 2009년에 감소하였다.

36 위 표의 2008~2011년 중에서 원두의 수입단가가 가장 높은 해는?

① 2008년   ② 2009년
③ 2010년   ④ 2011년

   ① 2008년 : $\dfrac{37.1}{3.1} = 11.96$

② 2009년 : $\dfrac{42.2}{3.5} = 12.05$

③ 2010년 : $\dfrac{55.5}{4.5} = 12.33$

④ 2011년 : $\dfrac{90.5}{5.4} = 16.75$

37 다음은 A회사 지사들의 교육훈련 유형별 직원참여율이다. 내용을 나타낸 것 중 옳지 않은 것은?

(단위 : 명, %)

지사 \ 교육훈련유형 \ 직원수	교실강의	e-러닝	현장실습	멘토링	액션러닝	팀빌딩
한국 81	59.3	88.9	22.2	23.5	6.2	25.9
홍콩 232	71.6	90.9	21.6	12.1	11.6	25.9
일본 117	59.8	93.2	10.3	38.5	1.7	0.0
중국 42	95.2	61.9	11.9	0.0	0.0	90.5
계 472	68.6	88.6	18.0	19.5	7.2	25.2

1) A회사의 지사는 4개임.

2) 직원참여율은 소수점 아래 둘째자리에서 반올림한 수치임.

① 지사 전체의 교육훈련 유형별 직원참여율

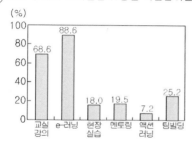

② 현장실습 참여 직원의 지사별 구성비

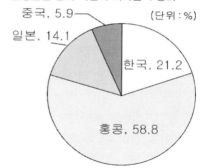

③ 지사 전체와 일본 지사의 교육훈련 유형별 직원참여율

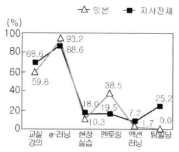

④ 지사별 e-러닝 참여 직원수

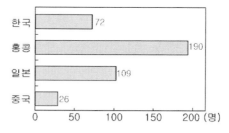

Tip ④ 홍콩 지사의 e-러닝 참여 직원수는 232 × 0.909 = 211명이다.

Answer → 35.② 36.④ 37.④

38 다음은 2002년부터 2005년까지의 국가별 교육비에 관한 자료이다. 이 자료에 근거하여 작성한 그래프로 옳지 않은 것은?

〈국가별 학생 1인당 교육비〉

(단위 : $)

국가 \ 연도 교육단계	2002 초등	2002 중등	2003 초등	2003 중등	2004 초등	2004 중등	2005 초등	2005 중등
한국	3,553	5,882	4,098	6,410	4,490	6,761	4,691	6,645
일본	6,117	6,952	6,350	7,283	6,551	7,615	6,744	7,908
미국	8,049	9,098	8,305	9,590	8,805	9,938	9,156	10,390
그리스	3,803	4,058	4,218	4,954	4,595	5,213	5,146	8,423
영국	5,150	6,505	5,851	7,290	5,941	7,090	6,361	7,167

〈국가별 총교육비 중 단계별 교육비의 비중〉

(단위 : %)

국가 \ 연도 교육단계	2002 초등	2002 중등	2003 초등	2003 중등	2004 초등	2004 중등	2005 초등	2005 중등
한국	34.0	43.4	35.2	41.4	35.6	41.5	35.4	41.5
일본	35.6	39.8	35.4	39.0	35.3	38.3	35.7	38.4
미국	32.7	35.3	31.7	36.5	33.2	36.7	32.3	36.0
그리스	23.0	34.1	23.8	36.5	23.2	33.6	23.8	33.9
영국	23.6	47.1	25.5	48.3	26.2	47.9	26.5	35.1

① 국가별 학생 1인당 초등교육비

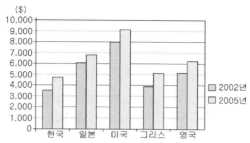

② 국가별 총교육비 중 초등교육비와 중등교육비 비중의 합

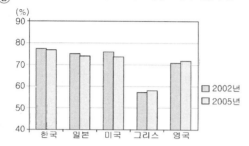

③ 2005년 국가별 학생 1인당 중등교육비 대비 초등교육비의 비율

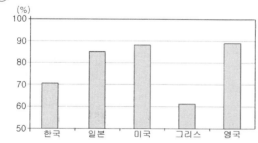

④ 한국, 미국, 영국의 학생 1인당 중등교육비 추이

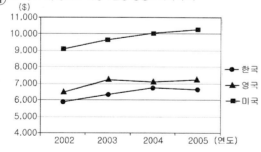

(Tip) ② 미국과 영국의 그래프가 잘못 작성되었다.

Answer → 38.②

39 다음은 2016년 A, B, C 지역의 기후자료이다. 이 자료에 근거하여 작성한 그래프로 옳지 않은 것은?

지역	기후요소	겨울		봄			여름			가을			겨울	연간 합계
		1월	2월	3월	4월	5월	6월	7월	8월	9월	10월	11월	12월	
A	평균기온 (℃)	-0.2	1.8	6.8	12.9	17.5	21.6	25.2	25.6	20.8	14.6	8.0	1.8	-
	최고기온 (℃)	6.6	8.7	13.7	20.1	24.5	27.4	29.8	30.6	26.8	22.2	15.3	9.3	-
	최저기온 (℃)	-6.0	-4.4	0.3	5.7	10.7	16.6	21.4	21.5	15.8	8.2	1.8	-4.0	-
	강수량 (mm)	22	30	54	105	104	201	242	230	136	50	43	17	1,234
	강수일수 (일)	3	4	5	7	7	9	11	10	7	4	4	2	73
B	평균기온 (℃)	1.6	3.2	7.4	13.1	17.6	21.1	25.0	25.7	21.2	15.9	9.6	4.0	-
	최고기온 (℃)	7.0	8.5	12.7	18.7	23.2	25.7	28.9	29.8	25.8	21.6	15.5	9.9	-
	최저기온 (℃)	-2.7	-1.3	2.7	7.7	12.3	17.1	21.7	22.3	17.4	11.0	4.8	-0.7	-
	강수량 (mm)	38	42	72	108	101	185	195	233	166	61	51	24	1,276
	강수일수 (일)	4	5	6	8	9	10	12	11	8	5	4	3	85
C	평균기온 (℃)	-1.3	0.8	5.7	12.3	17.2	21.2	24.9	25.1	19.8	13.6	6.9	0.9	-
	최고기온 (℃)	4.8	7.1	12.4	19.4	24.3	27.1	29.5	30.2	26.0	21.3	14.0	7.6	-
	최저기온 (℃)	-6.5	-4.7	-0.3	5.1	10.1	16.0	20.6	20.9	14.8	7.3	1.0	-4.6	-
	강수량 (mm)	24	27	49	76	79	141	200	204	129	41	38	15	1,023
	강수일수 (일)	3	4	5	5	6	8	10	9	7	3	3	2	65

① A 지역의 월별 강수량 분포

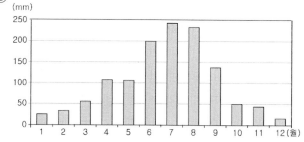

② B 지역의 월별 최고기온과 최저기온의 차이

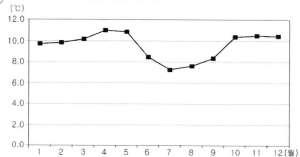

③ B 지역과 C 지역의 계절별 강수일수

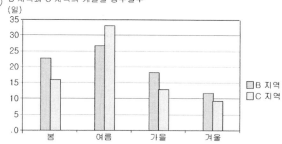

④ A 지역의 계절별 강수량 분포

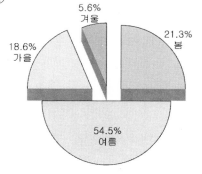

Tip ③ 여름의 B 지역과 C 지역의 계절별 강수일수가 반대로 작성되었다.

Answer ⟿ 39.③

40 다음은 甲국 국회의원의 SNS(소셜네트워크서비스) 이용자 수 현황에 대한 자료이다. 이를 이용하여 작성한 그래프로 옳지 않은 것은? (그래프는 소수점 아래 둘째 자리에서 반올림한다)

(단위 : 명)

구분	정당	당선 횟수별				당선 유형별		성별	
		초선	2선	3선	4선 이상	지역구	비례 대표	남자	여자
여당	A	82	29	22	12	126	19	123	22
야당	B	29	25	13	6	59	14	59	14
	C	7	3	1	1	7	5	10	2
합계		118	57	36	19	192	38	192	38

① 국회의원의 여야별 SNS 이용자 수

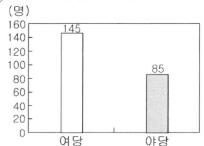

② 남녀 국회의원의 여야별 SNS 이용자 구성비

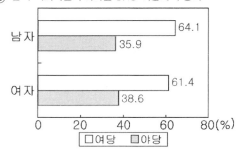

③ 야당 국회의원의 당선 횟수별 SNS 이용자 구성비

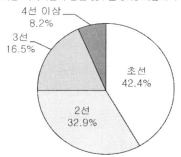

④ 2선 이상 국회의원의 정당별 SNS 이용자 수

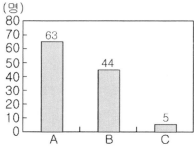

(Tip) ② 여자 국회의원의 여야별 SNS 이용자 구성비가 잘못 작성되었다.

05 응용계산

1 민수, 영민, 은희는 저녁을 같이 먹었는데 식사를 마친 후 민수가 식사비의 $\frac{3}{5}$ 을, 영민이가 그 나머지의 $\frac{1}{7}$ 을, 은희가 그 나머지를 계산하였는데 은희가 3,600원을 냈다면 저녁식사비는 얼마인가?

① 10,000원   ② 10,500원

③ 12,000원   ④ 12,500원

 저녁식사비를 A라 할 때 각자 낸 금액은

㉠ 민수 : $\frac{3}{5}A$

㉡ 영민 : $(A - \frac{3}{5}A) \times \frac{1}{7}$

㉢ 은희 : $A - \left\{\frac{3}{5}A + (A - \frac{3}{5}A) \times \frac{1}{7}\right\}$

은희가 낸 금액은 3,600원이므로

$\frac{12}{35}A = 3,600$, $A = 10,500$ (원)

2 A군은 매분 80m, B군은 매분 70m 속도로 3km 떨어진 지점으로부터 동시에 서로를 향해 걸어 나가기 시작했다. 두 사람은 몇 분 후에 만나게 될까?

① 10분 후   ② 15분 후

③ 20분 후   ④ 25분 후

 두 사람은 매분 $(80+70)$m씩 가까워진다.

$3,000 \div 150 = 20$ (분)

Answer → 40.② / 1.②   2.③

3 현재 철수는 영희보다 5살이 더 많다. 3년 전에 철수의 나이는 영희의 두 배였다. 철수의 현재 나이는?

① 9살   ② 10살

③ 12살   ④ 13살

 영희의 현재 나이를 x라 하면, 철수의 현재 나이는 $x+5$이다.

3년 전에 영희의 나이는 $x-3$, 철수의 나이는 $x+5-3$

$2(x-3)=x+5-3$

$2x-6=x+2$

$x=8$

따라서 철수의 현재 나이는 $8+5=13$(살)이다.

4 3%의 소금물 800g에서 몇 g의 물을 증발시켜야 5%의 소금물을 만들 수 있는가?

① 240g   ② 270g

③ 320g   ④ 360g

 3%의 소금물 800g에 든 소금의 양 : $\frac{3}{100}\times800=24$(g)

$$\frac{24}{800-x}\times100=5$$

$2,400=4,000-5x$

$5x=1,600$

$\therefore x=320$

5 꽃집을 운영하는 정순이는 꽃병에 꽃을 꽂으려고 한다. 꽃병 하나에 꽃 12송이씩 꽂으면 11송이가 남고 14송이씩 꽂으면 7송이가 부족하다. 꽃은 총 몇 송이인가?

① 118   ② 119

③ 120   ④ 121

 꽃병 수를 x라 하면

$12x+11=14x-7$

$x=9$

x를 주어진 식에 대입하면

꽃 송이는 총 119송이다.

6 티셔츠는 한 장에 7,000원, 손수건은 한 장에 1,000원에 판매하는 할인점이 있다. 티셔츠와 손수건을 합하여 10장을 사고, 금액이 30,000원 이상 34,000원 이하가 되게 하려고 한다. 살 수 있는 티셔츠의 최대 개수는?

① 4장 ② 5장

③ 6장 ④ 7장

 티셔츠의 개수를 x, 손수건의 개수를 y라 하면, $x+y=10$

$30,000 \leq 7,000x + 1,000y \leq 34,000$

$30 \leq 7x + y \leq 34$

$30 \leq 6x + 10 \leq 34$ $(\because y = 10 - x)$

$3.XX \leq x \leq 4$

그러므로 티셔츠의 최대 개수는 4장이다.

7 두 개의 주사위 A, B를 동시에 던질 때, 나오는 두 눈의 합이 3 또는 8이 될 확률은?

① $\dfrac{5}{36}$ ② $\dfrac{7}{36}$

③ $\dfrac{9}{36}$ ④ $\dfrac{11}{36}$

 모든 경우의 수는 36가지이다.

두 눈의 합이 3이 나오는 경우는 (1,2), (2,1) 두 가지이고,

두 눈의 합이 8이 나오는 경우는 (2,6), (3,5), (4,4), (5,3), (6,2) 다섯가지이다.

따라서 $\dfrac{7}{36}$ 이다.

8 30%의 소금물 120g과 40%의 소금물 80g을 섞으면 몇 %의 소금물이 되는가?

① 32% ② 33%

③ 34% ④ 35%

 30% 소금물 120g에 들어있는 소금의 양은 $120 \times 0.3 = 36(g)$

40% 소금물 80g에 들어있는 소금의 양은 $80 \times 0.4 = 32(g)$

섞었을 때 농도는 $\dfrac{36+32}{120+80} \times 100 = \dfrac{68}{200} \times 100 = 34(\%)$이다.

Answer ╷→ 3.④ 4.③ 5.② 6.① 7.② 8.③

9 가로의 길이가 세로의 길이보다 4cm 더 긴 직사각형이 있다. 이 직사각형의 둘레가 28cm일 때 세로의 길이는?

① 4cm ② 5cm

③ 6cm ④ 7cm

 직사각형의 둘레는 가로의 길이 × 2 + 세로의 길이 × 2이다.

세로의 길이를 x라고 가정할 때 가로의 길이는 $x+4$이고, 둘레는 $2 \times (x+4) + (2 \times x)$이므로 $4x+8=28$

따라서 x는 5이다.

10 구멍이 나서 물이 새는 통이 있다. 처음에 20ℓ의 물이 있었는데, 1시간이 지나자 15ℓ밖에 남지 않았다. 그 후 2시간이 더 지났을 때의 물의 양은?

① 5ℓ ② 6ℓ

③ 7ℓ ④ 8ℓ

 시간당 새는 물의 양은 $\dfrac{\text{새어 나간 물의 양}}{\text{그 동안의 시간}}$으로 볼 수 있다.

시간당 새는 물의 양 $= \dfrac{20-15}{1} = 5$이고 이미 물이 15ℓ가 된 후에서 2시간이 더 지난 것이므로 $15 - (5 \times 2) = 5$이다. 따라서 남은 물의 양은 5ℓ이다.

11 남자 4명, 여자 5명, 총 9명에서 2명의 위원을 선출할 때, 둘 다 여자가 되는 확률은?

① $\dfrac{2}{16}$ ② $\dfrac{5}{18}$

③ $\dfrac{8}{21}$ ④ $\dfrac{7}{25}$

 9명에서 2명을 뽑을 방법의 수는 $_9C_2$, 여자 5명에서 2명을 뽑을 방법의 수는 $_5C_2$이다.

$\therefore \dfrac{_5C_2}{_9C_2} = \dfrac{10}{36} = \dfrac{5}{18}$

PLUS tip

확률

사건 A가 일어날 수학적 확률을 $P(A)$라 하면

$P(A) = \dfrac{A\text{에 속하는 근원사건의 개수}}{\text{근원사건의 총 개수}}$

임의의 사건 A, 전사건 S, 공사건 ϕ 이라면

$0 \leq P(A) \leq 1,\ P(S) = 1,\ P(\phi) = 0$

12 토너먼트 방식의 대통령배 청소년 농구대회에 16개 팀이 참가하고 있다. 참가한 A팀이 매번 시합에서 이길 확률이 언제나 0.7이라면 A팀이 우승할 확률은? (단, 소수 셋째자리에서 반올림)

① 0.11

② 0.24

③ 0.36

④ 0.47

 토너먼트 방식에 의하면 경기를 진행하면 A팀은 우승까지 4번의 경기를 하게 된다(16강, 8강, 4강, 결승).

우승확률 $= 0.7 \times 0.7 \times 0.7 \times 0.7 \fallingdotseq 0.24$

13 비가 온 다음날 비가 올 확률은 $\frac{2}{3}$이고, 비가 안 온 다음 날 비가 올 확률은 $\frac{1}{4}$이다. 어제 비가 왔다면, 내일 비가 올 확률은?

① $\frac{19}{36}$

② $\frac{27}{36}$

③ $\frac{1}{4}$

④ $\frac{7}{36}$

오늘 \ 내일	비가 옴	비가 안 옴
비가 옴	$\frac{2}{3}$	$\frac{1}{3}$
비가 안 옴	$\frac{1}{4}$	$\frac{3}{4}$

어제 비가 왔고, 내일 비가 오는 경우는 오늘 비가 오는 경우와, 비가 오지 않는 경우 두 가지가 있다.

어제	오늘	내일
비가 옴	비가 옴	비가 옴
	비가 안 옴	

㉠ 오늘 비가 오는 경우 : $\frac{2}{3} \times \frac{2}{3} = \frac{4}{9}$

㉡ 오늘 비가 안 오는 경우 : $\frac{1}{3} \times \frac{1}{4} = \frac{1}{12}$

두 가지 경우를 더하면, $\frac{4}{9} + \frac{1}{12} = \frac{19}{36}$ 이다.

Answer ☞ 9.② 10.① 11.② 12.② 13.①

14 길이가 192cm인 철사를 이용하여 겹치지 않게 정삼각형과 정사각형을 만들려고 한다. 한변의 길이가 4cm인 정삼각형을 6개 만들고, 남은 철사를 이용하여 한변의 길이가 3cm인 정사각형을 만들려고 한다. 정사각형은 몇 개까지 만들 수 있는가?

① 9개　　　　　　　　　　　　　② 10개

③ 11개　　　　　　　　　　　　　④ 12개

 만들려고 하는 정사각형의 수를 x라 하면

$(4 \times 3 \times 6) + (3 \times 4 \times x) = 192$

$12x = 120$

$\therefore x = 10$

15 반지름이 3cm인 쇠공을 녹여 반지름이 9cm인 쇠공을 만들려고 한다. 몇 개의 쇠공이 필요하겠는가? (단, 쇠공을 녹일 때 손실은 없다)

① 3개　　　　　　　　　　　　　② 9개

③ 27개　　　　　　　　　　　　　④ 81개

 구의 부피는 $\dfrac{4}{3}\pi r^3$ (r : 반지름)이다.

$x \times \dfrac{4}{3}\pi \times 3^3 = \dfrac{4}{3}\pi \times 9^3$ (x : 반지름이 3cm인 쇠공의 개수)

$\therefore x = \dfrac{9^3}{3^3} = 3^3 = 27$(개)

16 일정한 속력으로 달리는 어떤 열차가 길이가 200m인 터널을 완전히 빠져 나오는 데 60초가 걸리고 같은 속력으로 470m인 다리를 완전히 건너는 데 120초가 걸린다고 한다. 이 열차의 길이와 속력을 구하면?

	기차 길이	속력
①	60m	4m/s
②	60m	4.5m/s
③	70m	4.5m/s
④	70m	4m/s

기차의 길이를 x라 하면, 기차의 속력은 같으므로

$$\frac{200+x}{60} = \frac{470+x}{120}$$

$24,000 + 120x = 28,200 + 60x$

$60x = 4,200$

$\therefore x = 70\text{m}$

기차의 길이 70m를 $\frac{200+x}{60}$에 대입하면

기차의 속력은 $4.5m/s$

17 현재 형은 2,500원, 동생은 4,000원을 예금하고 있다. 다음 달부터 매월 형은 500원씩, 동생은 200원씩 저금한다면 몇 개월 후부터 형이 동생보다 예금한 돈이 많아지는가?

① 5개월   ② 6개월

③ 7개월   ④ 8개월

 $2,500 + 500x > 4,000 + 200x$

$300x > 1,500$

$\therefore x > 5$

6개월 후부터 형이 동생보다 예금한 돈이 많아진다.

18 제3항이 60이고 제7항이 96인 등비수열의 첫째항과 공비를 구하면?

① 첫째항 $\frac{3}{2}$, 공비 ± 3 ② 첫째항 $\frac{2}{3}$, 공비 ± 2

③ 첫째항 $\frac{2}{3}$, 공비 ± 3 ④ 첫째항 $\frac{3}{2}$, 공비 ± 2

첫째항을 a, 공비를 r라 하면

$a_3 = ar^2 = 6$ ······ ㉠

$a_7 = ar^6 = 96$ ······ ㉡

㉡÷㉠에서 $r^4 = 16$

$\therefore r = \pm 2$

㉠에 대입하면 $a = \frac{3}{2}$

Answer ↪ 14.②   15.③   16.③   17.②   18.④

19 2자리의 정수 중 9의 배수의 총합은 얼마인가?

① 585

② 590

③ 595

④ 600

 2자리 정수의 9의 배수의 개수는 $100 \div 9 - 1 = 10$
첫 항이 18, 마지막 항이 99가 되므로
$$S_n = \frac{10(18+99)}{2} = 585$$

20 첫째 항 2, 공차가 4인 등차수열의 합을 구하는데 100에 가장 가까운 수는 몇 항까지의 합인가?

① 3항

② 7항

③ 9항

④ 12항

 $S_n = \frac{n\{2 \times 2 + (n-1) \cdot 4\}}{2} = 2n^2$, $2n^2 = 100$이라 가정하면
$n = 7.\times\times\times\cdots$이므로 $n=7$일 때 가장 가깝다.
∴ $S_7 = 2 \times 49 = 98$

21 어떤 배가 40km 강을 거슬러 올라갈 때는 5시간이 걸리고, 내려올 때는 2시간이 걸렸다. 강물의 속력은?

① 5km

② 6km

③ 7km

④ 8km

 배의 속력을 x라 하고, 강물의 속력을 y라 할 때 거리＝속력×시간이므로
$\begin{cases} 5(x-y) = 40 \\ 2(x+y) = 40 \end{cases}$ 으로 놓고 풀어야 한다.
첫 번째 식을 풀면 $x-y=8$이고 두 번째 식을 풀면 $x+y=20$
강물의 속력 $y=6$이다.

22 아버지의 월소득에서 $\frac{1}{7}$을 집세를 지불하는데 쓰고, 그 나머지의 $\frac{2}{6}$을 생활비로 썼다. 그리고 남은 돈 200만원을 저축하였다. 아버지의 월소득은 얼마인가?

① 330만원 ② 340만원
③ 350만원 ④ 360만원

 월소득에서 $\frac{1}{7}$의 집세를 지불하고 나머지 $\frac{6}{7}$ 중에서 $\frac{2}{6}$를 생활비로 쓴 것이므로, $\frac{6}{7} \times \frac{2}{6} = \frac{2}{7}$가 생활비로 지출한 부분이다. 집세+생활비$= \frac{1}{7} + \frac{2}{7} = \frac{3}{7}$이고, 나머지 $\frac{4}{7}$가 200만원이다.

$\frac{4}{7} : 200 = 1 : x$

따라서 월소득은 350만원이다.

23 그림처럼 △ABC의 ∠B, ∠C의 2등분선의 교점을 D로 한다. ∠A=54°일 때, ∠BDC의 크기는?

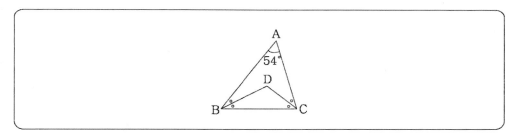

① 100° ② 112°
③ 117° ④ 120°

 삼각형 내각의 합이 180°이므로 ∠ABC+∠ACB=180°−54°=126°

∠DBC와 ∠DCB는 이분각이므로 ∠DBC+∠DCB$= \frac{1}{2} \times 126° = 63°$

∴ ∠BDC=180°−63°=117°

Answer ↪ 19.① 20.② 21.② 22.③ 23.③

24 상자에 인형을 6개씩 담으면 인형이 6개가 남고, 9개씩 담으면 상자 2개가 남는다고 한다. 이 때 상자의 개수는 몇 개인가?

① 7개   ② 8개

③ 9개   ④ 10개

 상자의 개수를 x라 하면,

$6x + 6 = 9(x - 2)$

$6x + 6 = 9x - 18$

$24 = 3x$

$\therefore x = 8$

25 다음 그림에서 정사각형 세 개의 면적을 각각 a, b, c라 할 때 $\left\{ \dfrac{c}{(a+b)} \right\}^3$ 의 값을 구하면?

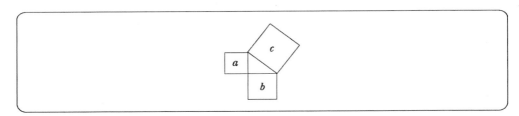

① 1   ② 2

③ 3   ④ 4

 a의 한 변의 길이를 3이라 가정하면, 정사각형 안쪽의 삼각형은 직각삼각형이므로 b의 한 변을 4, c의 한 변을 5라고 생각할 수 있다(피타고라스 정리 이용).

면적은 $a = (3)^2$, $b = (4)^2$, $c = (5)^2$이 되므로

$\left(\dfrac{c}{a+b} \right)^3 = \left(\dfrac{25}{9+16} \right)^3 = 1$

26 순희가 500원짜리 볼펜과 300원짜리 수성 사인펜을 사는데 9,000원을 지불하였고 볼펜과 수성 사인펜을 합해서 모두 20자루를 샀다면 볼펜은 몇 자루를 산 것인가?

① 12자루   ② 13자루

③ 14자루   ④ 15자루

> **Tip** 볼펜 x자루, 수성 사인펜을 y자루 샀다고 하면,
> $x + y = 20$
> $500x + 300y = 9{,}000$
> $\therefore x = 15$

27 가로의 길이가 120cm, 세로의 길이가 104cm인 직사각형 모양의 벽에 가능한 큰 정사각형 모양의 타일을 빈틈없이 붙이려고 할 때, 타일의 한 변의 길이는 몇 cm인가?

① 6cm   ② 7cm

③ 8cm   ④ 9cm

> **Tip** 120과 104의 최대공약수는 8이다. 따라서 필요한 타일의 한 변의 길이는 8cm이다.

28 어느 회사의 적성검사는 언어와 수리 두 영역이 있다고 한다. 수현이는 작년에 두과목 평균 85점을 맞았다. 올해도 지원하여 적성검사를 치룬 결과 언어점수는 작년에 비해 20% 오르고 수리점수는 10% 떨어져서 두 과목 평균점수가 작년에 비하여 3.5점 올랐다. 수현이의 올해 수리점수는 몇 점인가?

① 80점   ② 81점

③ 82점   ④ 83점

> **Tip** 수현이의 작년 언어 점수를 x라 하고, 작년 수리 점수를 y라 하면
> $x + y = 170 \cdots \bigcirc$
> $1.2x + 0.9y = 177 \cdots \bigcirc$
> ㉠에 곱하기 1.2를 하면
> $1.2x + 1.2y = 204 \cdots \bigcirc$
> ㉠과 ㉡을 연립해서 풀면
> $0.3y = 27$
> 따라서 작년 수리점수는 90점이고 올해 수리점수는 81점이다.

Answer ↪ 24.②   25.①   26.④   27.③   28.②

29 50원 우표와 80원 우표를 합쳐서 27장 구입했다. 80원 우표의 비용이 50원 우표 비용의 2배일 때 각각 몇 장씩 구입하였는가?

	50원 우표	80원 우표
①	12개	15개
②	13개	16개
③	15개	13개
④	16개	13개

 50원 우표를 x개, 80원 우표를 y개라 할 때,
$x + y = 27$ ···㉠
$(50x) \times 2 = 80y$ ···㉡
㉠에서 $y = 27 - x$를 ㉡에 대입하면
$100x = 80(27 - x)$
$180x = 2,160$
$x = 12,\ y = 15$
∴ 50원 우표 12개, 80원 우표 15개

30 어떤 제품을 원가에 15%의 이익을 붙여서 정가를 정하고, 정가에서 800원 할인해서 팔았더니 원가에 대하여 5%의 이익을 얻었다. 이 제품의 원가는 얼마인가?

① 6,000원
② 7,000원
③ 8,000원
④ 9,000원

 원가를 x라고 하면
$1.15x - 800 = 1.05x$
$0.1x = 800$
∴ $x = 8,000$

31 어느 회사의 올해 남자 직원과 여자 직원은 작년에 비하여 남자는 7% 증가하고, 여자는 5% 감소하였다. 작년에 전체 직원이 740명이었고, 올해는 작년보다 17명이 증가했다고 할 때, 작년의 남자 직원은 몇 명이었는가?

① 350

② 400

③ 450

④ 500

 작년 남자 직원의 수를 x, 여자 직원의 수를 y라 하면

$x + y = 740$

$1.07x + 0.95y = 757$

두 개의 식을 연립해서 풀면

$0.12x = 54$

$\therefore x = 450$

32 어떤 일을 정수가 혼자하면 6일, 선희가 혼자하면 12일 걸린다. 정수와 선희가 함께 동시에 일을 시작했지만 정수가 중간에 쉬어서 일을 끝마치는데 8일이 걸렸다고 한다. 이때, 정수가 쉬었던 기간은?

① 3일

② 4일

③ 5일

④ 6일

 하루에 정수가 하는 일의 양은 $\dfrac{1}{6}$

하루에 선희가 하는 일의 양은 $\dfrac{1}{12}$

선희는 처음부터 8일 동안 계속해서 일을 하였으므로 선희가 한 일의 양은 $\dfrac{1}{12} \times 8$

(일의 양) − (선희가 한 일의 양) = (정수가 한 일의 양)

$1 - \dfrac{8}{12} = \dfrac{4}{12}$

정수가 일을 하는데 걸린 시간은 $\dfrac{4}{12} \div \dfrac{1}{6} = 2$(일)

(작업 기간) − (정수가 일한 기간) = (정수가 쉬었던 날)이므로 $8 - 2 = 6$

즉, 6일이 된다.

Answer → 29.① 30.③ 31.③ 32.④

33 둘레의 길이가 3.3km인 호수가 있다. 호수의 같은 지점에서 영미가 분속 90m로 걷기 시작한 뒤 10분 후에 미휘가 반대 방향으로 분속 60m로 걷는다면, 미휘가 출발한지 몇 분 만에 영미를 만나겠는가?

① 15분   ② 16분

③ 17분   ④ 18분

 미휘가 출발한지 몇 분 후를 x분 후라고 하면
영미가 걸은 거리+미휘가 걸은 거리=호수의 둘레 길이
$(10+x)90+60x = 3,300$
$150x = 2,400$
$\therefore x = 16$분

34 서울 터미널에는 대전에 가는 버스가 40분에 1대씩, 부산에 가는 버스가 60분에 1대씩 있다. 12시에 터미널에 도착한 갑과 을은 가장 빨리 동시에 출발하는 버스를 타고 각각 대전과 부산으로 떠났다. 갑과 을 두 사람이 탄 버스의 출발 시간은? (단, 서울 터미널의 모든 버스는 9시에 첫차가 출발한다)

① 12시   ② 12시 20분

③ 12시 40분   ④ 1시

 40과 60의 최소공배수는 120이므로 두 버스가 동시에 출발하는 시간은 9시, 11시, 1시, … 이다. 따라서 갑과 을이 탄 버스의 시간은 1시이다.

35 (A＋5)cm × (A＋3)cm인 직사각형 종이의 네 귀퉁이를 1.5cm 정사각형 모양으로 자른 뒤 접어 올렸을 때 만들어지는 상자의 부피는?

① $1.5(A+2)cm^3$

② $A(A+2)cm^3$

③ $1.5(A+3.5)(A+1.5)cm^3$

④ $1.5A(A+2)cm^3$

 각 귀퉁이의 1.5cm을 잘랐으므로 상자 밑면은 변의 길이가 각 3cm씩 줄어 $(A+2)cm × Acm$가 되고 상자의 높이는 1.5cm이다.

∴ 상자의 부피＝$1.5A(A+2)cm^3$

36 원가 2만 원에 구입한 물품 12개 팔아서 총 6만 원의 이익을 얻고자 한다. 원가에서 몇 %가 증가된 정가를 붙여야 하는가?

① 22%

② 25%

③ 26%

④ 27%

 원가에서 x%를 더 붙여 정가를 정하고 물품 12개를 팔아 얻을 수 있는 이익은

$20,000 × \dfrac{x}{100} × 12 = 60,000$이다.

∴ $x = 25(\%)$

Answer ↪ 33.② 34.④ 35.④ 36.②

37 바구니에 4개의 당첨 제비를 포함한 10개의 제비가 들어있다. 이 중에서 갑이 먼저 한 개를 뽑고, 다음에 을이 한 개의 제비를 뽑는다고 할 때, 을이 당첨제비를 뽑을 확률은? (단, 한 번 뽑은 제비는 바구니에 다시 넣지 않는다.)

① 0.2   ② 0.3

③ 0.4   ④ 0.5

갑이 당첨제비를 뽑고, 을도 당첨제비를 뽑을 확률 $\dfrac{4}{10} \times \dfrac{3}{9} = \dfrac{12}{90}$

갑은 당첨제비를 뽑지 못하고, 을만 당첨제비를 뽑을 확률 $\dfrac{6}{10} \times \dfrac{4}{9} = \dfrac{24}{90}$

따라서 을이 당첨제비를 뽑을 확률은 $\dfrac{12}{90} + \dfrac{24}{90} = \dfrac{36}{90} = \dfrac{4}{10} = 0.4$

38 정아와 민주가 계단에서 가위바위보를 하는데, 이긴 사람은 2계단을 올라가고, 진 사람은 1계단을 내려간다고 한다. 두 사람이 가위바위보를 하여 처음보다 정아는 14계단, 민주는 5계단을 올라갔을 때, 민주는 몇 번 이겼는가? (단, 비기는 경우는 없다.)

① 7회   ② 8회

③ 10회   ④ 11회

정아가 이긴 횟수를 x, 민주가 이긴 횟수를 y라 하면
$\begin{cases} 2x - y = 14 & \cdots \ \text{㉠} \\ 2y - x = 5 & \cdots \ \text{㉡} \end{cases}$ ⇒ ㉠+㉡×2를 계산하면 $3y = 24$ ⇒ $y = 8$
따라서 민주가 이긴 횟수는 8회이다.

39 아버지와 아들의 나이 합이 66세이고 12년 후에는 아버지의 나이가 아들의 나이의 2배가 될 때, 현재 아들의 나이는?

① 17세   ② 18세

③ 19세   ④ 20세

 아버지의 나이를 x라 하고 아들의 나이를 y라 할 때
$x + y = 66 \cdots \text{㉠}$
$x + 12 = 2(y + 12) \cdots \text{㉡}$
㉡을 풀면 $x - 2y = 12$
㉠에서 ㉡을 빼면 $3y = 54$
$\therefore y = 18$

40 어느 회사에서 행사를 진행하기 위해 직원들을 긴 의자에 앉히려고 한다. 긴 의자에 직원들이 6명씩 앉으면 8명이 남고, 8명씩 앉으면 마지막 의자에 4명이 앉으며 빈 의자가 2개 남는다고 한다. 직원은 몇 명인가?

① 90명   ② 92명

③ 94명   ④ 96명

 의자 수를 x라 하면
$6x + 8 = 8(x - 3) + 4$
$2x = 28$
$x = 14$
의자 수가 14개 이므로 직원 수는 $6 \times 14 + 8 = 92$명이다.

Answer ↱ 37.③   38.②   39.②   40.②

정보처리

1 다음과 같은 판매실적 테이블에 대하여 경기지역에 한하여 판매액 오름차순으로 지점명과 판매액을 출력하고자 할 때, 가장 적절한 SQL 구문은?

[테이블명 : 판매실적]

도시	지점명	판매액
경기	용인지점	350
경기	일산지점	270
서울	은평지점	130
부산	부산지점	175
경기	수원지점	238
인천	인천지점	212
경기	안성지점	183

① SELECT 지점명, 판매액 FROM 판매실적 WHERE 도시='서울' ORDER BY 판매액, ASC;

② SELECT * FROM 판매액 WHERE 도시='경기' ORDER BY 판매액, ASC;

③ SELECT 지점명, 판매액 FROM 판매실적 WHERE 도시='경기' ORDER BY 판매액, ASC;

④ SELECT 지점명, 판매액 FROM 판매실적 WHERE 도시='경기' ORDER BY ASC;

 SELECT 필드명 FROM 테이블명
WHERE 조건
ORDER BY 조건
으로 나타내며, 조건에서 ASC는 오름차순이고 DESC는 내림차순이다.

2 다음의 시트에서 수식 '=DSUM(A1:D7, 4, B1:B2)'를 실행하였을 때 결과 값은?

◢	A	B	C	D
1	성명	부서	3/4분기	4/4분기
2	김하나	영업부	20	15
3	유진영	총무부	30	35
4	고금순	영업부	15	20
5	이영훈	총무부	10	15
6	김영대	총무부	20	10
7	채수빈	영업부	15	20

① 45
② 50
③ 55
④ 60

 DSUM함수는 DSUM(범위, 열 번호, 조건)으로 나타내며 조건에 부합하는 데이터를 합하는 수식이다. 제시된 수식은 영업부에 해당하는 4/4분기의 데이터를 합하라는 것이므로 15＋20＋20＝55가 된다.

3 다음 워크시트를 작성하던 중 [C1] 셀에 수식 '=A1+B1+C1'를 입력하였다면 어떤 표시가 뜨겠는가?

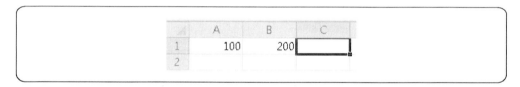

◢	A	B	C
1	100	200	
2			

① [C1] 셀에 #VALUE! 오류 표시
② [C1] 셀에 #NULL! 오류 표시
③ 순환 참조 경고 메시지 창 표시
④ [C1] 셀에 #REF! 오류 표시

 입력한 함수가 자기자신의 셀을 포함한 경우에는 순환 참조 경고 메시지 창이 표시된다.

Answer 1.③ 2.③ 3.③

▌4~5▐ 다음 자료는 J회사 창고에 있는 가전제품 코드 목록이다. 다음을 보고 물음에 답하시오.

SE-11-KOR-3A-1512	CH-08-CHA-2C-1308	SE-07-KOR-2C-1503
CO-14-IND-2A-1511	JE-28-KOR-1C-1508	TE-11-IND-2A-1411
CH-19-IND-1C-1301	SE-01-KOR-3B-1411	CH-26-KOR-1C-1307
NA-17-PHI-2B-1405	AI-12-PHI-1A-1502	NA-16-IND-1B-1311
JE-24-PHI-2C-1401	TE-02-PHI-2C-1503	SE-08-KOR-2B-1507
CO-14-PHI-3C-1508	CO-31-PHI-1A-1501	AI-22-IND-2A-1503
TE-17-CHA-1B-1501	JE-17-KOR-1C-1506	JE-18-IND-1C-1504
NA-05-CHA-3A-1411	SE-18-KOR-1A-1503	CO-20-KOR-1C-1502
AI-07-KOR-2A-1501	TE-12-IND-1A-1511	AI-19-IND-1A-1503
SE-17-KOR-1B-1502	CO-09-CHA-3C-1504	CH-28-KOR-1C-1308
TE-18-IND-1C-1510	JE-19-PHI-2B-1407	SE-16-KOR-2C-1505
CO-19-CHA-3A-1509	NA-06-KOR-2A-1401	AI-10-KOR-1A-1509

〈코드 부여 방식〉
[제품 종류]-[모델 번호]-[생산 국가]-[공장과 라인]-[제조연월]

〈예시〉
TE-13-CHA-2C-1501
2015년 1월에 중국 2공장 C라인에서 생산된 텔레비전 13번 모델

제품 종류 코드	제품 종류	생산 국가 코드	생산 국가
SE	세탁기	CHA	중국
TE	텔레비전	KOR	한국
CO	컴퓨터	IND	인도네시아
NA	냉장고	PHI	필리핀
AI	에어컨		
JE	전자레인지		
GA	가습기		
CH	청소기		

4 위의 코드 부여 방식을 참고할 때 옳지 않은 내용은?

① 창고에 있는 기기 중 세탁기는 모두 한국에서 제조된 것들이다.

② 창고에 있는 기기 중 컴퓨터는 모두 2015년에 제조된 것들이다.

③ 창고에 있는 기기 중 청소기는 있지만 가습기는 없다.

④ 창고에 있는 기기 중 2013년에 제조된 것은 청소기 뿐이다.

> (Tip) ④ NA−16−IND−1B−1311가 있으므로 2013년에 제조된 냉장고도 창고에 있다.

5 J회사에 다니는 Y씨는 가전제품 코드 목록을 파일로 불러와 검색을 하고자 한다. 검색의 결과로 옳지 않은 것은?

① 창고에 있는 세탁기가 몇 개인지 알기 위해 'SE'를 검색한 결과 7개임을 알았다.

② 창고에 있는 기기 중 인도네시아에서 제조된 제품이 몇 개 인지 알기 위해 'IND'를 검색한 결과 10개임을 알았다.

③ 모델 번호가 19번인 제품을 알기 위해 '19'를 검색한 결과 4개임을 알았다.

④ 1공장 A라인에서 제조된 제품을 알기 위해 '1A'를 검색한 결과 6개임을 알았다.

> (Tip) ② 인도네시아에서 제조된 제품은 9개이다.

Answer 4.④ 5.②

6 다음 트리의 터미널 노드 수는?

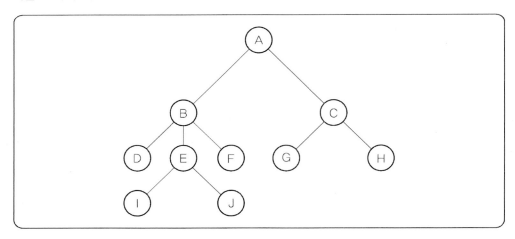

① 5　　　　　　　　　　　　　② 6

③ 7　　　　　　　　　　　　　④ 8

 터미널노드(Terminal Node)는 자식이 없는 노드로서 이 트리에서는 D, I, J, F, G, H 6개
이다.

7 엑셀에서 바로 가기 키에 대한 설명이 다음과 같을 때 괄호 안에 들어갈 내용으로 알맞은 것
은?

통합 문서 내에서 (㉠) 키는 다음 워크시트로 이동하고 (㉡) 키는 이전 워크시트
로 이동한다.

	㉠	㉡
①	〈Ctrl〉+〈Page Down〉	〈Ctrl〉+〈Page Up〉
②	〈Shift〉+〈Page Down〉	〈Shift〉+〈Page Up〉
③	〈Tab〉+←	〈Tab〉+→
④	〈Alt〉+〈Shift〉+↑	〈Alt〉+〈Shift〉+↓

 엑셀 통합 문서 내에서 다음 워크시트로 이동하려면 〈Ctrl〉+〈Page Down〉을 눌러야 하며,
이전 워크시트로 이동하려면 〈Ctrl〉+〈Page Up〉을 눌러야 한다.

8 다음의 알고리즘에서 인쇄되는 S는?

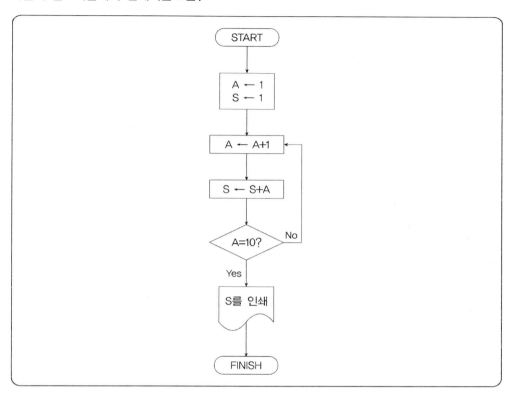

① 36

② 45

③ 55

④ 66

 A=1, S=1
A=2, S=1+2
A=3, S=1+2+3
...
A=10, S=1+2+3+…+10
∴ 출력되는 S의 값은 55이다.

Answer⌐ 6.② 7.① 8.③

9 다음의 알고리즘에서 인쇄되는 S는?

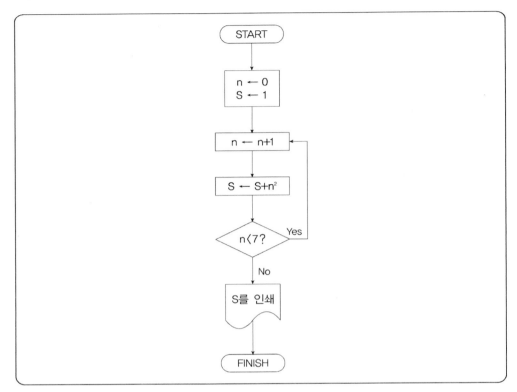

① 137　　　　　　　② 139

③ 141　　　　　　　④ 143

 $n=0,\ S=1$

$n=1,\ S=1+1^2$

$n=2,\ S=1+1^2+2^2$

…

$n=7,\ S=1+1^2+2^2+\cdots+7^2$

∴ 출력되는 S의 값은 141이다.

10 다음은 오디오데이터에 대한 설명이다. (가), (나)에 들어갈 용어를 바르게 짝지은 것은?

(가)	• 아날로그 형태의 소리를 디지털 형태로 변형하는 샘플링 과정을 통하여 작성된 데이터 • 실제 소리가 저장되어 재생이 쉽지만, 용량이 큼 • 파일의 크기 계산 : 샘플링 주기×샘플링 크기×시간×재생방식(모노=1, 스테레오=2)
MIDI	• 전자악기 간의 디지털 신호에 의한 통신이나 컴퓨터와 전자악기 간의 통신 규약 • 음성이나 효과음의 저장은 불가능하고, 연주 정보만 저장되므로 크기가 작음 • 시퀀싱 작업을 통해 작성되며, 16개 이상의 악기 동시 연주 가능
(나)	• 고음질 오디오 압축의 표준 형식 • MPEG-1의 압축 방식을 이용하여, 음반 CD 수준의 음질을 유지하면서 1/12정도까지 압축

      (가)   (나)

① WAVE   AVI

② WAVE   MP3

③ MP3   WAVE

④ MP   3AVI

Tip (가)는 WAVE, (나)는 MP3에 관한 설명이다.

Answer 9.③ 10.②

11 한글 Windows XP의 [Windows 탐색기]에서 숨김 파일을 볼 수 있는 방법은?

① [도구] 메뉴의 [폴더 옵션]을 선택한 후 [보기] 탭에서 숨김 파일 및 폴더 표시를 설정한다.

② [편집]메뉴의 [모두 선택]을 선택한 후 바로가기 메뉴에서 숨김 파일 및 폴더 표시를 설정한다.

③ [구성]메뉴의 [폴더 및 검색 옵션]을 선택한 후 [일반] 탭에서 숨김 파일 및 폴더 표시를 설정한다.

④ [보기] 메뉴의 [세부 내용 선택]을 선택한 후 세부 내용 선택 상자에서 숨김 파일 및 폴더 표시를 설정한다.

> **Tip** Windows XP의 경우는 ①의 방법을 통해 탐색에서 숨김 파일을 볼 수 있다.

12 다음과 같은 시트에서 이름에 '철'이라는 글자가 포함된 셀의 서식을 채우기 색 '노랑', 글꼴 스타일 '굵은 기울임꼴'로 변경하고자 한다. 이를 위해 [A2:A7] 영역에 설정한 조건부 서식의 수식 규칙으로 옳은 것은?

	A	B	C	D
1	이름	편집부	영업부	관리부
2	박초롱	89	65	92
3	강원철	69	75	85
4	김수현	75	86	35
5	민수진	87	82	80
6	신해철	55	89	45
7	안진철	98	65	95

① =COUNT(A2, "*철*")

② =COUNT(A2:A7, "*철*")

③ =COUNTIF(A2, "*철*")

④ =COUNTIF(A2:A7, "*철*")

> **Tip** =COUNTIF를 입력 후 범위를 지정하면 지정한 범위 내에서 중복값을 찾는다.
> ㉠ COUNT함수 : 숫자가 입력된 셀의 개수를 구하는 함수
> ㉡ COUNTIF함수 : 조건에 맞는 셀의 개수를 구하는 함수
> '철'을 포함한 셀을 구해야 하므로 조건을 구하는 COUNTIF함수를 사용하여야 한다.
> A2행으로부터 한 칸씩 내려가며 '철'을 포함한 셀을 찾아야 하므로 A2만 사용한다.

13 다음은 손익계산서이다. 내용을 도표와 그래프로 작성하여 상사에게 보고하고자 할 때 가장 유용한 소프트웨어는 무엇인가?

계정과목＼연도	2008년	2009년	2010년
매출액	75,450	92,025	110,055
매출원가	62,078	78,456	88,256
매출 총이익	13,372	13,569	21,799
영업이익	4,516	4,311	12,551
영업외 수익	3,725	3,815	3,825
영업외 비용	2,666	2,212	3,627
법인세차감전순이익	5,575	5,914	12,749
당기순이익	5,017	5,322	10,100

① 워드
② 엑셀
③ 파워포인트
④ 엑세스

 엑셀의 기능

㉠ 수치 계산 기능 : 여러 가지 함수를 이용해 데이터를 빠르고 정확하게 계산할 수 있다.

㉡ 차트 작성 기능 : 작성한 데이터를 이용하여 2차원 혹은 3차원 차트(그래프)를 작성할 수 있다.

㉢ 데이터베이스 기능 : 데이터 검색, 정렬, 추출 등의 데이터 관리 기능을 제공한다.

㉣ 문서 작성 기능 : 다양한 서식(글꼴 크기, 테두리, 색 등)을 이용해 간단한 문서를 작성할 수 있다.

㉤ 매크로 기능 : 반복되는 작업을 미리 기억시켜 놓아 쉽게 처리할 수 있다.

Answer ⤷ 11.① 12.③ 13.②

14 다음은 스프레드시트로 작성한 워크시트이다. (가)~(라)에 대한 설명으로 옳지 않은 것은?

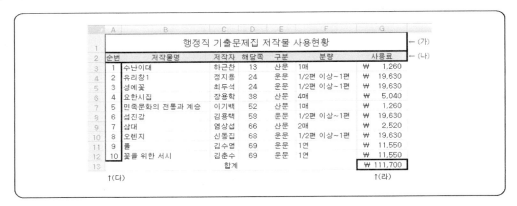

① (가)는 '셀 병합' 기능을 이용하여 작성할 수 있다.

② (나)는 '셀 서식'의 '채우기' 탭에서 색상을 변경할 수 있다.

③ (다)는 A3 값을 입력 후 '자동 채우기' 기능을 사용할 수 있다.

④ (라)의 값은 '=EVEN(G3:G12)'로 구할 수 있다.

> **Tip** ④ (라)는 G3부터 G12 값의 합이다. 따라서 '=SUM(G3:G12)'로 구할 수 있다.

15 다음은 한글 바로가기 단축키이다. 다음 중 잘못된 내용은?

〈바로가기 단축키〉

키	기능	키	기능
F1	도움말	Ctrl+A	전체 선택
F2	찾기 … ㉠	Ctrl+C	복사
F3	블록설정	Ctrl+X	잘라내기
Ctrl+Esc	[시작] 메뉴 표시	Ctrl+V	붙여넣기
Alt+Enter↵	등록 정보 표시		
Alt+F4	창 닫기, 프로그램 종료 … ㉡		
PrtSc★	화면 전체를 클립보드로 복사		
Alt+PrtSc★	실행 중인 프로그램을 순서대로 전환 … ㉢		
Alt+⇆	실행 중인 프로그램 목록을 보여 주면서 프로그램 전환		
Ctrl+Alt+Del	'Windows 작업관리자' 대화상자 호출(Ctrl+Shift+Esc)		
Shift	CD 삽입시 자동 실행 기능 정지 … ㉣		

① ㉠
② ㉡
③ ㉢
④ ㉣

> (Tip) Alt+PrtSc : 활성창을 클립보드로 복사
> Alt+Esc : 실행 중인 프로그램을 순서대로 전환

Answer → 14.④ 15.③

16~19 다음 △△그룹 물류창고의 책임자와 각 창고 내 보관된 제품의 코드 목록을 보고 물음에 답하시오.

책임자	제품코드번호	책임자	제품코드번호
강경모	15063G0200700031	고건국	15046O0401900018
공석준	15033G0301300003	나경록	15072E0200900025
문정진	15106P0200800024	박진철	15025M0401500008
송영진	15087Q0301100017	신현규	15111A0100500021
지석원	15054J0201000005	최용상	15018T0401700013

ex) 제품코드번호
2015년 9월에 경기도 1공장에서 15번째로 생산된 침실가구 장롱 코드 1509-1A-01003-00015

1509	1A	01003	00015
(생산연월)	(생산공장)	(제품종류)	(생산순서)

생산연월	생산공장		제품종류		생산순서
	지역코드	고유번호	분류코드	고유번호	
	1 경기도	A 1공장	01 침실가구	001 침대	
		B 2공장		002 매트리스	
		C 3공장		003 장롱	
	2 울산	D 1공장		004 서랍장	
		E 2공장		005 화장대	
		F 3공장		006 거울	
	3 부산	G 1공장	02 거실가구	007 TV	
• 1503		H 2공장		008 장식장	• 00001부터 시작
– 2015년 3월		I 3공장		009 소파	하여 생산 순서
• 1512	4 인천	J 1공장		010 테이블	대로 5자리의 번
– 2015년 12월		K 2공장	03 서재가구	011 책꽂이	호가 매겨짐
		L 3공장		012 책상	
	5 대구	M 1공장		013 의자	
		N 2공장		014 책장	
	6 광주	O 1공장	04 수납가구	015 선반	
		P 2공장		016 공간박스	
	7 제주	Q 1공장		017 코너장	
		R 2공장		018 소품수납함	
	8 대전	S 1공장		019 행거	
		T 2공장		020 수납장	

16 △△그룹의 제품 중 2015년 5월에 부산 3공장에서 19번째로 생산된 서재가구 책상의 코드로 알맞은 것은?

① 15051C0301300019

② 15053I0301200019

③ 15053I0301100019

④ 15051C0301400019

 Tip
• 2015년 5월 : 1505
• 부산 3공장 : 3I
• 서재가구 책상 : 03012
• 19번째로 생산 : 00019

17 제품코드 15025M0401500008에 대한 설명으로 옳지 않은 것은?

① 2015년 2월에 제조되었다.

② 수납가구 중 선반이다.

③ 8번째로 생산된 제품이다.

④ 대구 2공장에서 제조되었다.

Tip
④ 대구 1공장에서 제조된 것이다.

18 1공장에서 생산된 제품들 중 현재 물류창고에 보관하고 있는 거실가구는 모두 몇 개인가?

① 1개

② 2개

③ 3개

④ 4개

Tip
'15063G0200700031', '15054J0201000005' 총 2개이다.

Answer ↪ 16.② 17.④ 18.②

19 다음 중 광주에서 생산된 제품을 보관하고 있는 물류창고의 책임자들끼리 바르게 연결된 것은?

① 고건국–문정진 ② 강경모–공석준
③ 박진철–최용상 ④ 나경록–지석원

 ① 고건국이 책임자로 있는 물류창고에는 광주 1공장에서 생산된 제품이 보관되어 있고 문정진이 책임자로 있는 물류창고에는 광주 2공장에서 생산된 제품이 보관되어 있다.

20 HTML에서 사용할 수 있는 tag로 잘못 쓰인 것은?

① 줄을 바꾸기 위해 〈br〉를 사용한다.
② 글자의 크기, 모양, 색상을 설정하기 위해 〈font〉를 사용한다.
③ 표를 만들기 위해 〈table〉을 사용한다.
④ 이미지를 삽입하기 위해 〈form〉을 사용한다.

 ④ HTML에서 이미지를 삽입하기 위해서는 〈img〉 태그를 사용한다.

21 스프레드시트에서 여러 문서를 작업하면서 한 화면에 여러 통합문서를 띄어놓고 작업하고 싶을 때 사용하는 기능은?

① 틀 고정 ② 페이지 나누기
③ 창 숨기기 ④ 창 정렬

 창 정렬 기능은 한 화면에 여러 통합문서를 띄어놓고 작업할 수 있으며, 여러 데이터를 비교하면서 작업을 해야하는 경우 유용하다. 여러개의 파일을 불러온 뒤 [창] 메뉴에 있는 [정렬]을 클릭하면 바둑판식, 가로, 세로 등 창 정렬을 어떻게 할 것인지 선택할 수 있다.

22 바탕 화면에 바로 가기 아이콘을 만드는 방법으로 옳지 않은 것은?

① 파일을 마우스 오른쪽 버튼을 눌러 [보내기]−[바탕 화면에 바로 가기 만들기] 메뉴를 선택한다.

② [Windows 탐색기]에서 파일을 〈Ctrl〉키를 누른 채 드래그하여 바탕 화면에 놓는다.

③ 파일에서 마우스 오른쪽 버튼을 누른 채 빈 곳으로 드래그 한 후 [여기에 바로 가기 만들기] 메뉴를 선택한다.

④ 파일을 〈Ctrl〉+〈C〉키로 복사 한 후 바탕 화면의 빈 곳에서 마우스 오른쪽 버튼을 눌러 [바로 가기 붙여 넣기] 메뉴를 선택한다.

 ② 파일을 〈Alt〉키를 누른 채 드래그하여 바탕 화면에 놓는다.

23 지민 씨는 회사 전화번호부를 1대의 핸드폰에 저장하였다. 핸드폰 전화번호부에서 검색을 했을 때 나타나는 결과로 옳은 것은? ('6'을 누르면 '5468', '7846' 등이 뜨고 'ㅌ'을 누르면 '전태승' 등이 뜬다.)

구분	이름	번호
총무팀	이서경	0254685554
마케팅팀	김민종	0514954554
인사팀	최찬웅	0324457846
재무팀	심빈우	0319485575
영업팀	민하린	01054892464
해외사업팀	김혜서	01099843232
전산팀	전태승	01078954654

① 'ㅎ'을 누르면 4명이 뜬다.
② '32'를 누르면 2명이 뜬다.
③ '55'를 누르면 2명이 뜬다.
④ 'ㅂ'을 누르면 아무도 나오지 않는다.

   (Tip) ① 'ㅎ'을 누르면 2명이 뜬다.
      ③ '55'를 누르면 3명이 뜬다.
      ④ 'ㅂ'을 누르면 1명이 뜬다.

Answer → 19.① 20.④ 21.④ 22.② 23.②

24 다음의 사원 릴레이션에서 "이름"을 기본키로 사용하기 곤란한 이유로 가장 적절한 것은?

> 사원(이름, 사번, 주민등록번호, 이메일주소, 휴대폰번호)

① 이름을 기억하기 어렵기 때문
② 동일한 이름을 가진 사원이 2명 이상 존재할 수 있기 때문
③ 이름을 정렬하는데 많은 공간이 필요하기 때문
④ 이름을 정렬하는데 많은 시간이 소요되기 때문

 이름이 동일한 사람이 2명 이상 존재할 수 있기 때문에 "이름"은 기본키로 적절하지 않다.

25 데이터베이스 설계 순서로 바르게 나열한 것은?

> ㉠ 개념적 설계   ㉡ 물리적 설계
> ㉢ 논리적 설계   ㉣ 요구 분석
> ㉤ 데이터베이스 구현

① ㉣㉠㉢㉡㉤
② ㉣㉢㉡㉠㉤
③ ㉣㉠㉢㉡㉤
④ ㉠㉢㉡㉣㉤

 데이터베이스 설계 순서 … 요구 분석→개념적 설계→논리적 설계→물리적 설계→데이터
베이스 구현

26 다음 자료를 버블 정렬을 이용하여 오름차순으로 정렬하려고 한다. 1회전의 결과는?

> 9, 6, 7, 3, 5

① 6, 3, 5, 7, 9
② 3, 5, 6, 7, 9
③ 6, 7, 3, 5, 9
④ 9, 6, 7, 3, 5

(Tip) 버블 정렬은 서로 이웃한 데이터들을 비교하여 가장 큰 데이터를 가장 뒤로 보내는 정렬이다.

㉠ 1회전

9 ↔ 6		7	3	5
6	9 ↔ 7		3	5
6	7	9 ↔ 3		5
6	7	3	9 ↔ 5	
6	7	3	5	9

㉡ 2회전

6	7 ↔ 3		5	9
6	3	7 ↔ 5		9
6	3	5	7	9

㉢ 3회전

6 ↔ 3		5	7	9
3	6 ↔ 5		7	9
3	5	6	7	9

Answer ↪ 24.② 25.① 26.③

27 다음 그림에서 트리의 차수(Degree)는?

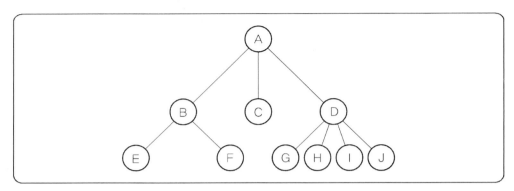

① 2 ② 3
③ 4 ④ 5

 트리의 차수는 트리 내의 각 노드들의 차수 중 가장 큰 값을 말한다. 이 그림에서는 노드 D의 차수가 4로 가장 크다.

28 주기억장치 관리기법 중 "Best Fit" 기법 사용 시 8K의 프로그램은 주기억장치 영역 중 어느 곳에 할당되는가?

영역1	9K
영역2	15K
영역3	10K
영역4	30K

① 영역1 ② 영역2
③ 영역3 ④ 영역4

 "Best fit"은 가장 낭비가 적은 부분에 할당하기 때문에 영역1에 할당한다.

29 다음은 K쇼핑몰의 날짜별 판매상품 정보 중 일부이다. 다음의 파일에 표시된 대분류 옆의 ▼를 누르면 많은 종류의 상품 중 보고 싶은 대분류(예를 들어, 셔츠)만을 한 눈에 볼 수 있다. 이 기능은 무엇인가?

	A	B	C	D	E	F	G	H
1	날짜 ▼	상품코드 ▼	대분류 ▼	상품명 ▼	사이즈 ▼	원가 ▼	판매가 ▼	
2	2013-01-01	9E2S_NB4819	셔츠	플라워 슬리브리스 롱 셔츠	55	16,000	49,000	
3	2013-01-01	9E2S_PT4845	팬츠	내추럴 스트링 배기 팬츠	44	20,000	57,800	
4	2013-01-01	9E2S_OPS5089	원피스	뉴플래식컬러지퍼원피스	44	23,000	65,500	
5	2013-01-01	9E2S_SK5085	스커트	더블플라운스밴딩스커트	44	12,000	41,500	
6	2013-01-01	9E2S_VT4980	베스트	드로잉 포켓 베스트	44	19,000	55,500	
7	2013-01-01	9E2S_PT5053	팬츠	라이트모드롤업9부팬츠	44	10,000	38,200	
8	2013-01-02	9E2S_CD4943	가디건	라인 패턴 니트 볼레로	55	9,000	36,000	
9	2013-01-02	9E2S_OPS4801	원피스	러블리 레이스 롱 체크 원피스	55	29,000	79,800	
10	2013-01-02	9E2S_BL4906	블라우스	러블리 리본 플라워 블라우스	44	15,000	46,800	
11	2013-01-02	9E2S_OPS4807	원피스	러블리 벌룬 쉬폰 원피스	55	25,000	70,000	
12	2013-01-02	9E2S_OPS4789	원피스	러블리브이넥 레이스 원피스	55	25,000	70,000	
13	2013-01-03	9E2S_OPS5088	원피스	레오파드사틴포켓원피스	44	21,000	60,500	
14	2013-01-04	9E2S_OPS4805	원피스	로맨틱 언밸런스 티어드 원피스	55	19,000	55,500	
15	2013-01-04	9E2S_BL4803	블라우스	로맨틱 셔링 베스트 블라우스	44	14,000	43,500	
16	2013-01-04	9E2S_TS4808	티셔츠	후즈핏스트라이프슬리브리스	44	8,000	33,000	

① 조건부 서식   ② 찾기

③ 필터   ④ 정렬

 특정한 데이터만을 골라내는 기능을 필터라고 하며 이 작업을 필터링이라 부른다.
① 원하는 기준에 따라 서식을 변경하는 기능으로 특정 셀을 강조할 수 있다.
② 원하는 단어를 찾는 기능이다.
④ 무작위로 섞여있는 열을 기준에 맞춰 정렬하는 기능으로 오름차순 정렬, 내림차순 정렬 등이 있다.

30 한글 Windows의 [보조 프로그램]에 있는 [그림판] 프로그램에서 작업할 수 있는 파일 형식이 아닌 것은?

① *.BMP   ② *.GIF

③ *.JPG   ④ *.TXT

 ④ TXT 파일은 메모장에서 작업 가능하다.

Answer ↦ 27.③ 28.① 29.③ 30.④

공간지각

▌1~5▐ 다음 전개도를 접었을 때, 나타나는 입체도형의 모양으로 알맞은 것을 고르시오. 단, 전개도는 글씨가 있는 면이 바깥쪽으로 오도록 접는다.

1

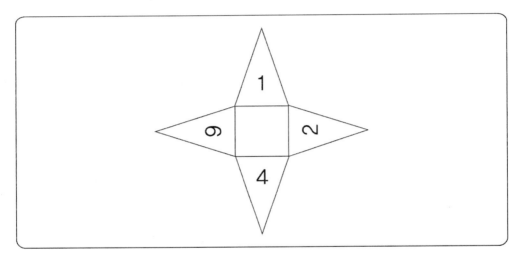

①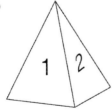

②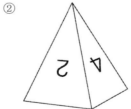

③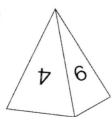

④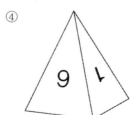

Tip ① 2가 뒤집어져야 한다.
③ 6이 뒤집어져야 한다.
④ 1이 뒤집어져야 한다.

2

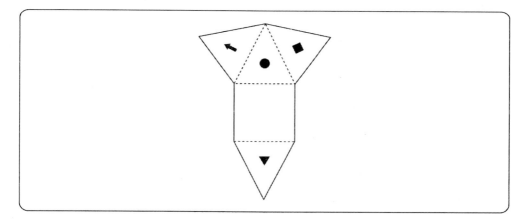

①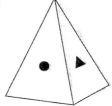

②

③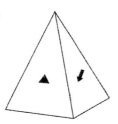

④

Tip ① ●의 우측은 ■이다.
② ✔의 우측은 ●이다.
④ ■의 우측은 ▲이다.

Answer ↱ 1.② 2.③

3

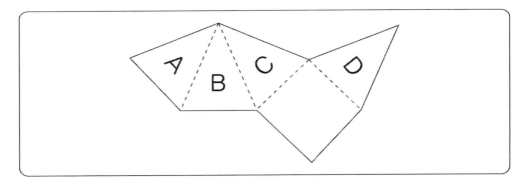

①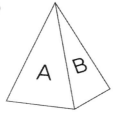

②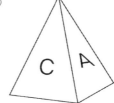

③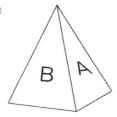

④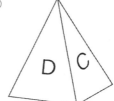

Tip ② C의 우측은 D이다.
③ B의 우측은 C이다.
④ D의 우측은 A이다.

4

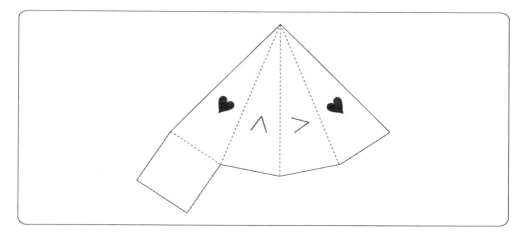

①

②

③

④

Tip
① ∨ 모양은 나타날 수 없다.
② ♥ 우측은 ∧ 또는 ♥이다.
③ ∧ 우측은 >이다.

Answer ⌐→ 3.① 4.④

5

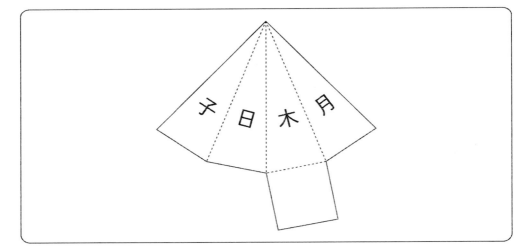

①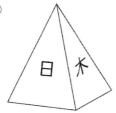

②

③

④

Tip ② 月 우측은 子이다.
③ 子 우측은 日이다.
④ 木 우측은 月이다.

▌6~10▐ 다음 입체도형의 전개도로 옳은 것을 고르시오. 단, 전개도는 문자나 기호가 있는 면이 바깥쪽으로 오도록 접는다.

6

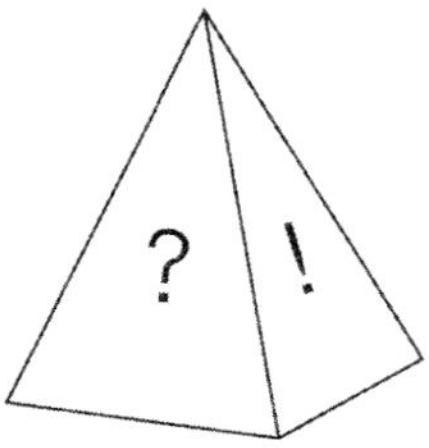

①

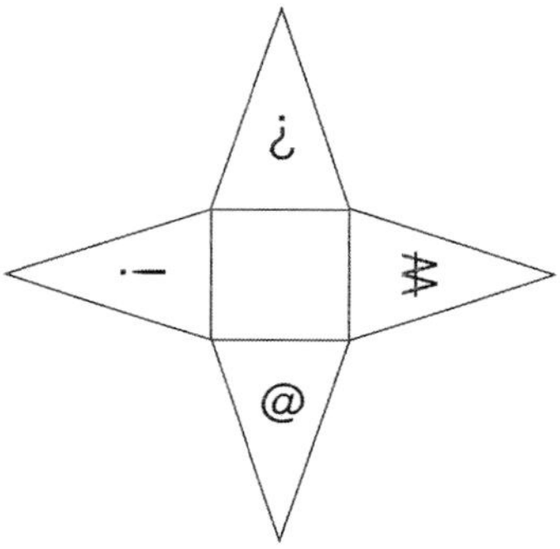

②

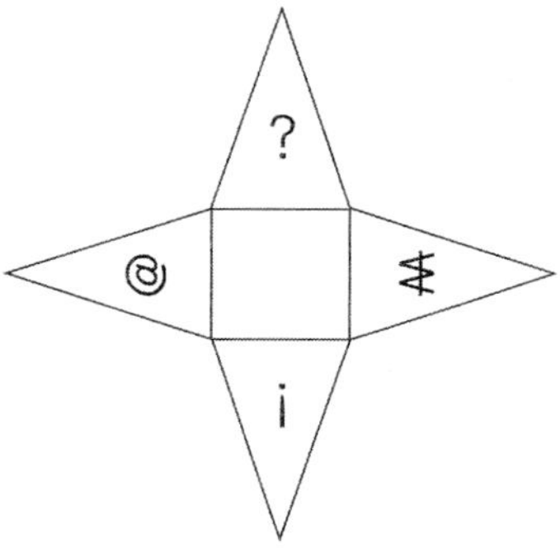

③

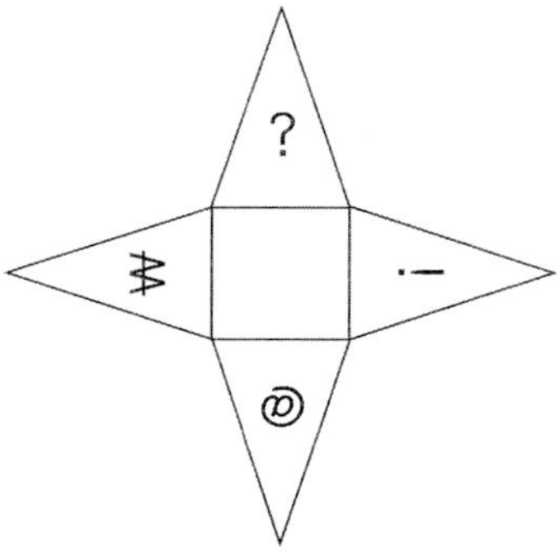

④

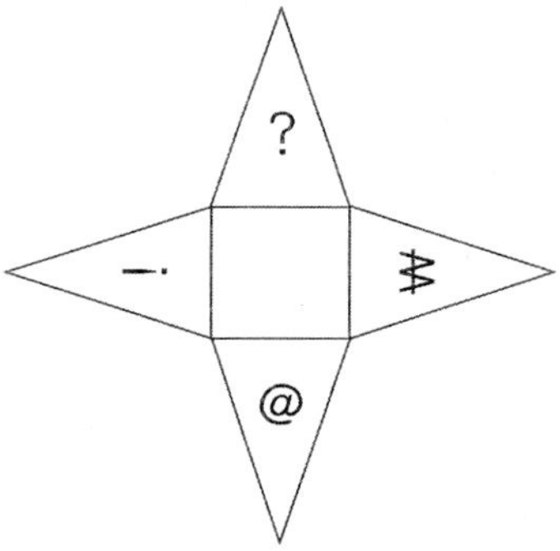

(Tip) ? 우측에 !가 오는 전개도는 ③이다.

Answer⌐ 5.① 6.③

7

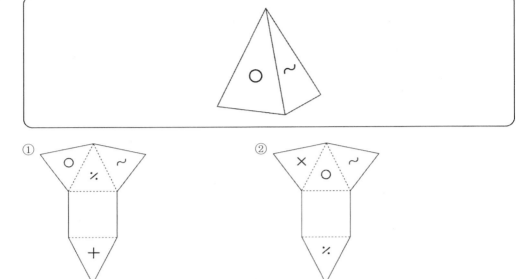

①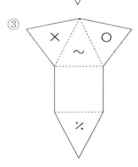

②

③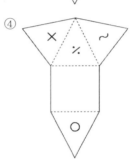

④

(Tip) ○ 우측에 ~가 오는 전개도는 ②이다.

8

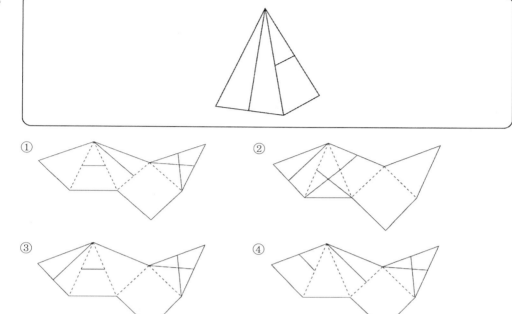

①　　　　　　　　　　②

③　　　　　　　　　　④

Tip 밑변에 수직선이 있는 면 우측에는 밑변과 평행선이 있는 면이 온다.

Answer ↬ 7.② 8.③

9

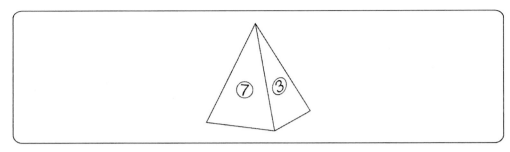

①

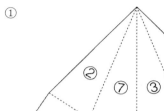

②

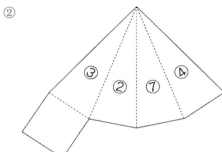

③

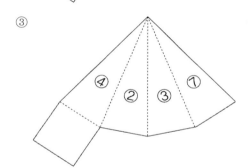

④

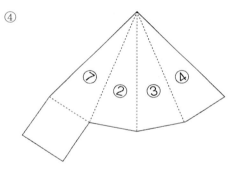

Tip ⑦의 우측에 ③이 오는 전개도는 ①이다.

10

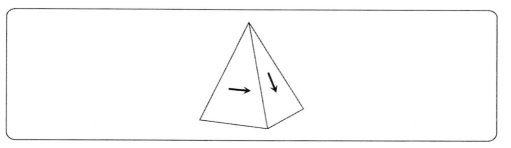

①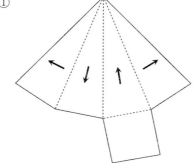

②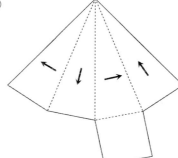

③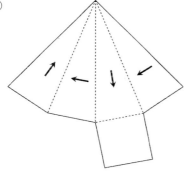

④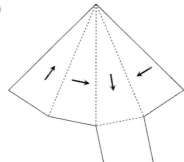

Tip → 우측에 ↓가 오는 전개도는 ④이다.

Answer→ 9.① 10.④

❙11~20❙ 다음 전개도를 접었을 때, 나타나는 입체도형의 모양으로 알맞은 것을 고르시오.

11

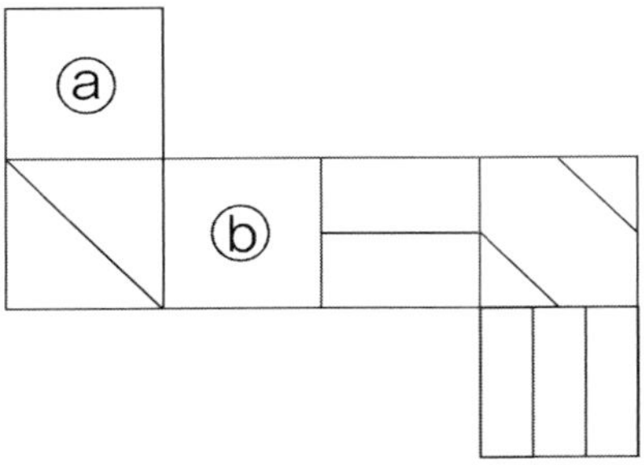

①

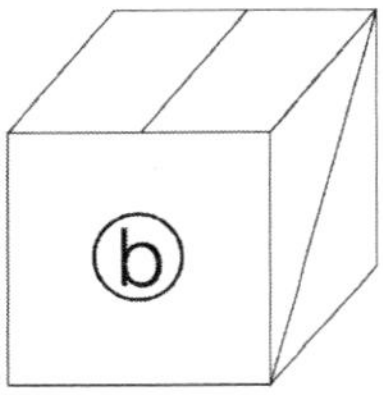

②

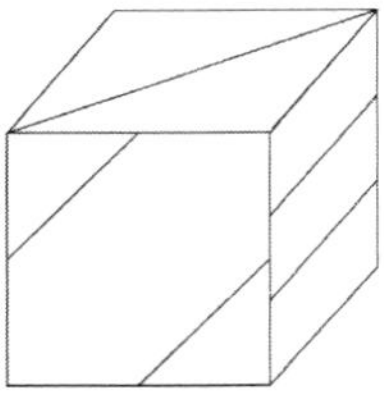

③

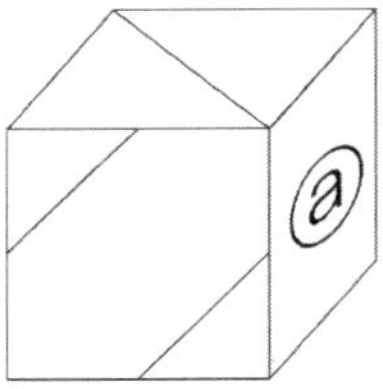

④

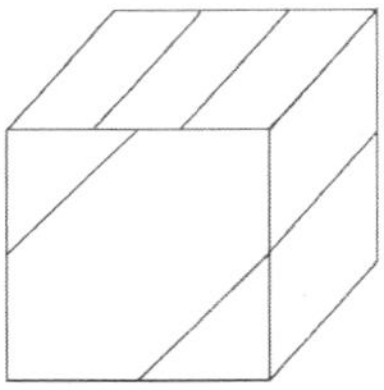

Tip 제시된 전개도를 접으면 ②가 나타난다.

12

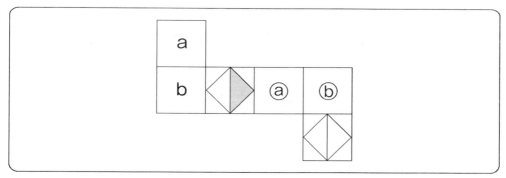

①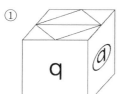

②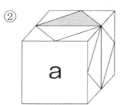

③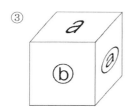

④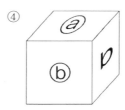

(Tip) 제시된 전개도를 접으면 ①이 나타난다.

13

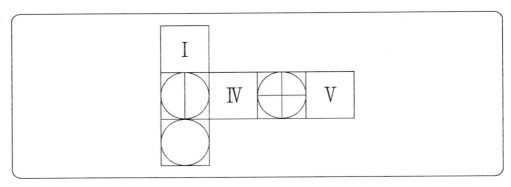

 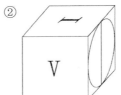

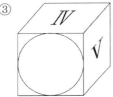 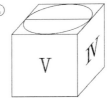

Tip 제시된 전개도를 접으면 ②가 나타난다.

14

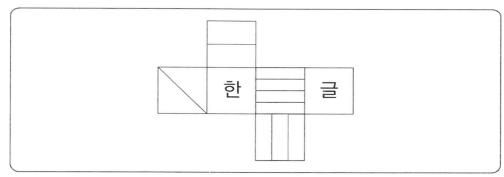

①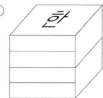

②

③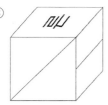

④

Tip　제시된 전개도를 접으면 ③이 나타난다.

Answer → 13.② 14.③

15

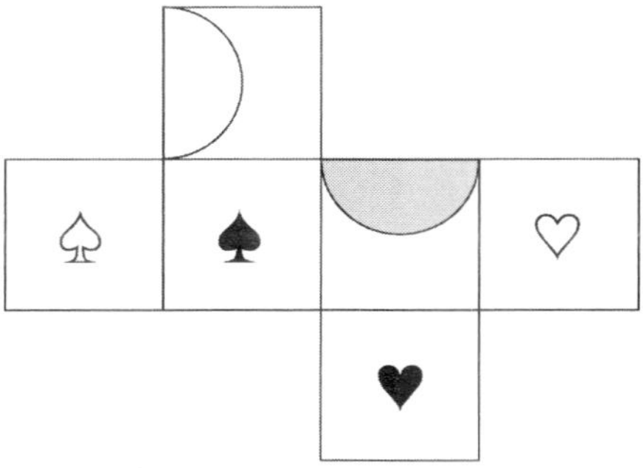

①

②

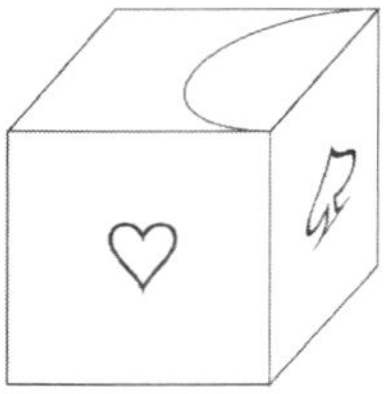

③

④

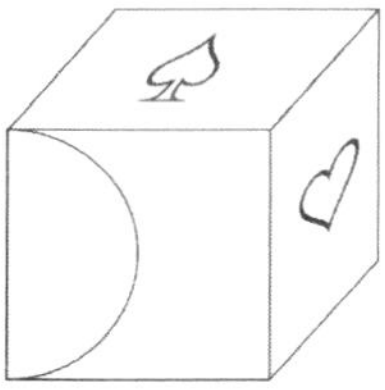

Tip 제시된 전개도를 접으면 ②가 나타난다.

16

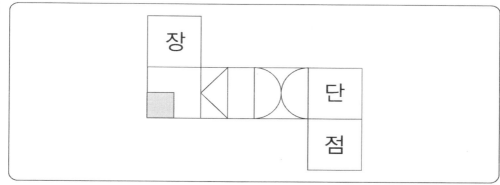

①

②

③

④

(Tip) 제시된 전개도를 접으면 ③이 나타난다.

Answer 15.② 16.③

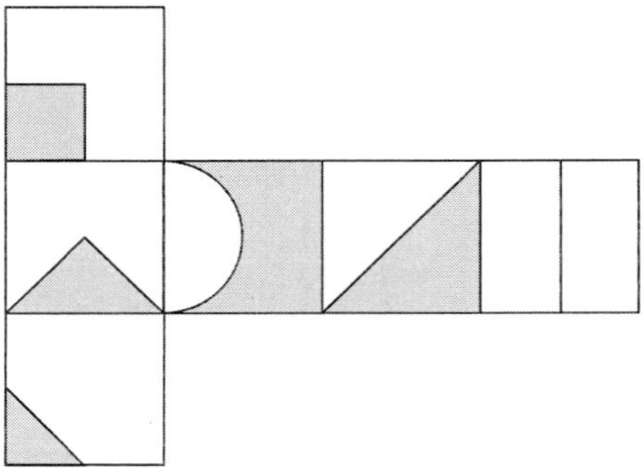

① 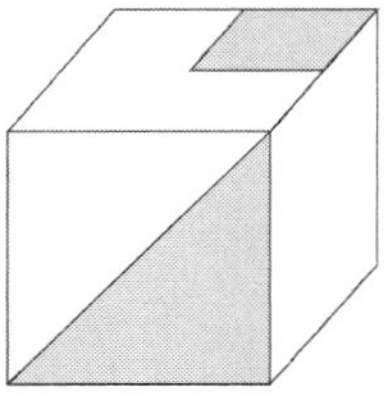
② 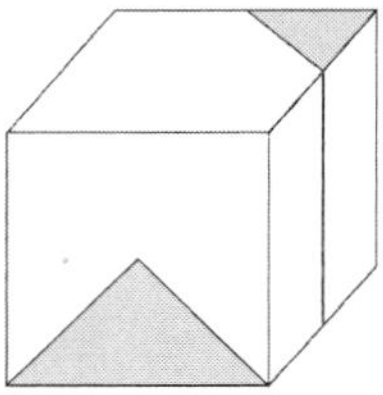
③ 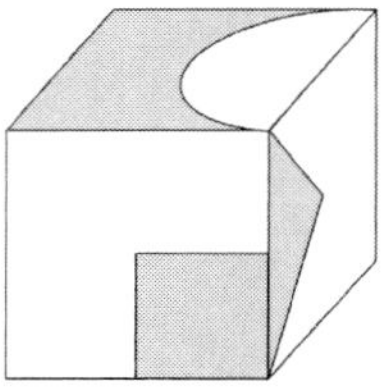
④

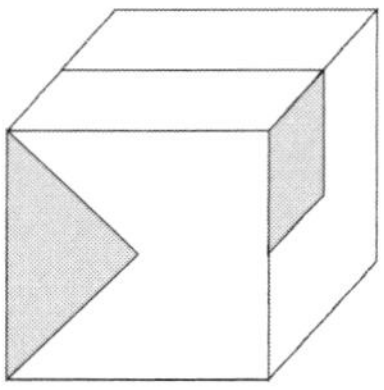

Tip 제시된 전개도를 접으면 ④가 나타난다.

18

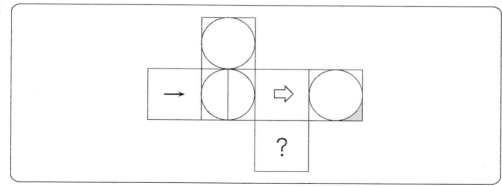

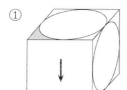

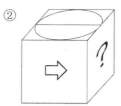

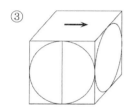

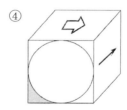

Tip 제시된 전개도를 접으면 ①이 나타난다.

19

① ② ③ ④

Tip   제시된 전개도를 접으면 ②가 나타난다.

20

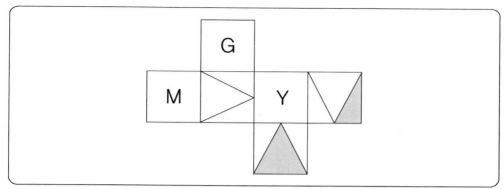

①

②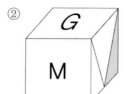

③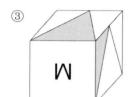

④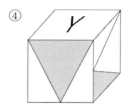

 제시된 전개도를 접으면 ③이 나타난다.

21

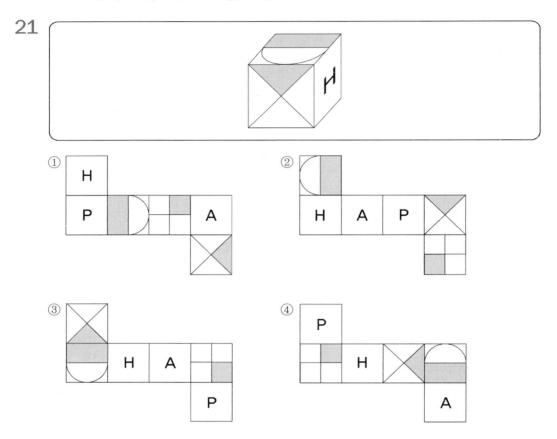

Tip　　제시된 도형을 전개하면 ②가 나타난다.

22

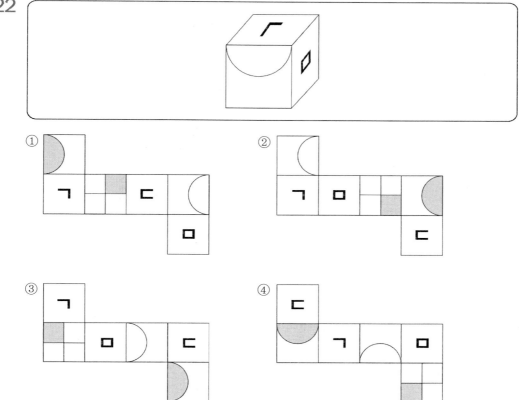

①

②

③

④

Tip   제시된 도형을 전개하면 ①이 나타난다.

Answer↪ 21.② 22.①

23

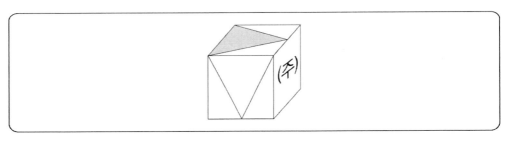

①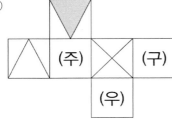

②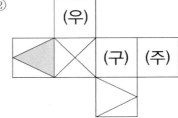

③

④

Tip 제시된 도형을 전개하면 ③이 나타난다.

24

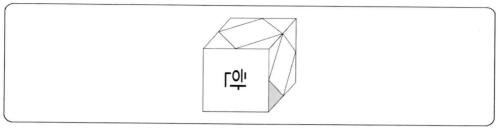

①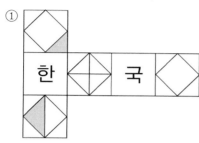

②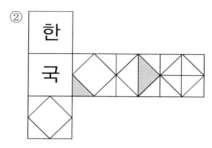

③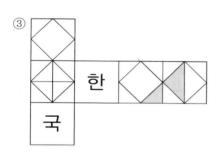

④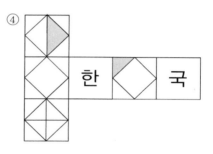

 제시된 도형을 전개하면 ①이 나타난다.

Answer ↪ 23.③ 24.①

25

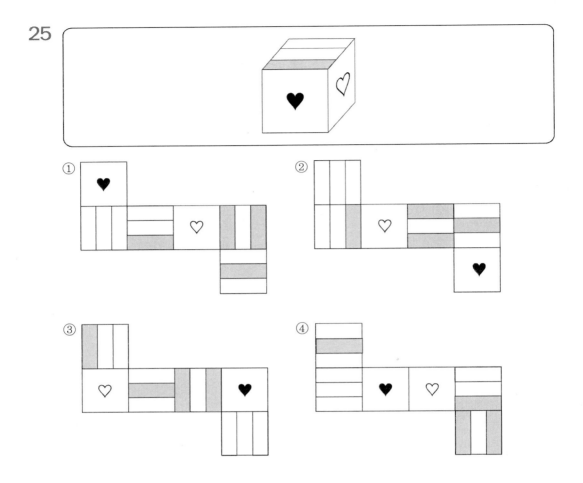

Tip 제시된 도형을 전개하면 ③이 나타난다.

26

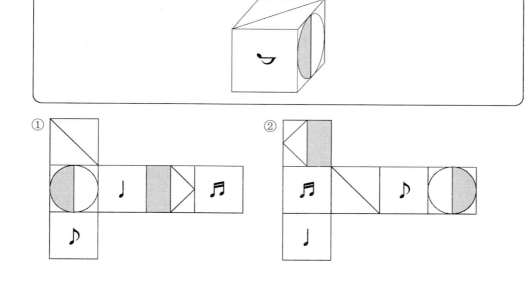

①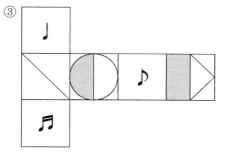

②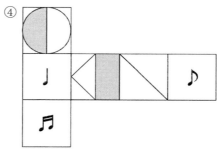

③

④

Tip 제시된 도형을 전개하면 ④가 나타난다.

27

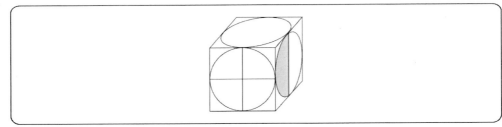

①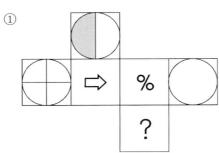

②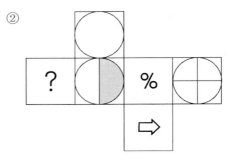

③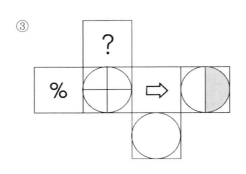

④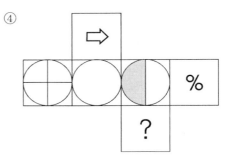

Tip 제시된 도형을 전개하면 ①이 나타난다.

28

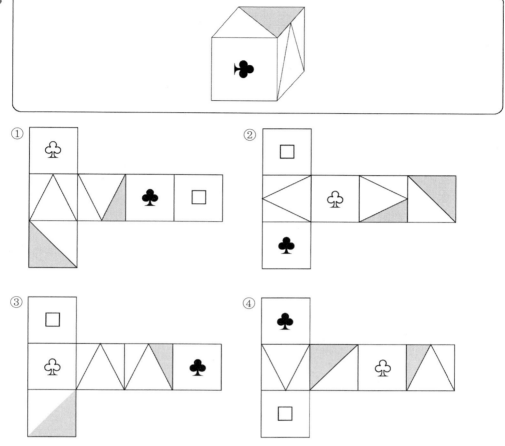

Tip 제시된 도형을 전개하면 ②가 나타난다.

Answer↱ 27.① 28.②

29

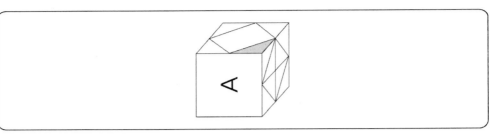

①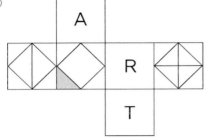

②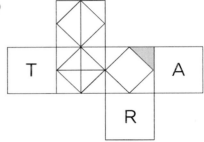

③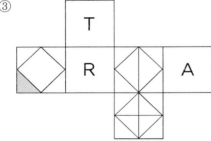

④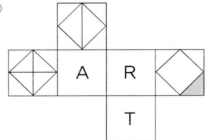

Tip 제시된 도형을 전개하면 ③이 나타난다.

30

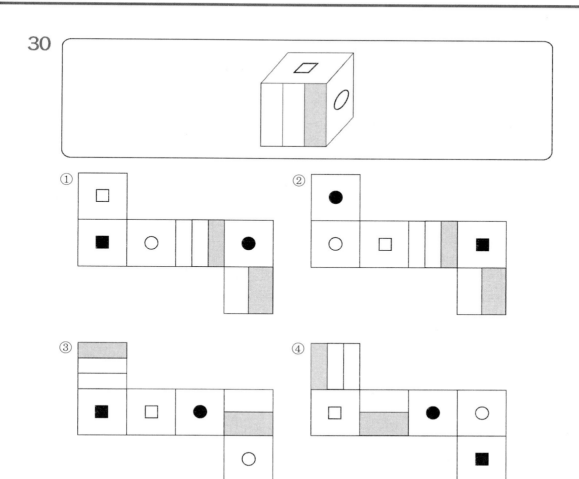

Tip 제시된 도형을 전개하면 ④가 나타난다.

Answer ↱ 29.③ 30.④

※ 31~40번까지는 해설이 없습니다.

31

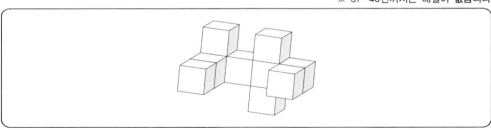

①

②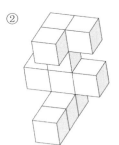

③

④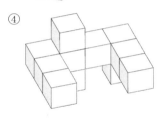

32

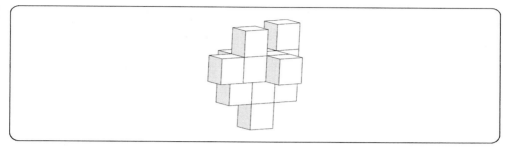

①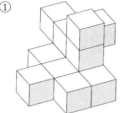

②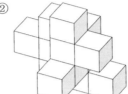

③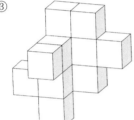

④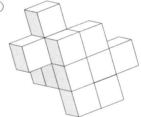

Answer ↱ 31.③　32.②

33

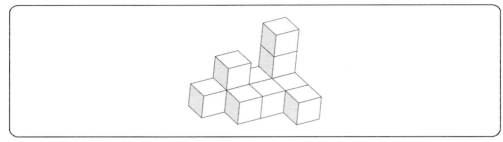

①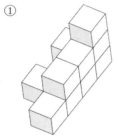

②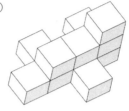

③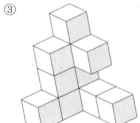

④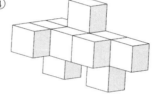

34

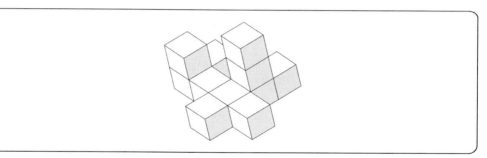

①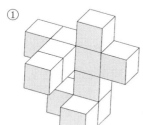

②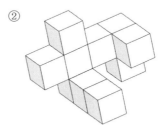

③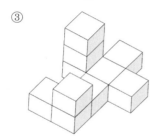

④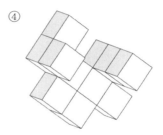

Answer⌐→ 33.③ 34.①

35

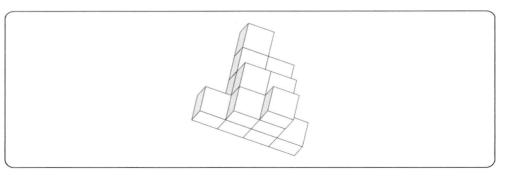

①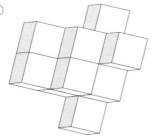

②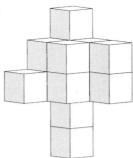

③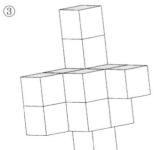

④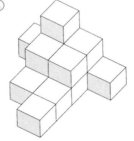

※ 36~40번까지는 해설이 없습니다.

36

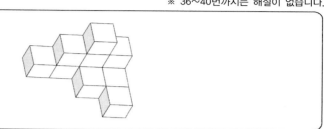

①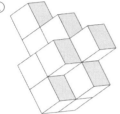

②

③

④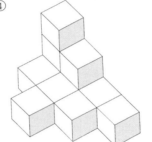

Answer → 35.④ 36.①

37

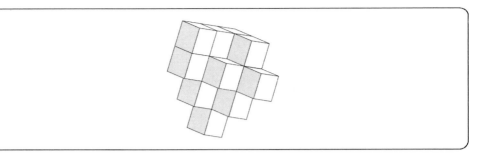

①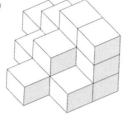

②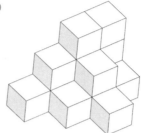

③

④

38

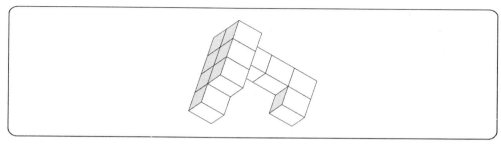

①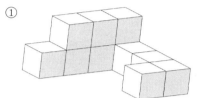

②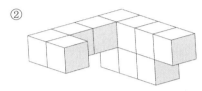

③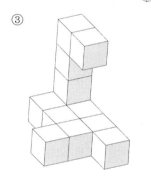

④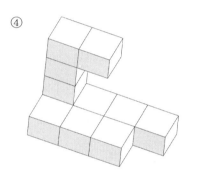

Answer ⤷ 37.④　38.③

39

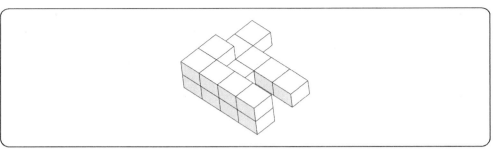

①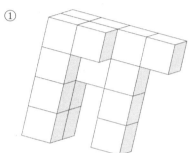

②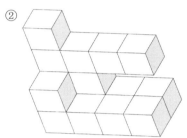

③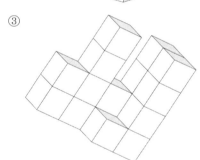

④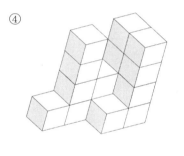

40

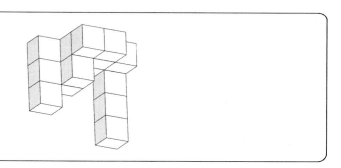

①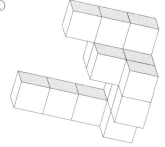

②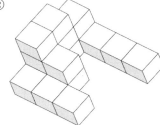

③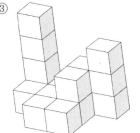

④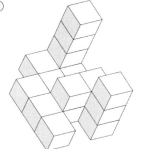

Answer↳ 39.③ 40.④

수열추리

┃1~14┃ 다음 제시된 숫자의 배열을 보고 규칙을 적용하여 빈칸에 들어갈 알맞은 숫자를 고르시오.

1

| 1 ( ) 17 53 161 485 |

① 5   ② 7

③ 9   ④ 10

> **Tip** 앞의 수에 ×3+2로 변화한다. 따라서 1×3+2=5

2

| 36 27 17 22 13 ( ) 8 −1 |

① 1   ② 2

③ 3   ④ 4

> **Tip** −9, −10, +5, −9, −10, +5의 규칙을 갖는다.

3

| 1 3 6 18 21 ( ) 66 |

① 41   ② 52

③ 63   ④ 74

> **Tip** ×3, +3이 반복되고 있다. 따라서 21×3=63

4

> 5 2 10 4 20 ( ) 40 8

① 30 ② 8

③ 50 ④ 6

(Tip) 1, 3, 5, 7항은 ×2의 규칙을, 2, 4, 6, 8항은 +2의 규칙을 가진다. 따라서 4+2=6

5

> 55 59 68 84 ( ) 145 194

① 96 ② 109

③ 114 ④ 128

(Tip) $+2^2$, $+3^2$, $+4^2$, $+5^2$, $+6^2$, $+7^2$의 규칙을 가진다. 따라서 84+25=109

6

> 1 2 3 5 8 13 ( ) 34

① 17 ② 19

③ 21 ④ 23

(Tip) 앞의 두 항을 더한 것이 다음 항이 되는 피보나치수열이다.

7

> 1 6 ( ) 8 5 10 7

① 3 ② 4

③ 9 ④ 11

(Tip) +5, −3, +5, −3, +5, −3의 규칙을 가진다. 따라서 6−3=3

Answer → 1.① 2.③ 3.③ 4.④ 5.② 6.③ 7.①

8

$$1 \quad 5 \quad 11 \quad -5 \quad 21 \quad (\quad) \quad 31 \quad -25$$

① 10
② −10
③ 15
④ −15

(Tip) 1, 3, 5, 7항은 +10의 규칙을, 2, 4, 6, 8항은 −10의 규칙을 가진다. 따라서 −5−10=−15

9

$$1 \quad 3 \quad (\quad) \quad 15 \quad 31 \quad 63 \quad 127$$

① 5
② 7
③ 9
④ 11

(Tip) $+2$, $+2^2$, $+2^3$, $+2^4$, $+2^5$, $+2^6$의 규칙을 가진다.

10

$$2 \quad 3 \quad 5 \quad 7 \quad 11 \quad 13 \quad 17 \quad 19 \quad (\quad)$$

① 21
② 23
③ 27
④ 29

(Tip) 주어진 수는 소수(1과 자기 자신만으로 나누어 떨어지는 1보다 큰 양의 정수)이다. 19 다음의 소수는 23이다.

11

$$\frac{1}{88} \quad \frac{3}{88} \quad \frac{5}{88} \quad \frac{7}{88} \quad \frac{9}{88} \quad \frac{(\quad)}{88} \quad \frac{15}{88}$$

① 11
② 12
③ 13
④ 14

(Tip) 분모가 88인 기약분수이다. $\frac{9}{88}$ 다음에 나올 기약분수는 $\frac{13}{88}$ 이다.

12

3　4　5　7　9　13　15　22　(　)　34	

① 23　　　　　　　　　　　　② 25

③ 27　　　　　　　　　　　　④ 29

 홀수 항은 2의 배수 씩, 짝수 항은 3의 배수 씩 더해지며 증가한다.

13

1　2　−1　8　(　)　62

① −19　　　　　　　　　　　② −15

③ 10　　　　　　　　　　　　④ 12

 처음의 숫자에 3^0, -3^1, 3^2, -3^3, 3^4이 더해지고 있다.

14

2　3　7　34　290　(　)

① 3400　　　　　　　　　　② 3415

③ 3430　　　　　　　　　　④ 3445

 처음의 숫자에서 1^1, 2^2, 3^3, 4^4, 5^5이 더해지고 있다.

Answer ↪ 8.④　9.②　10.②　11.③　12.①　13.①　14.②

15

| 2   7   9   10   5   3   6   1   11   1   1   (   )

① 10
② 12
③ 14
④ 16

> **Tip** 주어진 세 수를 모두 더하면 18이 된다.

16

| 5   2   6   1   10   6   3   (   )   4   15   1   4

① 4
② 5
③ 6
④ 7

> **Tip** 주어진 세 수를 모두 곱하면 60이 된다.

17

| 8   3   2   14   4   3   20   6   3   (   )   7   4

① 25
② 27
③ 30
④ 34

> **Tip** 규칙성을 찾으면 $8=(3\times2)+2$, $14=(4\times3)+2$, $20=(6\times3)+2$이므로 (   ) $=(7\times4)+2$
> ∴ (   ) 안에 들어갈 수는 30이다.

18

6 2 8 10   3 7 10 17   5 8 13 ( )

① 12
② 15
③ 18
④ 21

 규칙성을 찾으면 6 2 8 10에서 첫 번째 수와 두 번째 수를 더하면 세 번째 수가 되고 두 번째 수와 세 번째 수를 더하면 네 번째 수가 된다.
∴ ( ) 안에 들어갈 수는 21이다.

19

2 5 10 7 16   3 2 6 7 12   5 2 ( ) 6 15

① 8
② 10
③ 12
④ 14

 규칙성을 찾으면 2 5 10 7 16에서 첫 번째 수와 두 번째 수를 곱하면 세 번째 수가 나오고 세 번째 수와 네 번째 수를 더한 후 1을 빼면 다섯 번째 수가 된다.
∴ ( ) 안에 들어갈 수는 10이다.

20

3 5 9 15   4 6 16 24   5 7 ( ) 35   6 8 36 48

① 23
② 24
③ 25
④ 26

 규칙성을 찾으면 3 5 9 15에서 첫 번째 수에 2를 더하면 두 번째 수가 되고, 첫 번째 수에 제곱을 한 값이 세 번째 수, 첫 번째 수와 두 번째 수를 곱한 값이 네 번째 수가 된다.
∴ ( ) 안에 들어갈 수는 25이다.

Answer ➔ 15.④ 16.② 17.③ 18.④ 19.② 20.③

┃21~27┃ 다음 제시된 식을 보고 빈칸에 들어갈 알맞은 수를 고르시오.

21

$$12 * 2 = 4 \quad 15 * 3 = 2 \quad 20 * 4 = (\quad)$$

① 1   ② 3
③ 5   ④ 7

 계산 법칙을 유추하면 첫 번째 수를 두 번째 수로 나눈 후 두 번째 수를 빼고 있다.

22

$$4 \circ 8 = 5 \quad 7 \circ 8 = 11 \quad 9 \circ 5 = 9 \quad 3 \circ (7 \circ 2) = (\quad)$$

① 6   ② 13
③ 19   ④ 24

 계산 법칙을 유추하면 두 수를 곱한 후 십의자리 수와 일의자리 수를 더하고 있으므로 $(7 \circ 2)$는 $7 \times 2 = 14$에서 $1 + 4 = 5$, $3 \circ 5$는 $3 \times 5 = 15$에서 $1 + 5 = 6$
∴ (   ) 안에는 6이 들어간다.

23

$$2 * 3 = 3 \quad 4 * 7 = 21 \quad 5 * 8 = 32 \quad 7 * (5 * 3) = (\quad)$$

① 70   ② 72
③ 74   ④ 76

 계산 법칙을 유추하면 두 수를 곱한 후 두 번째 수를 빼고 있으므로
$5 * 3$은 $5 \times 3 - 3 = 12$, $7 * 12 = 7 \times 12 - 12 = 72$

24

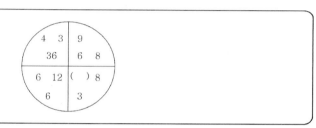

① 12

② 19

③ 25

④ 32

 원의 나누어진 한 부분의 합이 33이 되어야 한다.

25

① 12

② 14

③ 16

④ 18

 원의 나누어진 한 부분의 숫자는 모두 곱하면 432가 된다.

Answer ↪ 21.① 22.① 23.② 24.③ 25.④

26

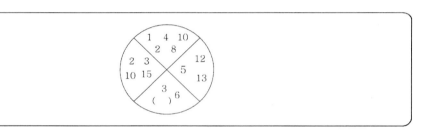

2   4   9
1   3   6   15   20
_____
2   3   ( )
          5

① 2   ② 8
③ 14   ④ 20

Tip 원의 위쪽 부분은 모두 더해서 60이 되고 아랫부분은 모두 곱해서 60이 된다.

27

1   4   10
2   8
2   3   12
10   15   5   13
3   6
( )

① 14   ② 16
③ 18   ④ 20

Tip 원의 나누어진 부분 중 마주보는 부분끼리 숫자의 합이 같다.

▮28~30▮ 다음 ▲ 표시된 곳의 숫자에서부터 시계방향으로 진행하면서 숫자와의 관계를 고려하여 ? 표시된 곳에 들어갈 알맞은 숫자를 고르시오.

28

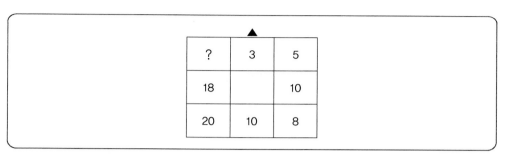

?	3	5
18		10
20	10	8

① 16　　　　　　　　　　　　　② 18
③ 20　　　　　　　　　　　　　④ 22

 3부터 시계방향으로 각 숫자의 차가 +2, ×2, −2의 순서로 변한다.

29

80640	10080	1440
2		240
4	12	?

① 24　　　　　　　　　　　　　② 48
③ 60　　　　　　　　　　　　　④ 120

 80640부터 시계방향 차례대로 8, 7, 6, 5, …이 나눠지면서 변하고 있다.

Answer 26.①　27.②　28.③　29.②

30

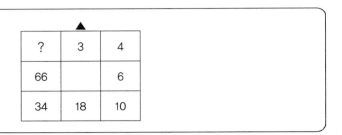

	▲	
?	3	4
66		6
34	18	10

① 120　　　　　　　　　　　② 130

③ 140　　　　　　　　　　　④ 150

 +1, +2, +4, +8, +16, +32로 수가 변하고 있으므로, 66에는 64가 더해져 130이 된다.

|31~40| 다음 ? 표시된 부분에 들어갈 숫자를 고르시오.

31

200	40	20	10	5
5	2	2	?	

① 2　　　　　　　　　　　② 4

③ 6　　　　　　　　　　　④ 8

 ㉢ = ㉠ ÷ ㉡

32

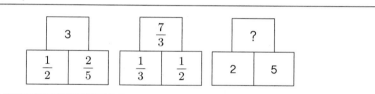

① $\dfrac{11}{5}$

② $\dfrac{17}{5}$

③ $\dfrac{11}{2}$

④ $\dfrac{17}{2}$

  $\bigcirc = \bigcirc + \dfrac{1}{\bigcirc}$

33

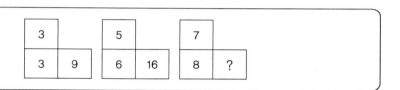

① 22

② 25

③ 28

④ 31

 $\bigcirc = \bigcirc \times 2 + \bigcirc$

Answer → 30.② 31.① 32.① 33.①

34

19	5	4
18	4	2
17	3	?
16	2	0

① 0

② 1

③ 2

④ 3

 3열의 수는 1열의 수를 2열의 수로 나눈 나머지이다. 따라서 빈칸에 들어갈 수는 $17 \div 3 = 5 \cdots 2$, 즉 2이다.

35

A	B		B	D		C	F
G	D		N	H		?	L

① U

② V

③ W

④ X

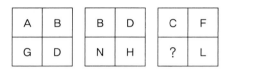 영문 알파벳과 숫자를 대응시키면 다음의 표와 같다.

A	B	C	D	E	F	G	H	I	J	K	L	M	N	O	P	Q	R	S	T	U	V	W	X	Y	Z
1	2	3	4	5	6	7	8	9	10	11	12	13	14	15	16	17	18	19	20	21	22	23	24	25	26

주어진 도형의 알파벳을 대응하는 숫자로 치환하면

1	2		2	4		3	6
7	4		14	8		?	12

첫 번째 도형은 시계방향으로 1, 2, 3, 두 번째 도형은 시계방향으로 2, 4, 6씩 더해지며 증가한다. 따라서 세 번째 도형은 시계방향으로 3, 6, 9씩 더해지며 증가해야 한다.

∴ 빈칸에 들어갈 문자는 $12 + 9 = 21$, 즉 U가 들어가야 한다.

36

① 5

② 8

③ 11

④ 14

(Tip) 한 변의 숫자를 더하면 모두 25가 된다.

37

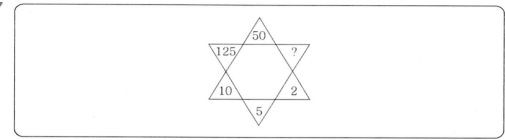

① 21

② 23

③ 25

④ 27

(Tip) 마주보고 있는 숫자를 곱하면 모두 250이 된다.

38

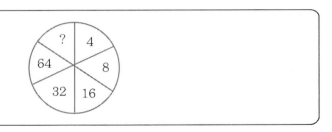

① 126   ② 127

③ 128   ④ 129

(Tip) 4에서 시작해서 시계방향으로 2가 곱해지면서 변하고 있다.

39

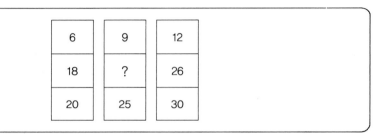

① 21   ② 22

③ 23   ④ 24

(Tip) 첫 번째 줄의 각 숫자의 차는 3이고, 두 번째 줄의 각 숫자의 차는 4이고, 세 번째 줄의 각 숫자의 차는 5이다.

40

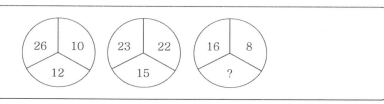

① 8

② 10

③ 12

④ 14

PART

III

면접

01 면접의 기본

1 면접준비

(1) 면접의 기본 원칙

① **면접의 의미** ··· 면접이란 다양한 면접기법을 활용하여 지원한 직무에 필요한 능력을 지원자가 보유하고 있는지를 확인하는 절차라고 할 수 있다. 즉, 지원자의 입장에서는 채용 직무수행에 필요한 요건들과 관련하여 자신의 환경, 경험, 관심사, 성취 등에 대해 기업에 직접 어필할 수 있는 기회를 제공받는 것이며, 기업의 입장에서는 서류전형만으로 알 수 없는 지원자에 대한 정보를 직접적으로 수집하고 평가하는 것이다.

② **면접의 특징** ··· 면접은 기업의 입장에서 서류전형이나 필기전형에서 드러나지 않는 지원자의 능력이나 성향을 볼 수 있는 기회로, 면대면으로 이루어지며 즉흥적인 질문들이 포함될 수 있기 때문에 지원자가 완벽하게 준비하기 어려운 부분이 있다. 하지만 지원자 입장에서도 서류전형이나 필기전형에서 모두 보여주지 못한 자신의 능력 등을 기업의 인사담당자에게 어필할 수 있는 추가적인 기회가 될 수도 있다.

[서류 · 필기전형과 차별화되는 면접의 특징]

- 직무수행과 관련된 다양한 지원자 행동에 대한 관찰이 가능하다.
- 면접관이 알고자 하는 정보를 심층적으로 파악할 수 있다.
- 서류상의 미비한 사항과 의심스러운 부분을 확인할 수 있다.
- 커뮤니케이션 능력, 대인관계 능력 등 행동 · 언어적 정보도 얻을 수 있다.

③ **면접의 유형**

　㉠ **구조화 면접** : 구조화 면접은 사전에 계획을 세워 질문의 내용과 방법, 지원자의 답변 유형에 따른 추가 질문과 그에 대한 평가 역량이 정해져 있는 면접 방식으로 표준화 면접이라고도 한다.
　　- 표준화된 질문이나 평가요소가 면접 전 확정되며, 지원자는 편성된 조나 면접관에 영향을 받지 않고 동일한 질문과 시간을 부여받을 수 있다.

- 조직 또는 직무별로 주요하게 도출된 역량을 기반으로 평가요소가 구성되어, 조직 또는 직무에서 필요한 역량을 가진 지원자를 선발할 수 있다.
- 표준화된 형식을 사용하는 특성 때문에 비구조화 면접에 비해 신뢰성과 타당성, 객관성이 높다.

ⓒ 비구조화 면접 : 비구조화 면접은 면접 계획을 세울 때 면접 목적만을 명시하고 내용이나 방법은 면접관에게 전적으로 일임하는 방식으로 비표준화 면접이라고도 한다.

- 표준화된 질문이나 평가요소 없이 면접이 진행되며, 편성된 조나 면접관에 따라 지원자에게 주어지는 질문이나 시간이 다르다.
- 면접관의 주관적인 판단에 따라 평가가 이루어져 평가 오류가 빈번히 일어난다.
- 상황 대처나 언변이 뛰어난 지원자에게 유리한 면접이 될 수 있다.

④ 경쟁력 있는 면접 요령

㉠ 면접 전에 준비하고 유념할 사항
- 예상 질문과 답변을 미리 작성한다.
- 작성한 내용을 문장으로 외우지 않고 키워드로 기억한다.
- 지원한 회사의 최근 기사를 검색하여 기억한다.
- 지원한 회사가 속한 산업군의 최근 기사를 검색하여 기억한다.
- 면접 전 1주일간 이슈가 되는 뉴스를 기억하고 자신의 생각을 반영하여 정리한다.
- 찬반토론에 대비한 주제를 목록으로 정리하여 자신의 논리를 내세운 예상답변을 작성한다.

㉡ 면접장에서 유념할 사항
- 질문의 의도 파악 : 답변을 할 때에는 질문 의도를 파악하고 그에 충실한 답변이 될 수 있도록 질문사항을 유념해야 한다. 많은 지원자가 하는 실수 중 하나로 답변을 하는 도중 자기 말에 심취되어 질문의 의도와 다른 답변을 하거나 자신이 알고 있는 지식만을 나열하는 경우가 있는데, 이럴 경우 의사소통능력이 부족한 사람으로 인식될 수 있으므로 주의하도록 한다.
- 답변은 두괄식 : 답변을 할 때에는 두괄식으로 결론을 먼저 말하고 그 이유를 설명하는 것이 좋다. 미괄식으로 답변을 할 경우 용두사미의 답변이 될 가능성이 높으며, 결론을 이끌어 내는 과정에서 논리성이 결여될 우려가 있다. 또한 면접관이 결론을 듣기 전에 말을 끊고 다른 질문을 추가하는 예상치 못한 상황이 발생될 수 있으므로 답변은 자신이 전달하고자 하는 바를 먼저 밝히고 그에 대한 설명을 하는 것이 좋다.

- 지원한 회사의 기업정신과 인재상을 기억 : 답변을 할 때에는 회사가 원하는 인재라는 인상을 심어주기 위해 지원한 회사의 기업정신과 인재상 등을 염두에 두고 답변을 하는 것이 좋다. 모든 회사에 해당되는 두루뭉술한 답변보다는 지원한 회사에 맞는 맞춤형 답변을 하는 것이 좋다.
- 나보다는 회사와 사회적 관점에서 답변 : 답변을 할 때에는 자기중심적인 관점을 피하고 좀 더 넓은 시각으로 회사와 국가, 사회적 입장까지 고려하는 인재임을 어필하는 것이 좋다. 자기중심적 시각을 바탕으로 자신의 출세만을 위해 회사에 입사하려는 인상을 심어줄 경우 면접에서 불이익을 받을 가능성이 높다.
- 난처한 질문은 정직한 답변 : 난처한 질문에 답변을 해야 할 때에는 피하기보다는 정면 돌파로 정직하고 솔직하게 답변하는 것이 좋다. 난처한 부분을 감추고 드러내지 않으려 회피하려는 지원자의 모습은 인사담당자에게 입사 후에도 비슷한 상황에 처했을 때 회피할 수도 있다는 우려를 심어줄 수 있다. 따라서 직장생활에 있어 중요한 덕목 중 하나인 정직을 바탕으로 솔직하게 답변을 하도록 한다.

(2) 면접의 종류 및 준비 전략

① 인성면접

ㄱ 면접 방식 및 판단기준
- 면접 방식 : 인성면접은 면접관이 가지고 있는 개인적 면접 노하우나 관심사에 의해 질문을 실시한다. 주로 입사지원서나 자기소개서의 내용을 토대로 지원동기, 과거의 경험, 미래 포부 등을 이야기하도록 하는 방식이다.
- 판단기준 : 면접관의 개인적 가치관과 경험, 해당 역량의 수준, 경험의 구체성·진실성 등

ㄴ 특징 : 인성면접은 그 방식으로 인해 역량과 무관한 질문들이 많고 지원자에게 주어지는 면접질문, 시간 등이 다를 수 있다. 또한 입사지원서나 자기소개서의 내용을 토대로 하기 때문에 지원자별 질문이 달라질 수 있다.

ⓒ 예시 문항 및 준비전략

• 예시 문항

> • 3분 동안 자기소개를 해 보십시오.
> • 자신의 장점과 단점을 말해 보십시오.
> • 학점이 좋지 않은데 그 이유가 무엇입니까?
> • 최근에 인상 깊게 읽은 책은 무엇입니까?
> • 회사를 선택할 때 중요시하는 것은 무엇입니까?
> • 일과 개인생활 중 어느 쪽을 중시합니까?
> • 10년 후 자신은 어떤 모습일 것이라고 생각합니까?
> • 휴학 기간 동안에는 무엇을 했습니까?

• 준비전략 : 인성면접은 입사지원서나 자기소개서의 내용을 바탕으로 하는 경우가 많으므로 자신이 작성한 입사지원서와 자기소개서의 내용을 충분히 숙지하도록 한다. 또한 최근 사회적으로 이슈가 되고 있는 뉴스에 대한 견해를 묻거나 시사상식 등에 대한 질문을 받을 수 있으므로 이에 대한 대비도 필요하다. 자칫 부담스러워 보이지 않는 질문으로 가볍게 대답하지 않도록 주의하고 모든 질문에 입사 의지를 담아 성실하게 답변하는 것이 중요하다.

② 발표면접

㉠ 면접 방식 및 판단기준

• 면접 방식 : 지원자가 특정 주제와 관련된 자료를 검토하고 그에 대한 자신의 생각을 면접관 앞에서 주어진 시간 동안 발표하고 추가 질의를 받는 방식으로 진행된다.

• 판단기준 : 지원자의 사고력, 논리력, 문제해결력 등

㉡ 특징 : 발표면접은 지원자에게 과제를 부여한 후, 과제를 수행하는 과정과 결과를 관찰·평가한다. 따라서 과제수행 결과뿐 아니라 수행과정에서의 행동을 모두 평가할 수 있다.

ⓒ 예시 문항 및 준비전략

• 예시 문항

[신입사원 조기 이직 문제]

※ 지원자는 아래에 제시된 자료를 검토한 뒤, 신입사원 조기 이직의 원인을 크게 3가지로 정
리하고 이에 대한 구체적인 개선안을 도출하여 발표해 주시기 바랍니다.

※ 본 과제에 정해진 정답은 없으나 논리적 근거를 들어 개선안을 작성해 주십시오.

• A기업은 동종업계 유사기업들과 비교해 볼 때, 비교적 높은 재무안정성을 유지하고 있으
며 업무강도가 그리 높지 않은 것으로 외부에 알려져 있음.

• 최근 조사결과, 동종업계 유사기업들과 연봉을 비교해 보았을 때 연봉 수준도 그리 나쁘
지 않은 편이라는 것이 확인되었음.

• 그러나 지난 3년간 1~2년차 직원들의 이직률이 계속해서 증가하고 있는 추세이며, 경영
진 회의에서 최우선 해결과제 중 하나로 거론되었음.

• 이에 따라 인사팀에서 현재 1~2년차 사원들을 대상으로 개선되어야 하는 A기업의 조직문
화에 대한 설문조사를 실시한 결과, '상명하복식의 의사소통'이 36.7%로 1위를 차지했음.

• 이러한 설문조사와 함께, 신입사원 조기 이직에 대한 원인을 분석한 결과 파랑새 증후군,
셀프홀릭 증후군, 피터팬 증후군 등 3가지로 분류할 수 있었음.

〈동종업계 유사기업들과의 연봉 비교〉   〈우리 회사 조직문화 중 개선되었으면 하는 것〉

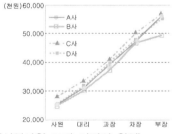

〈신입사원 조기 이직의 원인〉

• 파랑새 증후군
-현재의 직장보다 더 좋은 직장이 있을 것이라는 막연한 기대감으로 끊임없이 새로운 직
장을 탐색함.
-학력 수준과 맞지 않는 '하향지원', 전공과 적성을 고려하지 않고 일단 취업하고 보자는 '
묻지마 지원'이 파랑새 증후군을 초래함.

• 셀프홀릭 증후군
-본인의 역량에 비해 가치가 낮은 일을 주로 하면서 갈등을 느낌.

• 피터팬 증후군
-기성세대의 문화를 무조건 수용하기보다는 자유로움과 변화를 추구함.
-상명하복, 엄격한 규율 등 기성세대가 당연시하는 관행에 거부감을 가지며 직장에 답답함
을 느낌.

- 준비전략 : 발표면접의 시작은 과제 안내문과 과제 상황, 과제 자료 등을 정확하게 이해하는 것에서 출발한다. 과제 안내문을 침착하게 읽고 제시된 주제 및 문제와 관련된 상황의 맥락을 파악한 후 과제를 검토한다. 제시된 기사나 그래프 등을 충분히 활용하여 주어진 문제를 해결할 수 있는 해결책이나 대안을 제시하며, 발표를 할 때에는 명확하고 자신 있는 태도로 전달할 수 있도록 한다.

③ 토론면접

　㉠ 면접 방식 및 판단기준

- 면접 방식 : 상호갈등적 요소를 가진 과제 또는 공통의 과제를 해결하는 내용의 토론 과제를 제시하고, 그 과정에서 개인 간의 상호작용 행동을 관찰하는 방식으로 면접이 진행된다.
- 판단기준 : 팀워크, 적극성, 갈등 조정, 의사소통능력, 문제해결능력 등

　㉡ 특징 : 토론을 통해 도출해 낸 최종안의 타당성도 중요하지만, 결론을 도출해 내는 과정에서의 의사소통능력이나 갈등상황에서 의견을 조정하는 능력 등이 중요하게 평가되는 특징이 있다.

　㉢ 예시 문항 및 준비전략

- 예시 문항

> - 군 가산점제 부활에 대한 찬반토론
> - 담뱃값 인상에 대한 찬반토론
> - 비정규직 철폐에 대한 찬반토론
> - 대학의 영어 강의 확대 찬반토론
> - 워크숍 장소 선정을 위한 토론

- 준비전략 : 토론면접은 무엇보다 팀워크와 적극성이 강조된다. 따라서 토론과정에 적극적으로 참여하며 자신의 의사를 분명하게 전달하며, 갈등상황에서 자신의 의견만 내세울 것이 아니라 다른 지원자의 의견을 경청하고 배려하는 모습도 중요하다. 갈등상황을 일목요연하게 정리하여 조정하는 등의 의사소통능력을 발휘하는 것도 좋은 전략이 될 수 있다.

④ 상황면접

　㉠ 면접 방식 및 판단기준

- 면접 방식 : 상황면접은 직무 수행 시 접할 수 있는 상황들을 제시하고, 그러한 상황에서 어떻게 행동할 것인지를 이야기하는 방식으로 진행된다.
- 판단기준 : 해당 상황에 적절한 역량의 구현과 구체적 행동지표

ⓒ 특징 : 실제 직무 수행 시 접할 수 있는 상황들을 제시하므로 입사 이후 지원자의 업무 수행능력을 평가하는 데 적절한 면접 방식이다. 또한 지원자의 가치관, 태도, 사고방식 등의 요소를 통합적으로 평가하는 데 용이하다.

ⓒ 예시 문항 및 준비전략

• 예시 문항

> 당신은 생산관리팀의 팀원으로, 생산팀이 기한에 맞춰 효율적으로 제품을 생산할 수 있도록 관리하는 역할을 맡고 있습니다. 3개월 뒤에 제품A를 정상적으로 출시하기 위해 생산팀의 생산 계획을 수립한 상황입니다. 그러나 원가가 곧 실적으로 이어지는 구매팀에서는 최대한 원가를 줄여 전반적 단가를 낮추려고 원가절감을 위한 제안을 하였으나, 연구개발팀에서는 구매팀이 제안한 방식으로 제품을 생산할 경우 대부분이 구매팀의 실적으로 산정될 것이므로 제대로 확인도 해보지 않은 채 적합하지 않은 방식이라고 판단하고 있습니다. 당신은 어떻게 하겠습니까?

• 준비전략 : 상황면접은 먼저 주어진 상황에서 핵심이 되는 문제가 무엇인지를 파악하는 것에서 시작한다. 주질문과 세부질문을 통하여 질문의 의도를 파악하였다면, 그에 대한 구체적인 행동이나 생각 등에 대해 응답할수록 높은 점수를 얻을 수 있다.

⑤ 역할면접

㉠ 면접 방식 및 판단기준

• 면접 방식 : 역할면접 또는 역할연기 면접은 기업 내 발생 가능한 상황에서 부딪히게 되는 문제와 역할을 가상적으로 설정하여 특정 역할을 맡은 사람과 상호작용하고 문제를 해결해 나가도록 하는 방식으로 진행된다. 역할연기 면접에서는 면접관이 직접 역할연기를 하면서 지원자를 관찰하기도 하지만, 역할연기 수행만 전문적으로 하는 사람을 투입할 수도 있다.

• 판단기준 : 대처능력, 대인관계능력, 의사소통능력 등

㉡ 특징 : 역할면접은 실제 상황과 유사한 가상 상황에서의 행동을 관찰함으로서 지원자의 성격이나 대처 행동 등을 관찰할 수 있다.

㉢ 예시 문항 및 준비전략

• 예시 문항

> [금융권 역할면접의 예]
> 당신은 ○○은행의 신입 텔러이다. 사람이 많은 월말 오전 한 할아버지(면접관 또는 역할담당자)께서 ○○은행을 사칭한 보이스피싱으로 500만 원을 피해 보았다며 소란을 일으키고 있다. 실제 업무상황이라고 생각하고 상황에 대처해 보시오.

• 준비전략 : 역할연기 면접에서 측정하는 역량은 주로 갈등의 원인이 되는 문제를 해결하고 제시된 해결방안을 상대방에게 설득하는 것이다. 따라서 갈등해결, 문제해결, 조정·통합, 설득력과 같은 역량이 중요시된다. 또한 갈등을 해결하기 위해서 상대방에 대한 이해도 필수적인 요소이므로 고객 지향을 염두에 두고 상황에 맞게 대처해야 한다. 역할면접에서는 변별력을 높이기 위해 면접관이 압박적인 분위기를 조성하는 경우가 많기 때문에 스트레스 상황에서 불안해하지 않고 유연하게 대처할 수 있도록 시간과 노력을 들여 충분히 연습하는 것이 좋다.

2 면접 이미지 메이킹

(1) 성공적인 이미지 메이킹 포인트

① 복장 및 스타일

  ㉠ 남성

• 양복 : 양복은 단색으로 하며 넥타이나 셔츠로 포인트를 주는 것이 효과적이다. 짙은 회색이나 감청색이 가장 단정하고 품위 있는 인상을 준다.
• 셔츠 : 흰색이 가장 선호되나 자신의 피부색에 맞추는 것이 좋다. 푸른색이나 베이지색은 산뜻한 느낌을 줄 수 있다. 양복과의 배색도 고려하도록 한다.
• 넥타이 : 의상에 포인트를 줄 수 있는 아이템이지만 너무 화려한 것은 피한다. 지원자의 피부색은 물론, 정장과 셔츠의 색을 고려하며, 체격에 따라 넥타이 폭을 조절하는 것이 좋다.
• 구두&양말 : 구두는 검정색이나 짙은 갈색이 어느 양복에나 무난하게 어울리며 깔끔하게 닦아 준비한다. 양말은 정장과 동일한 색상이나 검정색을 착용한다.
• 헤어스타일 : 머리스타일은 단정한 느낌을 주는 짧은 헤어스타일이 좋으며 앞머리가 있다면 이마나 눈썹을 가리지 않는 선에서 정리하는 것이 좋다.

ⓛ 여성

- 의상 : 단정한 스커트 투피스 정장이나 슬랙스 슈트가 무난하다. 블랙이나 그레이, 네이비, 브라운 등 차분해 보이는 색상을 선택하는 것이 좋다.
- 소품 : 구두, 핸드백 등은 같은 계열로 코디하는 것이 좋으며 구두는 너무 화려한 디자인이나 굽이 높은 것을 피한다. 스타킹은 의상과 구두에 맞춰 단정한 것으로 선택한다.
- 액세서리 : 액세서리는 너무 크거나 화려한 것은 좋지 않으며 과하게 많이 하는 것도 좋은 인상을 주지 못한다. 착용하지 않거나 작고 깔끔한 디자인으로 포인트를 주는 정도가 적당하다.
- 메이크업 : 화장은 자연스럽고 밝은 이미지를 표현하는 것이 좋으며 진한 색조는 인상이 강해 보일 수 있으므로 피한다.
- 헤어스타일 : 커트나 단발처럼 짧은 머리는 활동적이면서도 단정한 이미지를 줄 수 있도록 정리한다. 긴 머리의 경우 하나로 묶거나 단정한 머리망으로 정리하는 것이 좋으며, 짙은 염색이나 화려한 웨이브는 피한다.

② 인사

ⓐ 인사의 의미 : 인사는 예의범절의 기본이며 상대방의 마음을 여는 기본적인 행동이라고 할 수 있다. 인사는 처음 만나는 면접관에게 호감을 살 수 있는 가장 쉬운 방법이 될 수 있기도 하지만 제대로 예의를 지키지 않으면 지원자의 인성 전반에 대한 평가로 이어질 수 있으므로 각별히 주의해야 한다.

ⓑ 인사의 핵심 포인트

- 인사말 : 인사말을 할 때에는 밝고 친근감 있는 목소리로 하며, 자신의 이름과 수험번호 등을 간략하게 소개한다.
- 시선 : 인사는 상대방의 눈을 보며 하는 것이 중요하며 너무 빤히 쳐다본다는 느낌이 들지 않도록 주의한다.
- 표정 : 인사는 마음에서 우러나오는 존경이나 반가움을 표현하고 예의를 차리는 것이므로 살짝 미소를 지으며 하는 것이 좋다.
- 자세 : 인사를 할 때에는 가볍게 목만 숙인다거나 흐트러진 상태에서 인사를 하지 않도록 주의하며 절도 있고 확실하게 하는 것이 좋다.

③ 시선처리와 표정, 목소리

　㉠ 시선처리와 표정 : 표정은 면접에서 지원자의 첫인상을 결정하는 중요한 요소이다. 얼굴 표정은 사람의 감정을 가장 잘 표현할 수 있는 의사소통 도구로 표정 하나로 상대방에게 호감을 주거나, 비호감을 사기도 한다. 호감이 가는 인상의 특징은 부드러운 눈썹, 자연스러운 미간, 적당히 볼록한 광대, 올라간 입 꼬리 등으로 가볍게 미소를 지을 때의 표정과 일치한다. 따라서 면접 중에는 밝은 표정으로 미소를 지어 호감을 형성할 수 있도록 한다. 시선은 면접관과 고르게 맞추되 생기 있는 눈빛을 띄도록 하며, 너무 빤히 쳐다본다는 인상을 주지 않도록 한다.

　㉡ 목소리 : 면접은 주로 면접관과 지원자의 대화로 이루어지므로 목소리가 미치는 영향이 상당하다. 답변을 할 때에는 부드러우면서도 활기차고 생동감 있는 목소리로 하는 것이 면접관에게 호감을 줄 수 있으며 적당한 제스처가 더해진다면 상승효과를 얻을 수 있다. 그러나 적절한 답변을 하였음에도 불구하고 콧소리나 날카로운 목소리, 자신감 없는 작은 목소리는 답변의 신뢰성을 떨어뜨릴 수 있으므로 주의하도록 한다.

④ 자세

　㉠ 걷는 자세
　　• 면접장에 입실할 때에는 상체를 곧게 유지하고 발끝은 평행이 되게 하며 무릎을 스치듯 11자로 걷는다.
　　• 시선은 정면을 향하고 턱은 가볍게 당기며 어깨나 엉덩이가 흔들리지 않도록 주의한다.
　　• 발바닥 전체가 닿는 느낌으로 안정감 있게 걸으며 발소리가 나지 않도록 주의한다.
　　• 보폭은 어깨넓이만큼이 적당하지만, 스커트를 착용했을 경우 보폭을 줄인다.
　　• 걸을 때도 미소를 유지한다.

　㉡ 서있는 자세
　　• 몸 전체를 곧게 펴고 가슴을 자연스럽게 내민 후 등과 어깨에 힘을 주지 않는다.
　　• 정면을 바라본 상태에서 턱을 약간 당기고 아랫배에 힘을 주어 당기며 바르게 선다.
　　• 양 무릎과 발뒤꿈치는 붙이고 발끝은 11자 또는 V형을 취한다.
　　• 남성의 경우 팔을 자연스럽게 내리고 양손을 가볍게 쥐어 바지 옆선에 붙이고, 여성의 경우 공수자세를 유지한다.

ⓒ 앉은 자세

• 남성

> • 의자 깊숙이 앉고 등받이와 등 사이에 주먹 1개 정도의 간격을 두며 기대듯 앉지 않도록 주의한다. (남녀 공통 사항)
> • 무릎 사이에 주먹 2개 정도의 간격을 유지하고 발끝은 11자를 취한다.
> • 시선은 정면을 바라보며 턱은 가볍게 당기고 미소를 짓는다. (남녀 공통 사항)
> • 양손은 가볍게 주먹을 쥐고 무릎 위에 올려놓는다.
> • 앉고 일어날 때에는 자세가 흐트러지지 않도록 주의한다. (남녀 공통 사항)

• 여성

> • 스커트를 입었을 경우 왼손으로 뒤쪽 스커트 자락을 누르고 오른손으로 앞쪽 자락을 누르며 의자에 앉는다.
> • 무릎은 붙이고 발끝을 가지런히 하며, 다리를 왼쪽으로 비스듬히 기울이면 여성스러워 보이는 효과가 있다.
> • 양손을 모아 무릎 위에 모아 놓으며 스커트를 입었을 경우 스커트 위를 가볍게 누르듯이 올려놓는다.

(2) 면접 예절

① 행동 관련 예절

ⓐ **지각은 절대금물** : 시간을 지키는 것은 예절의 기본이다. 지각을 할 경우 면접에 응시할 수 없거나, 면접 기회가 주어지더라도 불이익을 받을 가능성이 높아진다. 따라서 면접 장소가 결정되면 교통편과 소요시간을 확인하고 가능하다면 사전에 미리 방문해 보는 것도 좋다. 면접 당일에는 서둘러 출발하여 면접 시간 20~30분 전에 도착하여 회사를 둘러보고 환경에 익숙해지는 것도 성공적인 면접을 위한 요령이 될 수 있다.

ⓑ **면접 대기 시간** : 지원자들은 대부분 면접장에서의 행동과 답변 등으로만 평가를 받는다고 생각하지만 그렇지 않다. 면접관이 아닌 면접진행자 역시 대부분 인사실무자이며 면접관이 면접 후 지원자에 대한 평가에 있어 확신을 위해 면접진행자의 의견을 구한다면 면접진행자의 의견이 당락에 영향을 줄 수 있다. 따라서 면접 대기 시간에도 행동과 말을 조심해야 하며, 면접을 마치고 돌아가는 순간까지도 긴장을 늦춰서는 안 된다. 면접 중 압박적인 질문에 답변을 잘 했지만, 면접장을 나와 흐트러진 모습을 보이거나 욕설을 한다면 면접 탈락의 요인이 될 수 있으므로 주의해야 한다.

ⓒ 입실 후 태도 : 본인의 차례가 되어 호명되면 또렷하게 대답하고 들어간다. 만약 면접장 문이 닫혀 있다면 상대에게 소리가 들릴 수 있을 정도로 노크를 두세 번 한 후 대답을 듣고 나서 들어가야 한다. 문을 여닫을 때에는 소리가 나지 않게 조용히 하며 공손한 자세로 인사한 후 성명과 수험번호를 말하고 면접관의 지시에 따라 자리에 앉는다. 이 경우 착석하라는 말이 없는데 먼저 의자에 앉으면 무례한 사람으로 보일 수 있으므로 주의한다. 의자에 앉을 때에는 끝에 앉지 말고 무릎 위에 양손을 가지런히 얹는 것이 예절이라고 할 수 있다.

ⓔ 옷매무새를 자주 고치지 마라. : 일부 지원자의 경우 옷매무새 또는 헤어스타일을 자주 고치거나 확인하기도 하는데 이러한 모습은 과도하게 긴장한 것 같아 보이거나 면접에 집중하지 못하는 것으로 보일 수 있다. 남성 지원자의 경우 넥타이를 자꾸 고쳐 맨다거나 정장 상의 끝을 너무 자주 만지작거리지 않는다. 여성 지원자는 머리를 계속 쓸어 올리지 않고, 특히 짧은 치마를 입고서 신경이 쓰여 치마를 끌어 내리는 행동은 좋지 않다.

ⓜ 다리를 떨거나 산만한 시선은 면접 탈락의 지름길 : 자신도 모르게 다리를 떨거나 손가락 을 만지는 등의 행동을 하는 지원자가 있는데, 이는 면접관의 주의를 끌 뿐만 아니라 불안하고 산만한 사람이라는 느낌을 주게 된다. 따라서 가능한 한 바른 자세로 앉아 있 는 것이 좋다. 또한 면접관과 시선을 맞추지 못하고 여기저기 둘러보는 듯한 산만한 시 선은 지원자가 거짓말을 하고 있다고 여겨지거나 신뢰할 수 없는 사람이라고 생각될 수 있다.

② 답변 관련 예절

㉠ 면접관이나 다른 지원자와 가치 논쟁을 하지 않는다. : 질문을 받고 답변하는 과정에서 면 접관 또는 다른 지원자의 의견과 다른 의견이 있을 수 있다. 특히 평소 지원자가 관심 이 많은 문제이거나 잘 알고 있는 문제인 경우 자신과 다른 의견에 대해 이의가 있을 수 있다. 하지만 주의할 것은 면접에서 면접관이나 다른 지원자와 가치 논쟁을 할 필요 는 없다는 것이며 오히려 불이익을 당할 수도 있다. 정답이 정해져 있지 않은 경우에는 가치관이나 성장배경에 따라 문제를 받아들이는 태도에서 답변까지 충분히 차이가 있을 수 있으므로 굳이 면접관이나 다른 지원자의 가치관을 지적하고 고치려 드는 것은 좋 지 않다.

ⓛ **답변은 항상 정직해야 한다.** : 면접이라는 것이 아무리 지원자의 장점을 부각시키고 단점을 축소시키는 것이라고 해도 절대로 거짓말을 해서는 안 된다. 거짓말을 하게 되면 지원자는 불안하거나 꺼림칙한 마음이 들게 되어 면접에 집중을 하지 못하게 되고 수많은 지원자를 상대하는 면접관은 그것을 놓치지 않는다. 거짓말은 그 지원자에 대한 신뢰성을 떨어뜨리며 이로 인해 다른 스펙이 아무리 훌륭하다고 해도 채용에서 탈락하게 될 수 있음을 명심하도록 한다.

ⓒ **경력직을 경우 전 직장에 대해 험담하지 않는다.** : 지원자가 전 직장에서 무슨 업무를 담당했고 어떤 성과를 올렸는지는 면접관이 관심을 둘 사항일 수 있지만, 이전 직장의 기업문화나 상사들이 어땠는지는 그다지 궁금해 하는 사항이 아니다. 전 직장에 대해 험담을 늘어놓는다든가, 동료와 상사에 대한 악담을 하게 된다면 오히려 지원자에 대한 부정적인 이미지만 심어줄 수 있다. 만약 전 직장에 대한 말을 해야 할 경우가 생긴다면 가능한 한 객관적으로 이야기하는 것이 좋다.

ⓔ **자기 자신이나 배경에 대해 자랑하지 않는다.** : 자신의 성취나 부모 형제 등 집안사람들이 사회·경제적으로 어떠한 위치에 있는지에 대한 자랑은 면접관으로 하여금 지원자에 대해 오만한 사람이거나 배경에 의존하려는 나약한 사람이라는 이미지를 갖게 할 수 있다. 따라서 자기 자신이나 배경에 대해 자랑하지 않도록 하고, 자신이 한 일에 대해서 너무 자세하게 얘기하지 않도록 주의해야 한다.

3 면접 질문 및 답변 포인트

(1) 가족 및 대인관계에 관한 질문

① **당신의 가정은 어떤 가정입니까?**

면접관들은 지원자의 가정환경과 성장과정을 통해 지원자의 성향을 알고 싶어 이와 같은 질문을 한다. 비록 가정 일과 사회의 일이 완전히 일치하는 것은 아니지만 '가화만사성'이라는 말이 있듯이 가정이 화목해야 사회에서도 화목하게 지낼 수 있기 때문이다. 그러므로 답변 시에는 가족사항을 정확하게 설명하고 집안의 분위기와 특징에 대해 이야기하는 것이 좋다.

② 아버지의 직업은 무엇입니까?

아주 기본적인 질문이지만 지원자는 아버지의 직업과 내가 무슨 관련성이 있을까 생각하기 쉬워 포괄적인 답변을 하는 경우가 많다. 그러나 이는 바람직하지 않은 것으로 단답형으로 답변하면 세부적인 직종 및 근무연한 등을 물을 수 있으므로 모든 걸 한 번에 대답하는 것이 좋다.

③ 친구 관계에 대해 말해 보십시오.

지원자의 인간성을 판단하는 질문으로 교우관계를 통해 답변자의 성격과 대인관계능력을 파악할 수 있다. 새로운 환경에 적응을 잘하여 새로운 친구들이 많은 것도 좋지만, 깊고 오래 지속되어온 인간관계를 말하는 것이 더욱 바람직하다.

(2) 성격 및 가치관에 관한 질문

① 당신의 PR포인트를 말해 주십시오.

PR포인트를 말할 때에는 지나치게 겸손한 태도는 좋지 않으며 적극적으로 자기를 주장하는 것이 좋다. 앞으로 입사 후 하게 될 업무와 관련된 자기의 특성을 구체적인 일화를 더하여 이야기하도록 한다.

② 당신의 장·단점을 말해 보십시오.

지원자의 구체적인 장·단점을 알고자 하기 보다는 지원자가 자기 자신에 대해 얼마나 알고 있으며 어느 정도의 객관적인 분석을 하고 있나, 그리고 개선의 노력 등을 시도하는지를 파악하고자 하는 것이다. 따라서 장점을 말할 때는 업무와 관련된 장점을 뒷받침할 수 있는 근거와 함께 제시하며, 단점을 이야기할 때에는 극복을 위한 노력을 반드시 포함해야 한다.

③ 가장 존경하는 사람은 누구입니까?

존경하는 사람을 말하기 위해서는 우선 그 인물에 대해 알아야 한다. 잘 모르는 인물에 대해 존경한다고 말하는 것은 면접관에게 바로 지적당할 수 있으므로, 추상적이라도 좋으니 평소에 존경스럽다고 생각했던 사람에 대해 그 사람의 어떤 점이 좋고 존경스러운지 대답하도록 한다. 또한 자신에게 어떤 영향을 미쳤는지도 언급하면 좋다.

(3) 학교생활에 관한 질문

① 지금까지의 학교생활 중 가장 기억에 남는 일은 무엇입니까?

가급적 직장생활에 도움이 되는 경험을 이야기하는 것이 좋다. 또한 경험만을 간단하게 말하지 말고 그 경험을 통해서 얻을 수 있었던 교훈 등을 예시와 함께 이야기하는 것이 좋으나 너무 상투적인 답변이 되지 않도록 주의해야 한다.

② 성적은 좋은 편이었습니까?

면접관은 이미 서류심사를 통해 지원자의 성적을 알고 있다. 그럼에도 불구하고 이 질문을 하는 것은 지원자가 성적에 대해서 어떻게 인식하느냐를 알고자 하는 것이다. 성적이 나빴던 이유에 대해서 변명하려 하지 말고 담백하게 받아드리고 그것에 대한 개선노력을 했음을 밝히는 것이 적절하다.

③ 학창시절에 시위나 집회 등에 참여한 경험이 있습니까?

기업에서는 노사분규를 기업의 사활이 걸린 중대한 문제로 인식하고 거시적인 차원에서 접근한다. 이러한 기업문화를 제대로 인식하지 못하여 학창시절의 시위나 집회 참여 경험을 자랑스럽게 답변할 경우 감점요인이 되거나 심지어는 탈락할 수 있다는 사실에 주의한다. 시위나 집회에 참가한 경험을 말할 때에는 타당성과 정도에 유의하여 답변해야 한다.

(4) 지원동기 및 직업의식에 관한 질문

① 왜 우리 회사를 지원했습니까?

이 질문은 어느 회사나 가장 먼저 물어보고 싶은 것으로 지원자들은 기업의 이념, 대표의 경영능력, 재무구조, 복리후생 등 외적인 부분을 설명하는 경우가 많다. 이러한 답변도 적절하지만 지원 회사의 주력 상품에 관한 소비자의 인지도, 경쟁사 제품과의 시장점유율을 비교하면서 입사동기를 설명한다면 상당히 주목 받을 수 있을 것이다.

② 만약 이번 채용에 불합격하면 어떻게 하겠습니까?

불합격할 것을 가정하고 회사에 응시하는 지원자는 거의 없을 것이다. 이는 지원자를 궁지로 몰아넣고 어떻게 대응하는지를 살펴보며 입사 의지를 알아보려고 하는 것이다. 이 질문은 너무 깊이 들어가지 말고 침착하게 답변하는 것이 좋다.

③ 당신이 생각하는 바람직한 사원상은 무엇입니까?

직장인으로서 또는 조직의 일원으로서의 자세를 묻는 질문으로 지원하는 회사에서 어떤 인재상을 요구하는 가를 알아두는 것이 좋으며, 평소에 자신의 생각을 미리 정리해 두어 당황하지 않도록 한다.

④ 직무상의 적성과 보수의 많음 중 어느 것을 택하겠습니까?

이런 질문에서 회사 측에서 원하는 답변은 당연히 직무상의 적성에 비중을 둔다는 것이다. 그러나 적성만을 너무 강조하다 보면 오히려 솔직하지 못하다는 인상을 줄 수 있으므로 어느 한 쪽을 너무 강조하거나 경시하는 태도는 바람직하지 못하다.

⑤ 상사와 의견이 다를 때 어떻게 하겠습니까?

과거와 다르게 최근에는 상사의 명령에 무조건 따르겠다는 수동적인 자세는 바람직하지 않다. 회사에서는 때에 따라 자신이 판단하고 행동할 수 있는 직원을 원하기 때문이다. 그러나 지나치게 자신의 의견만을 고집한다면 이는 팀원 간의 불화를 야기할 수 있으며 팀 체제에 악영향을 미칠 수 있으므로 선호하지 않는다는 것에 유념하여 답해야 한다.

⑥ 근무지가 지방인데 근무가 가능합니까?

근무지가 지방 중에서도 특정 지역은 되고 다른 지역은 안 된다는 답변은 바람직하지 않다. 직장에서는 순환 근무라는 것이 있으므로 처음에 지방에서 근무를 시작했다고 해서 계속 지방에만 있는 것은 아님을 유의하고 답변하도록 한다.

(5) 여가 활용에 관한 질문

① 취미가 무엇입니까?

기초적인 질문이지만 특별한 취미가 없는 지원자의 경우 대답이 애매할 수밖에 없다. 그래서 가장 많이 대답하게 되는 것이 독서, 영화감상, 혹은 음악감상 등과 같은 흔한 취미를 말하게 되는데 이런 취미는 면접관의 주의를 끌기 어려우며 설사 정말 위와 같은 취미를 가지고 있다하더라도 제대로 답변하기는 힘든 것이 사실이다. 가능하면 독특한 취미를 말하는 것이 좋으며 이제 막 시작한 것이라도 열의를 가지고 있음을 설명할 수 있으면 그것을 취미로 답변하는 것도 좋다.

② 술자리를 좋아합니까?

이 질문은 정말로 술자리를 좋아하는 정도를 묻는 것이 아니다. 우리나라에서는 대부분 술자리가 친교의 자리로 인식되기 때문에 그것에 얼마나 적극적으로 참여할 수 있는 가를 우회적으로 묻는 것이다. 술자리를 싫어한다고 대답하게 되면 원만한 대인관계에 문제가 있을 수 있다고 평가될 수 있으므로 술을 잘 마시지 못하더라도 술자리의 분위기는 즐긴다고 답변하는 것이 좋으며 주량에 대해서는 정확하게 말하는 것이 좋다.

(6) 여성 지원자들을 겨냥한 질문

① 결혼은 언제 할 생각입니까?

지원자가 결혼예정자일 경우 기업은 채용을 꺼리게 되는 경향이 있다. 업무를 어느 정도 인식하고 수행할 정도가 되면 퇴사하는 일이 흔하기 때문이다. 가능하면 향후 몇 년간은 결혼 계획이 없다고 답변하는 것이 현실적인 대처 요령이며, 덧붙여 결혼 후에도 일하고자 하는 의지를 강하게 내보인다면 더욱 도움이 된다.

② 만약 결혼 후 남편이나 시댁에서 직장생활을 그만두라고 강요한다면 어떻게 하겠습니까?

결혼적령기의 여성 지원자들에게 빈번하게 묻는 질문으로 의견 대립이 생겼을 때 상대방을 설득하고 타협하는 능력을 알아보고자 하는 것이다. 따라서 남편이나 시댁과 충분한 대화를 통해 설득하고 계속 근무하겠다는 의지를 밝히는 것이 좋다.

③ 여성의 취업을 어떻게 생각합니까?

여성 지원자들의 일에 대한 열의와 포부를 알고자 하는 질문이다. 많은 기업들이 여성들의 섬세하고 꼼꼼한 업무능력과 감각을 높이 평가하고 있으며, 사회 전반적인 분위기 역시 맞벌이를 이해하고 있으므로 자신의 의지를 당당하고 자신감 있게 밝히는 것이 좋다.

④ 커피나 복사 같은 잔심부름이 주어진다면 어떻게 하겠습니까?

여성 지원자들에게 가장 난감하고 자존심상하는 질문일 수 있다. 이 질문은 여성 지원자에게 잔심부름을 시키겠다는 요구가 아니라 직장생활 중에서의 협동심이나 봉사정신, 직업관을 알아보고자 하는 것이다. 또한 이 과정에서 압박기법을 사용해 비꼬는 투로 말하는 수 있는데 이는 자존심이 상하거나 불쾌해질 때의 행동을 알아보려는 것이다. 이럴 경우 흥분하여 과격하게 답변하면 탈락하게 되며, 무조건 열심히 하겠다는 대답도 신뢰성이 없는 답변이다. 직장생활을 위해 필요한 일이면 할 수 있다는 정도의 긍정적인 답변을 하되, 한 사람의 사원으로서 당당함을 유지하는 것이 좋다.

(7) 지원자를 당황하게 하는 질문

① 성적이 좋지 않은데 이 정도의 성적으로 우리 회사에 입사할 수 있다고 생각합니까?

비록 자신의 성적이 좋지 않더라도 이미 서류심사에 통과하여 면접에 참여하였다면 기업에서는 지원자의 성적보다 성적 이외의 요소, 즉 성격·열정 등을 높이 평가했다는 것이라고 할 수 있다. 그러나 이런 질문을 받게 되면 지원자는 당황할 수 있으나 주눅 들지 말고 침착하게 대처하는 면모를 보인다면 더 좋은 인상을 남길 수 있다.

② 우리 회사 회장님 함자를 알고 있습니까?

회장이나 사장의 이름을 조사하는 것은 면접일을 통고받았을 때 이미 사전 조사되었어야 하는 사항이다. 단답형으로 이름만 말하기보다는 그 기업에 입사를 희망하는 지원자의 입장에서 답변하는 것이 좋다.

③ 당신은 이 회사에 적합하지 않은 것 같군요.

이 질문은 지원자의 입장에서 상당히 곤혹스러울 수밖에 없다. 질문을 듣는 순간 그렇다면 면접은 왜 참가시킨 것인가 하는 생각이 들 수도 있다. 하지만 당황하거나 흥분하지 말고 침착하게 자신의 어떤 면이 회사에 적당하지 않는지 겸손하게 물어보고 지적당한 부분에 대해서 고치겠다는 의지를 보인다면 오히려 자신의 능력을 어필할 수 있는 기회로 사용할 수도 있다.

④ 다시 공부할 계획이 있습니까?

이 질문은 지원자가 합격하여 직장을 다니다가 공부를 더 하기 위해 회사를 그만 두거나 학습에 더 관심을 두어 일에 대한 능률이 저하될 것을 우려하여 묻는 것이다. 이때에는 당연히 학습보다는 일을 강조해야 하며, 업무 수행에 필요한 학습이라면 업무에 지장이 없는 범위에서 야간학교를 다니거나 회사에서 제공하는 연수 프로그램 등을 활용하겠다고 답변하는 것이 적당하다.

⑤ 지원한 분야가 전공한 분야와 다른데 여기 일을 할 수 있겠습니까?

수험생의 입장에서 본다면 지원한 분야와 전공이 다르지만 서류전형과 필기전형에 합격하여 면접을 보게 된 경우라고 할 수 있다. 이는 결국 해당 회사의 채용 방침상 전공에 크게 영향을 받지 않는다는 것이므로 무엇보다 자신이 전공하지는 않았지만 어떤 업무도 적극적으로 임할 수 있다는 자신감과 능동적인 자세를 보여주도록 노력하는 것이 좋다.

02 면접기출

1 GS칼텍스 면접기출

- 자신만의 스트레스 해소방법이 있다면 말해보시오.
- 중국 정유소 사업진출 TFT를 구성하고 각 역할과 선발기준에 대해서 말해보시오.
- 차세대 에너지 사업에 대해 말해보시오.
- 자신의 장·단점에 대해 말해보시오
- 취업시장의 채용기준이 변화하고 있는데 본인은 이를 위해서 어떠한 준비를 하고 있는가?
- 자신의 의견이 소수의 의견이었는데 다수의 의견자들을 설득해본 경험이 있는가?
- 지금 이와 같은 면접 상황에서 자신의 면접 점수를 우연히 보았고 그것이 탈락 점수라는 것을 알았다. 이를 뒤집기 위해서 어떻게 할 것인가?
- 바이어와 미팅 때 자신이 제시한 의견이 틀렸음을 알았다. 자신의 잘못을 인정하면 자신의 신용과 회사 이익에 상당한 손해를 끼치게 될 것이다. 어떻게 하겠는가?
- 늦은 밤 혹은 주말에 업무 때문에 전화가 와서 출근을 하라고 한다면 어떻게 하겠는가?
- 다문화 가정이 늘고 있는데 이에 대해서 어떻게 생각하고 있는가?
- 다른 사람은 다 실패했는데 혼자 성공한 케이스가 있는가? 그 이유는 무엇인가?
- 대규모 정전사태에 대해서 어떻게 생각하는가?
- 같은 조의 A군과 학교 동기로 알고 있는데 서로의 장점 3가지를 말해보시오.
- GS칼텍스가 하고 있는 사업 분야에 대해 알고 있는 것을 말하시오.
- GS칼텍스에 입사해서 가장 해보고 싶은 일은 무엇인가? (개인적, 업무적인 부분 무관)
- 기업의 사회공헌 활동은 필수적이라고 생각하는가?
- 상사와 갈등이 지속적으로 생긴다면 어떻게 대처하겠는가?
- 최근 유가 상승에 따른 정유사와 정부의 입장을 정리하여 이야기 해보시오.
- 최신 시사에 대해 준비한 것이 있으면 무엇이든지 말해 보시오.
- 입사 후에 자신이 배치 받은 직무가 마음에 들지 않을 때 어떻게 할 것인가?
- 학창시절 가장 좋아했던 과목은 무엇인가? 그리고 그 이유는 무엇인가?
- 본인이 가진 장점 중 GS칼텍스에서 일하기에 가장 적합한 특성은 무엇인가?
- 블로그나 SNS의 영향력이 날로 커지고 있는데 이를 이용할 방안이 있는가?
- 자신에 대해서 자랑할 수 있는 것 다섯 가지를 말해보시오.
- 자신의 인생에 있어서 최우선 순위 3가지를 말해보시오.

- (자신이 술을 전혀 하지 못한다고 가정하고) 회식이 잦다면 어떻게 할 것인가?
- 같은 부서의 직속 선배가 본인보다 3살 어릴 경우에 어떤 느낌이 들 것 같은가?
- 자신이 면접관이라면 지금 여기 앉아있는 지원자 중 누구를 뽑을 것인가?
- 근무지에 연고가 없어도 장기간 근무가 가능한가?
- 학교 다닐 때 했던 일 중에 가장 창의적인 일은 무엇인가?
- 전 현직 대통령 중 좋아하는 사람과 그렇지 않은 사람은 누구이고 이유는 무엇인가?
- 지금까지 살아오면서 가장 행복했던 일은 무엇이고 이유는 무엇인가?
- 비정규직과 정규직 채용에 대해 어떻게 생각하는가?
- 만일 5인 이하의 소규모 사업체를 운영한다면 정규직을 채용할 것인가, 아니면 비정규직을 채용할 것인가? 그리고 그 이유는 무엇인가?
- 상사가 불합리한 지시를 한다면 어떻게 행동할 것인가?
- 자신은 사무적 또는 활동적 업무 중 어떤 것을 선호하는가?
- 공무원과 일을 처리하는데 있어서 예상되는 문제점은 무엇이고, 본인은 어떻게 극복하겠는가?
- 자기소개서에 쓴 지원동기 부분을 서류랑 한 글자도 다르지 않게 말해보시오.
- 당신은 제약회사 CEO이다. 현재 숙취해소 음료를 다른 기업과 합병, 연구하여 판매하려고 한다. 이 제품의 시장점유율은 50%이고, 이익은 300억이다. 이것을 판매할 것인가 말 것인가?
- 스마트폰과 GS칼텍스를 연관시켜 새로운 상품을 구상해보시오.

2 토론면접

- FTA에 대한 찬·반 입장을 보여라.
- 성형수술한 사람이 미스코리아에 참가해야 되는가 말아야 하는가?
- 원정출산에 대한 찬·반 입장을 보여라.
- 아동복지와 노후복지 중 정부 예산을 삭감한다면 어느 쪽을 삭감해야 하는가?
- 경제 활성화를 위한 법인세, 상속세 감면에 대한 찬·반 입장을 보여라.
- 10층짜리 주유소 건물의 활용방안에 대해 논해보시오.
- GS칼텍스의 향후 미래 리스크 관리와 발전을 위해 꼭 주의해야 할 것들에 대해 토론하시오.
- 자신이 가장 존경하는 기업의 이미지상을 설정하고, GS칼텍스가 사회에 공헌을 해야 될 점에 대해서 토론하시오.

PART

IV

부록

01 GSC Way 부합도 검사

〉〉 유형 1

▌1~200 ▌ 다음의 문장을 읽고 당신에게 해당된다면 YES, 그렇지 않다면 NO를 선택하시오.

	YES	NO
1. 조금이라도 나쁜 소식은 절망의 시작이라고 생각해버린다.	( )	( )
2. 언제나 실패가 걱정이 되어 어쩔 줄 모른다.	( )	( )
3. 다수결의 의견에 따르는 편이다.	( )	( )
4. 혼자서 커피숍에 들어가는 것은 전혀 두려운 일이 아니다.	( )	( )
5. 승부근성이 강하다.	( )	( )
6. 자주 흥분해서 침착하지 못하다.	( )	( )
7. 지금까지 살면서 타인에게 폐를 끼친 적이 없다.	( )	( )
8. 소곤소곤 이야기하는 것을 보면 자기에 대해 험담하고 있는 것으로 생각된다.	( )	( )
9. 무엇이든지 자기가 나쁘다고 생각하는 편이다.	( )	( )
10. 자신을 변덕스러운 사람이라고 생각한다.	( )	( )
11. 고독을 즐기는 편이다.	( )	( )
12. 자존심이 강하다고 생각한다.	( )	( )
13. 금방 흥분하는 성격이다.	( )	( )

14. 거짓말을 한 적이 없다. ·····································( )( )

YES NO

15. 신경질적인 편이다. ····································( )( )

16. 끙끙대며 고민하는 타입이다. ···························( )( )

17. 감정적인 사람이라고 생각한다. ·························( )( )

18. 자신만의 신념을 가지고 있다. ···························( )( )

19. 다른 사람을 바보 같다고 생각한 적이 있다. ·············( )( )

20. 금방 말해버리는 편이다. ·······························( )( )

21. 싫어하는 사람이 없다. ·······························( )( )

22. 대재앙이 오지 않을까 항상 걱정을 한다. ···············( )( )

23. 쓸데없는 고생을 하는 일이 많다. ·····················( )( )

24. 자주 생각이 바뀌는 편이다. ···························( )( )

25. 문제점을 해결하기 위해 여러 사람과 상의한다. ·········· ( )( )

26. 내 방식대로 일을 한다. ·······························( )( )

27. 영화를 보고 운 적이 많다. ·····························( )( )

28. 어떤 것에 대해서도 화낸 적이 없다. ···················( )( )

29. 사소한 충고에도 걱정을 한다. ·························( )( )

30. 자신은 도움이 안 되는 사람이라고 생각한다. ···········( )( )

31. 금방 싫증을 내는 편이다. ·····························( )( )

32. 개성적인 사람이라고 생각한다. ·······················( )( )

33. 자기주장이 강한 편이다. ·······························( )( )

34. 뒤숭숭하다는 말을 들은 적이 있다. ···················( )( )

35. 학교를 쉬고 싶다고 생각한 적이 한 번도 없다. ··········( )( )

36. 사람들과 관계 맺는 것을 보면 잘하지 못한다. ··········( )( )

37. 사려 깊은 편이다. ····································( )( )

38. 몸을 움직이는 것을 좋아한다. ·························( )( )

39. 끈기가 있는 편이다. ··································( )( )

40. 신중한 편이라고 생각한다. ·····························( )( )

41. 인생의 목표는 큰 것이 좋다. ···························( )( )

42. 어떤 일이라도 바로 시작하는 타입이다. ···············( )( )

43. 낯가림을 하는 편이다. ·······························( )( )

44. 생각하고 나서 행동하는 편이다. ···( )( )

45. 쉬는 날은 밖으로 나가는 경우가 많다. ·······································( )( )
46. 시작한 일은 반드시 완성시킨다. ···( )( )
47. 면밀한 계획을 세운 여행을 좋아한다. ···( )( )
48. 야망이 있는 편이라고 생각한다. ···( )( )
49. 활동력이 있는 편이다. ···( )( )
50. 많은 사람들과 왁자지껄하게 식사하는 것을 좋아하지 않는다. ·······( )( )
51. 돈을 허비한 적이 없다. ···( )( )
52. 운동회를 아주 좋아하고 기대했다. ···( )( )
53. 하나의 취미에 열중하는 타입이다. ···( )( )
54. 모임에서 회장에 어울린다고 생각한다. ···( )( )
55. 입신출세의 성공이야기를 좋아한다. ···( )( )
56. 어떠한 일도 의욕을 가지고 임하는 편이다. ··································( )( )
57. 학급에서는 존재가 희미했다. ···( )( )
58. 항상 무언가를 생각하고 있다. ···( )( )
59. 스포츠는 보는 것보다 하는 게 좋다. ···( )( )
60. '참 잘했네요.'라는 말을 자주 듣는다. ···( )( )
61. 흐린 날은 반드시 우산을 가지고 간다. ···( )( )
62. 주연상을 받을 수 있는 배우를 좋아한다. ·····································( )( )
63. 공격하는 타입이라고 생각한다. ···( )( )
64. 리드를 받는 편이다. ···( )( )
65. 너무 신중해서 기회를 놓친 적이 있다. ···( )( )
66. 시원시원하게 움직이는 타입이다. ···( )( )
67. 야근을 해서라도 업무를 끝낸다. ···( )( )
68. 누군가를 방문할 때는 반드시 사전에 확인한다. ···························( )( )
69. 노력해도 결과가 따르지 않으면 의미가 없다. ·······························( )( )
70. 무조건 행동해야 한다. ···( )( )
71. 유행에 둔감하다고 생각한다. ···( )( )
72. 정해진 대로 움직이는 것은 시시하다. ···( )( )
73. 꿈을 계속 가지고 있고 싶다. ···( )( )

74. 질서보다 자유를 중요시하는 편이다. ··( )( )

YES NO

75. 혼자서 취미에 몰두하는 것을 좋아한다. ··( )( )

76. 직관적으로 판단하는 편이다. ···( )( )

77. 영화나 드라마를 보면 등장인물의 감정에 이입된다. ·······························( )( )

78. 시대의 흐름에 역행해서라도 자신을 관철하고 싶다. ······························( )( )

79. 다른 사람의 소문에 관심이 없다. ··( )( )

80. 창조적인 편이다. ··( )( )

81. 비교적 눈물이 많은 편이다. ···( )( )

82. 융통성이 있다고 생각한다. ···( )( )

83. 친구의 휴대전화 번호를 잘 모른다. ···( )( )

84. 스스로 고안하는 것을 좋아한다. ···( )( )

85. 정이 두터운 사람으로 남고 싶다. ··( )( )

86. 조직의 일원으로 별로 안 어울린다. ···( )( )

87. 세상의 일에 별로 관심이 없다. ···( )( )

88. 변화를 추구하는 편이다. ··( )( )

89. 업무는 인간관계로 선택한다. ··( )( )

90. 환경이 변하는 것에 구애되지 않는다. ··( )( )

91. 불안감이 강한 편이다. ···( )( )

92. 인생은 살 가치가 없다고 생각한다. ···( )( )

93. 의지가 약한 편이다. ··( )( )

94. 다른 사람이 하는 일에 별로 관심이 없다. ··( )( )

95. 사람을 설득시키는 것은 어렵지 않다. ··( )( )

96. 심심한 것을 못 참는다. ···( )( )

97. 다른 사람을 욕한 적이 한 번도 없다. ··( )( )

98. 다른 사람에게 어떻게 보일지 신경을 쓴다. ···( )( )

99. 금방 낙심하는 편이다. ···( )( )

100. 다른 사람에게 의존하는 경향이 있다. ···( )( )

101. 그다지 융통성이 있는 편이 아니다. ··( )( )

102. 다른 사람이 내 의견에 간섭하는 것이 싫다. ···( )( )

103. 낙천적인 편이다. ···( )( )

104. 숙제를 잊어버린 적이 한 번도 없다. ·······································( )( )

YES NO

105. 밤길에는 발소리가 들리기만 해도 불안하다. ·······················( )( )
106. 상냥하다는 말을 들은 적이 있다. ·······································( )( )
107. 자신은 유치한 사람이다. ···( )( )
108. 잡담을 하는 것보다 책을 읽는 게 낫다. ······························( )( )
109. 나는 영업에 적합한 타입이라고 생각한다. ···························( )( )
110. 술자리에서 술을 마시지 않아도 흥을 돋울 수 있다. ·············( )( )
111. 한 번도 병원에 간 적이 없다. ···( )( )
112. 나쁜 일은 걱정이 되어서 어쩔 줄을 모른다. ·······················( )( )
113. 금세 무기력해지는 편이다. ···( )( )
114. 비교적 고분고분한 편이라고 생각한다. ·······························( )( )
115. 독자적으로 행동하는 편이다. ···( )( )
116. 적극적으로 행동하는 편이다. ···( )( )
117. 금방 감격하는 편이다. ···( )( )
118. 어떤 것에 대해서는 불만을 가진 적이 없다. ·······················( )( )
119. 밤에 못 잘 때가 많다. ···( )( )
120. 자주 후회하는 편이다. ···( )( )
121. 뜨거워지기 쉽고 식기 쉽다. ···( )( )
122. 자신만의 세계를 가지고 있다. ···( )( )
123. 많은 사람 앞에서도 긴장하는 일은 없다. ····························( )( )
124. 말하는 것을 아주 좋아한다. ···( )( )
125. 인생을 포기하는 마음을 가진 적이 한 번도 없다. ···············( )( )
126. 어두운 성격이다. ···( )( )
127. 금방 반성한다. ··( )( )
128. 활동범위가 넓은 편이다. ··( )( )
129. 자신을 끈기 있는 사람이라고 생각한다. ·······························( )( )
130. 좋다고 생각하더라도 좀 더 검토하고 나서 실행한다. ···········( )( )
131. 위대한 인물이 되고 싶다. ··( )( )
132. 한 번에 많은 일을 떠맡아도 힘들지 않다. ···························( )( )
133. 사람과 만날 약속은 부담스럽다. ···( )( )

134. 질문을 받으면 충분히 생각하고 나서 대답하는 편이다. ································( )( )

YES NO

135. 머리를 쓰는 것보다 땀을 흘리는 일이 좋다. ································( )( )
136. 결정한 것에는 철저히 구속받는다. ································( )( )
137. 외출 시 문을 잠갔는지 몇 번을 확인한다. ································( )( )
138. 이왕 할 거라면 일등이 되고 싶다. ································( )( )
139. 과감하게 도전하는 타입이다. ································( )( )
140. 자신은 사교적이 아니라고 생각한다. ································( )( )
141. 무심코 도리에 대해서 말하고 싶어진다. ································( )( )
142. '항상 건강하네요.'라는 말을 듣는다. ································( )( )
143. 단념하면 끝이라고 생각한다. ································( )( )
144. 예상하지 못한 일은 하고 싶지 않다. ································( )( )
145. 파란만장하더라도 성공하는 인생을 걷고 싶다. ································( )( )
146. 활기찬 편이라고 생각한다. ································( )( )
147. 소극적인 편이라고 생각한다. ································( )( )
148. 무심코 평론가가 되어 버린다. ································( )( )
149. 자신은 성급하다고 생각한다. ································( )( )
150. 꾸준히 노력하는 타입이라고 생각한다. ································( )( )
151. 내일의 계획이라도 메모한다. ································( )( )
152. 리더십이 있는 사람이 되고 싶다. ································( )( )
153. 열정적인 사람이라고 생각한다. ································( )( )
154. 다른 사람 앞에서 이야기를 잘 하지 못한다. ································( )( )
155. 통찰력이 있는 편이다. ································( )( )
156. 엉덩이가 가벼운 편이다. ································( )( )
157. 여러 가지로 구애됨이 있다. ································( )( )
158. 돌다리도 두들겨 보고 건너는 쪽이 좋다. ································( )( )
159. 자신에게는 권력욕이 있다. ································( )( )
160. 업무를 할당받으면 기쁘다. ································( )( )
161. 사색적인 사람이라고 생각한다. ································( )( )
162. 비교적 개혁적이다. ································( )( )
163. 좋고 싫음으로 정할 때가 많다. ································( )( )

164. 전통에 구애되는 것은 버리는 것이 적절하다. ·····························( )( )

YES NO

165. 교제 범위가 좁은 편이다. ·····································( )( )

166. 발상의 전환을 할 수 있는 타입이라고 생각한다. ·····················( )( )

167. 너무 주관적이어서 실패한다. ····································( )( )

168. 현실적이고 실용적인 면을 추구한다. ······························( )( )

169. 내가 어떤 배우의 팬인지 아무도 모른다. ··························( )( )

170. 현실보다 가능성이다. ···( )( )

171. 마음이 담겨 있으면 선물은 아무 것이나 좋다. ······················( )( )

172. 여행은 마음대로 하는 것이 좋다. ·································( )( )

173. 추상적인 일에 관심이 있는 편이다. ·······························( )( )

174. 일은 대담히 하는 편이다. ······································( )( )

175. 괴로워하는 사람을 보면 우선 동정한다. ···························( )( )

176. 가치기준은 자신의 안에 있다고 생각한다. ·························( )( )

177. 조용하고 조심스러운 편이다. ····································( )( )

178. 상상력이 풍부한 편이라고 생각한다. ······························( )( )

179. 의리, 인정이 두터운 상사를 만나고 싶다. ··························( )( )

180. 인생의 앞날을 알 수 없어 재미있다. ······························( )( )

181. 밝은 성격이다. ··( )( )

182. 별로 반성하지 않는다. ··( )( )

183. 활동범위가 좁은 편이다. ······································( )( )

184. 자신을 시원시원한 사람이라고 생각한다. ··························( )( )

185. 좋다고 생각하면 바로 행동한다. ·································( )( )

186. 좋은 사람이 되고 싶다. ·······································( )( )

187. 한 번에 많은 일을 떠맡는 것은 골칫거리라고 생각한다. ···············( )( )

188. 사람과 만날 약속은 즐겁다. ····································( )( )

189. 질문을 받으면 그때의 느낌으로 대답하는 편이다. ····················( )( )

190. 땀을 흘리는 것보다 머리를 쓰는 일이 좋다. ·······················( )( )

191. 결정한 것이라도 그다지 구속받지 않는다. ·························( )( )

192. 외출 시 문을 잠갔는지 별로 확인하지 않는다. ······················( )( )

193. 지위에 어울리면 된다. ··( )( )

194. 안전책을 고르는 타입이다. ·····································( )( )

YES NO

195. 자신은 사교적이라고 생각한다. ·····································( )( )

196. 도리는 상관없다. ·····································( )( )

197. '침착하네요.'라는 말을 듣는다. ·····································( )( )

198. 단념이 중요하다고 생각한다. ·····································( )( )

199. 예상하지 못한 일도 해보고 싶다. ·····································( )( )

200. 평범하고 평온하게 행복한 인생을 살고 싶다. ·····································( )( )

>> 유형 2

∥1~100∥ 다음 주어진 보기 중에서 자신과 가장 가깝다고 생각하는 것은 'ㄱ'에 표시하고, 자신과 가장 멀다고 생각하는 것은 'ㅁ'에 표시하시오.

1
① 성공에 대한 열망이 강하다.
② 내일 해도 되는 일을 오늘 안에 끝내는 편이다.
③ 많은 친구랑 사귀는 편이다.
④ 직감을 중요하게 여기는 편이다.

ㄱ	① ② ③ ④
ㅁ	① ② ③ ④

2
① 휴일에는 운동 등으로 몸을 움직일 때가 많다.
② 경제에 관심이 많다.
③ 조금 손해를 보더라도 스스로 책임을 지는 편이다.
④ 친구가 많은 편이다.

ㄱ	① ② ③ ④
ㅁ	① ② ③ ④

3
① 사교성이 있는 편이라고 생각한다.
② 모르는 것이 있어도 행동하면서 생각한다.
③ 약속시간에 여유를 가지고 약간 빨리 나가는 편이다.
④ 한 번 시작한 일은 끝까지 해내는 편이다.

ㄱ	① ② ③ ④
ㅁ	① ② ③ ④

4
① 늘 새로운 것에 도전하는 것이 흥미롭다.
② 주변 사람들의 말에 잘 흔들리지 않는다.
③ 건강하고 활발한 편이다.
④ 말을 하기보다 주로 듣는 편이다.

ㄱ	① ② ③ ④
ㅁ	① ② ③ ④

5
① 기회가 있으면 꼭 얻는 편이다.
② 단념하는 것은 있을 수 없다.
③ 예술분야에 관심이 많다.
④ 무슨 일이든지 결과가 중요하다.

ㄱ	① ② ③ ④
ㅁ	① ② ③ ④

6
① 사물에 대해 깊이 생각하는 경향이 있다.
② 계획을 세워서 행동하는 것을 좋아한다.
③ 주변의 일을 성급하게 해결한다.
④ 경쟁에서 절대로 지고 싶지 않다.

ㄱ	① ② ③ ④
ㅁ	① ② ③ ④

7
① 하기 싫은 것을 하고 있으면 무심코 불만을 말한다.
② 투지를 드러내는 경향이 있다.
③ 규칙을 잘 지킨다.
④ 어떤 일이라도 헤쳐 나가는 데 자신이 있다.

ㄱ	① ② ③ ④
ㅁ	① ② ③ ④

8
① 친구들을 재미있게 하는 것을 좋아한다.
② 아침부터 아무것도 하고 싶지 않을 때가 있다.
③ 상황판단이 빠른 편이다.
④ 이 세상에 없는 세계가 존재한다고 생각한다.

ㄱ	① ② ③ ④
ㅁ	① ② ③ ④

9

① 토론하여 진 적이 한 번도 없다.

② 예술분야에 관심이 많다.

③ 아첨에 넘어가기 쉬운 편이다.

④ 주변 사람이 자기 험담을 하고 있다고 생각할 때가
있다.

ㄱ	① ② ③ ④
ㅁ	① ② ③ ④

10

① 집중력이 뛰어나 몰입을 잘한다.

② 남의 험담을 한 적이 없다.

③ 쉽게 화를 낸다는 말을 듣는다.

④ 초조하면 손을 떨고, 심장박동이 빨라진다.

ㄱ	① ② ③ ④
ㅁ	① ② ③ ④

11

① 노래방을 아주 좋아한다.

② 자신만이 할 수 있는 일을 하고 싶다.

③ 자신을 과소평가하는 경향이 있다.

④ 책상 위나 서랍 안은 항상 깔끔히 정리한다.

ㄱ	① ② ③ ④
ㅁ	① ② ③ ④

12

① 이유 없이 불안할 때가 있다.

② 주위 사람의 의견을 생각해서 발언을 자제할 때가
있다.

③ 자존심이 강한 편이다.

④ 생각 없이 함부로 말하는 경우가 많다.

ㄱ	① ② ③ ④
ㅁ	① ② ③ ④

13
① 꼼꼼한 성격이다.
② 일은 대담히 하는 편이다.
③ 괴로워하는 사람을 보면 우선 동정한다.
④ 가치기준은 자신의 안에 있다고 생각한다.

| ㄱ | ① ② ③ ④ |
| ㅁ | ① ② ③ ④ |

14
① 교제 범위가 좁은 편이다.
② 발상의 전환을 할 수 있는 타입이라고 생각한다.
③ 너무 주관적이어서 실패한다.
④ 현실적이고 실용적인 면을 추구한다.

| ㄱ | ① ② ③ ④ |
| ㅁ | ① ② ③ ④ |

15
① 정리정돈을 잘 한다.
② 돌다리도 두들겨 보고 건너는 쪽이 좋다.
③ 여행을 많이 다닌다.
④ 책임감이 강하다.

| ㄱ | ① ② ③ ④ |
| ㅁ | ① ② ③ ④ |

16
① 내 발전을 위해 항상 노력한다.
② 건강관리에 노력을 기울인다.
③ 한번 싫으면 끝까지 싫다.
④ 예상하지 못한 일은 하고 싶지 않다.

| ㄱ | ① ② ③ ④ |
| ㅁ | ① ② ③ ④ |

17
① 시간 약속은 반드시 지킨다.
② 질문을 받으면 충분히 생각하고 나서 대답하는 편이다.
③ 머리를 쓰는 것보다 땀을 흘리는 일이 좋다.
④ 여행을 떠날 때 미리 계획을 세운다.

ㄱ	① ② ③ ④
ㅁ	① ② ③ ④

18
① 자신을 끈기 있는 사람이라고 생각한다.
② 좋다고 생각하더라도 좀 더 검토하고 나서 실행한다.
③ 무언가에 얽매이는 것을 싫어하는 편이다.
④ 한 번에 많은 일을 떠맡아도 힘들지 않다.

ㄱ	① ② ③ ④
ㅁ	① ② ③ ④

19
① 잡다한 지식이 많은 편이다.
② 성격에 어두운 면이 있다.
③ 금방 반성한다.
④ 쉬는 날은 주로 집에서 휴식을 취한다.

ㄱ	① ② ③ ④
ㅁ	① ② ③ ④

20
① 금방 감격하는 편이다.
② 어떤 것에 대해서는 불만을 가진 적이 없다.
③ 높은 이상을 추구한다.
④ 자주 후회하는 편이다.

ㄱ	① ② ③ ④
ㅁ	① ② ③ ④

21
① 금세 무기력해지는 편이다.
② 비교적 고분고분한 편이라고 생각한다.
③ 독자적으로 행동하는 편이다.
④ 적극적으로 행동하는 편이다.

ㄱ	① ② ③ ④
ㅁ	① ② ③ ④

22
① 나는 영업에 적합한 타입이라고 생각한다.
② 술자리에서 술을 마시지 않아도 흥을 돋울 수 있다.
③ 감수성이 풍부하다.
④ 나쁜 일은 걱정이 되어서 어쩔 줄을 모른다.

ㄱ	① ② ③ ④
ㅁ	① ② ③ ④

23
① 시간 약속 어기는 것을 싫어한다.
② 상냥한 편이다.
③ 유치한 면이 있다.
④ 잡담을 하는 것보다 책을 읽는 것이 낫다.

ㄱ	① ② ③ ④
ㅁ	① ② ③ ④

24
① 그다지 융통성이 있는 편이 아니다.
② 다른 사람이 내 의견에 간섭하는 것이 싫다.
③ 낙천적인 편이다.
④ 숙제를 잊어버린 적이 한 번도 없다.

ㄱ	① ② ③ ④
ㅁ	① ② ③ ④

25
① 다른 사람을 욕한 적이 한 번도 없다.
② 다른 사람에게 어떻게 보일지 신경을 쓰지 않는다.
③ 다른 사람과 논쟁할 때 상대의 허점을 잘 찾아낸다.
④ 다른 사람에게 의존하는 경향이 있다.

ㄱ	① ② ③ ④
ㅁ	① ② ③ ④

26
① 의지가 약한 편이다.
② 다른 사람이 하는 일에 별로 관심이 없다.
③ 사람을 설득시키는 것은 어렵지 않다.
④ 심심한 것을 못 참는다.

ㄱ	① ② ③ ④
ㅁ	① ② ③ ④

27
① 업무는 인간관계로 선택한다.
② 환경이 변하는 것에 구애받지 않는다.
③ 불안감이 강한 편이다.
④ 의사결정을 신속하게 하는 편이다.

ㄱ	① ② ③ ④
ㅁ	① ② ③ ④

28
① 정이 두터운 사람으로 남고 싶다.
② 조직의 일원으로 별로 안 어울린다.
③ 세상의 일에 별로 관심이 없다.
④ 변화를 추구하는 편이다.

ㄱ	① ② ③ ④
ㅁ	① ② ③ ④

29
① 비교적 눈물이 많은 편이다.
② 융통성이 있다고 생각한다.
③ 친구의 휴대폰 번호를 잘 모른다.
④ 스스로 고안하는 것을 좋아한다.

ㄱ	① ② ③ ④
ㅁ	① ② ③ ④

30
① 영화나 드라마를 보면 등장인물의 감정에 이입된다.
② 조직에서 사안을 결정할 때 내 의견이 반영되면 행복하다.
③ 다른 사람의 소문에 관심이 없다.
④ 창조적인 편이다.

ㄱ	① ② ③ ④
ㅁ	① ② ③ ④

31
① 꿈을 계속 가지고 있고 싶다.
② 질서보다 자유를 중요시하는 편이다.
③ 혼자서 취미에 몰두하는 것을 좋아한다.
④ 직관적으로 판단하는 편이다.

ㄱ	① ② ③ ④
ㅁ	① ② ③ ④

32
① 노력해도 결과가 따르지 않으면 의미가 없다.
② 무조건 행동해야 한다.
③ 유행에 둔감하다고 생각한다.
④ 정해진 대로 움직이는 것은 시시하다.

ㄱ	① ② ③ ④
ㅁ	① ② ③ ④

33
① 흐린 날은 반드시 우산을 가지고 간다.
② 즉흥적으로 결정하는 편이다.
③ 공격적인 타입이라고 생각한다.
④ 창조적인 아이템을 고안해 내고 싶다.

ㄱ	① ② ③ ④
ㅁ	① ② ③ ④

34
① 나는 수치·통계를 다루는 것을 좋아한다.
② 나는 사람들과 사귀는 것을 좋아한다.
③ 나는 리더십이 있다.
④ 낯선 사람에게 말을 걸기 힘들다.

ㄱ	① ② ③ ④
ㅁ	① ② ③ ④

35
① 쉬는 날은 밖으로 나가는 경우가 많다.
② 시작한 일은 반드시 완성시킨다.
③ 면밀한 계획을 세운 여행을 좋아한다.
④ 야망이 있는 편이라고 생각한다.

ㄱ	① ② ③ ④
ㅁ	① ② ③ ④

36
① 주장이 강한 편이다.
② 무엇보다도 일이 중요하다.
③ 학교를 쉬고 싶다고 생각한 적이 한 번도 없다.
④ 잘 안 되는 일이 있어도 계속 추진한다.

ㄱ	① ② ③ ④
ㅁ	① ② ③ ④

37
① 학창시절에 그다지 튀지 않는 학생이었다.
② 생각이 많은 사람이다.
③ 스포츠를 좋아한다.
④ 고집이 세다는 말을 종종 듣는다.

ㄱ	① ② ③ ④
ㅁ	① ② ③ ④

38
① 사소한 충고에도 걱정을 한다.
② 팀워크를 중시한다.
③ 금방 싫증을 내는 편이다.
④ 개성적인 사람이라고 생각한다.

ㄱ	① ② ③ ④
ㅁ	① ② ③ ④

39
① 감정적인 사람이라고 생각한다.
② 자신만의 신념을 가지고 있다.
③ 다른 사람을 바보 같다고 생각한 적이 있다.
④ 입이 가볍다.

ㄱ	① ② ③ ④
ㅁ	① ② ③ ④

40
① 금방 흥분하는 성격이다.
② 거짓말을 한 적이 없다.
③ 신경질적인 편이다.
④ 끙끙대며 고민하는 타입이다.

ㄱ	① ② ③ ④
ㅁ	① ② ③ ④

41

① 승부근성이 강하다.

② 침착하고 차분하다.

③ 지금까지 살면서 타인에게 폐를 끼친 적이 없다.

④ 소곤소곤 이야기하는 것을 보면 자기에 대해 험담하고 있는 것으로 생각된다.

ㄱ	① ② ③ ④
ㅁ	① ② ③ ④

42

① 연구는 이론체계를 만들어 내는 데 의의가 있다.

② 규칙을 벗어나서까지 사람을 돕고 싶지 않다.

③ 일부러 위험에 접근하는 것은 어리석다고 생각한다.

④ 남의 주목을 받고 싶어 하는 편이다.

ㄱ	① ② ③ ④
ㅁ	① ② ③ ④

43

① 기계 · 공학에 관심이 많다.

② 생각날 때 물건을 산다.

③ 이성적인 사람이 되고 싶다고 생각한다.

④ 초면인 사람을 만나는 일은 잘 하지 못한다.

ㄱ	① ② ③ ④
ㅁ	① ② ③ ④

44

① 움직이지 않고 많은 생각을 하는 것이 즐겁다.

② 현실적이다.

③ 오늘 하지 않아도 되는 일은 내일 하는 편이다.

④ 적은 친구랑 깊게 사귀는 편이다.

ㄱ	① ② ③ ④
ㅁ	① ② ③ ④

45
① 결과보다 과정이 중요하다.
② 자기 능력의 범위 내에서 정확히 일을 하고 싶다.
③ 새로운 사람을 만나는 것은 즐겁다.
④ 차분하고 사려 깊은 사람을 동경한다.

ㄱ	① ② ③ ④
ㅁ	① ② ③ ④

46
① 손재주가 있는 편이다.
② 사물에 대해 가볍게 생각하는 경향이 있다.
③ 계획을 정확하게 세워서 행동하는 것을 못한다.
④ 주변의 일을 여유 있게 해결한다.

ㄱ	① ② ③ ④
ㅁ	① ② ③ ④

47
① 내가 어떤 연예인의 팬인지 주변의 사람들이 안다.
② 가능성을 크게 생각한다.
③ 합리적인 결정을 추구한다.
④ 여행은 계획적으로 하는 것이 좋다.

ㄱ	① ② ③ ④
ㅁ	① ② ③ ④

48
① 활동적인 사람이라고 생각한다.
② 비교적 보수적이다.
③ 차가워 보인다는 말을 자주 듣는다.
④ 감정표현에 서툴다.

ㄱ	① ② ③ ④
ㅁ	① ② ③ ④

49
① 특별히 구애받는 것이 없다.
② 돌다리는 두들겨 보지 않고 건너도 된다.
③ 새로운 제품이 출시되면 가장 먼저 구매하고 싶다.
④ 업무를 할당받으면 부담스럽다.

| ㄱ | ① ② ③ ④ |
| ㅁ | ① ② ③ ④ |

50
① 자신은 성급하지 않다고 생각한다.
② 꾸준히 노력하는 것을 잘 하지 못한다.
③ 내일의 계획을 미리 머릿속에 기억한다.
④ 협동성이 있는 사람이 되고 싶다.

| ㄱ | ① ② ③ ④ |
| ㅁ | ① ② ③ ④ |

51
① 외출 시 문을 잠갔는지 잘 확인하지 않는다.
② 권력욕이 있다.
③ 안전책을 고르는 타입이다.
④ 자신이 사교적이라고 생각한다.

| ㄱ | ① ② ③ ④ |
| ㅁ | ① ② ③ ④ |

52
① 자신을 시원시원한 사람이라고 생각한다.
② 좋다고 생각하면 바로 행동한다.
③ 세상에 필요한 사람이 되고 싶다.
④ 한 번에 많은 일을 떠맡는 것은 골칫거리라고 생각
한다.

| ㄱ | ① ② ③ ④ |
| ㅁ | ① ② ③ ④ |

53
① 협조성이 있다고 생각한다.
② 친한 친구의 휴대폰 번호는 대부분 외운다.
③ 정해진 순서에 따르는 것을 좋아한다.
④ 이성적인 사람으로 남고 싶다.

ㄱ	① ② ③ ④
ㅁ	① ② ③ ④

54
① 무리해서 행동할 필요는 없다.
② 유행에 민감하다고 생각한다.
③ 정해진 대로 움직이는 편이 안심된다.
④ 현실을 직시하는 편이다.

ㄱ	① ② ③ ④
ㅁ	① ② ③ ④

55
① 모임에서 리더에 어울리지 않는다고 생각한다.
② 착실한 노력으로 성공한 이야기를 좋아한다.
③ 어떠한 일에도 의욕이 없이 임하는 편이다.
④ 학급에서는 존재가 두드러졌다.

ㄱ	① ② ③ ④
ㅁ	① ② ③ ④

56
① 1인자보다는 조력자의 역할을 좋아한다.
② 의리를 지키는 타입이다.
③ 리드를 하는 편이다.
④ 남의 이야기를 잘 들어준다.

ㄱ	① ② ③ ④
ㅁ	① ② ③ ④

57
① 나는 혼자 있는 것을 좋아한다.
② 화가 나면 말 수가 적어진다.
③ 직설적으로 말하기보다 돌려 말하기를 좋아한다.
④ 나는 어느 곳에 가든지 그 곳의 분위기에 적응할 수 있다.

ㄱ	① ② ③ ④
ㅁ	① ② ③ ④

58
① 호감이 가는 사람이 앞에 있으면 티가 많이 난다.
② 독립심이 강하다.
③ 친분 때문에 금전적으로 손해를 본 적이 있다.
④ 계획적으로 생활한다.

ㄱ	① ② ③ ④
ㅁ	① ② ③ ④

59
① 정이 많아 맺고 끊는 것을 잘 못한다.
② 성격이 차분하고 꼼꼼한 편이다.
③ 다른 사람들의 의견을 잘 조율한다.
④ 공상적인 편이다.

ㄱ	① ② ③ ④
ㅁ	① ② ③ ④

60
① 결론이 나면 신속히 행동으로 옮겨진다.
② 앞으로의 일을 예상치 못하면 불안하다.
③ 꾸준히 계속해서 노력하는 편이다.
④ 여기저기 뛰어다니는 일이 즐겁다.

ㄱ	① ② ③ ④
ㅁ	① ② ③ ④

61
① 한 우물만 파고 싶다.
② 스트레스를 해소하기 위해 몸을 움직인다.
③ 기한이 정해진 일은 무슨 일이 있어도 끝낸다.
④ 일단 무엇이든지 도전하는 편이다.

ㄱ	① ② ③ ④
ㅁ	① ② ③ ④

62
① 목표 달성을 위해서는 온갖 노력을 다한다.
② 생각한 일을 행동으로 옮기지 않으면 기분이 찜찜하다.
③ 새로운 친구를 곧 사귈 수 있다.
④ 사려 깊은 사람이라는 말을 듣는 편이다.

ㄱ	① ② ③ ④
ㅁ	① ② ③ ④

63
① 착한 사람이라는 말을 들을 때가 많다.
② 자신을 다른 사람보다 뛰어나다고 생각한다.
③ 개성적인 사람이라는 말을 자주 듣는다.
④ 누구와도 편하게 대화할 수 있다.

ㄱ	① ② ③ ④
ㅁ	① ② ③ ④

64
① 이론만 내세우는 사람과 대화하면 짜증이 난다.
② 상처를 주는 것도, 받는 것도 싫다.
③ 매일 그날을 반성한다.
④ 주변 사람이 피곤해하여도 자신은 원기왕성하다.

ㄱ	① ② ③ ④
ㅁ	① ② ③ ④

65
① 정리가 되지 않은 방에 있으면 불안하다.
② 거짓말을 한 적이 한 번도 없다.
③ 슬픈 영화나 TV를 보면 자주 운다.
④ 자신을 충분히 신뢰할 수 있다고 생각한다.

ㄱ	① ② ③ ④
ㅁ	① ② ③ ④

66
① 조용하고 조심스러운 편이다.
② 기발한 아이디어가 많다.
③ 의리, 인정이 두터운 상사를 만나고 싶다.
④ 매일이 새롭고 재미있다.

ㄱ	① ② ③ ④
ㅁ	① ② ③ ④

67
① 내가 어떤 배우의 팬인지 아무도 모른다.
② 현실보다 가능성이다.
③ 마음이 담겨 있으면 어떤 선물이나 좋다.
④ 여행은 갑자기 떠나는 것이 좋다.

ㄱ	① ② ③ ④
ㅁ	① ② ③ ④

68
① 사색적인 사람이라고 생각한다.
② 비교적 개혁적이다.
③ 좋고 싫음이 분명하다.
④ 전통에 구애되는 것은 버리는 것이 적절하다.

ㄱ	① ② ③ ④
ㅁ	① ② ③ ④

69
① 열정적인 사람이라고 생각한다.
② 다른 사람 앞에서 이야기를 잘 하지 못한다.
③ 통찰력이 있는 편이다.
④ 엉덩이가 가벼운 편이다.

ㄱ	① ② ③ ④
ㅁ	① ② ③ ④

70
① 자신은 성급하다고 생각한다.
② 꾸준히 노력하는 타입이라고 생각한다.
③ 내일의 계획이라도 습관적으로 메모한다.
④ 리더십이 있는 사람이 되고 싶다.

ㄱ	① ② ③ ④
ㅁ	① ② ③ ④

71
① 파란만장하더라도 성공하는 인생을 걷고 싶다.
② 활기찬 편이라고 생각한다.
③ 소극적인 편이라고 생각한다.
④ 다른 사람의 행동을 주의 깊게 관찰한다.

ㄱ	① ② ③ ④
ㅁ	① ② ③ ④

72
① 외출 시 문을 잠갔는지 몇 번을 확인한다.
② 이왕 할 거라면 일등이 되고 싶다.
③ 과감하게 도전하는 타입이다.
④ 자신은 사교적이 아니라고 생각한다.

ㄱ	① ② ③ ④
ㅁ	① ② ③ ④

73
① 뜨거워지기 쉽고 식기 쉽다.
② 자신만의 세계를 가지고 있다.
③ 많은 사람 앞에서도 긴장하는 일은 없다.
④ 말하는 것을 아주 좋아한다.

ㄱ	① ② ③ ④
ㅁ	① ② ③ ④

74
① 너무 신중해서 기회를 놓친 적이 있다.
② 시원시원하게 움직이는 타입이다.
③ 야근을 해서라도 업무를 끝낸다.
④ 누군가를 방문할 때는 반드시 사전에 확인한다.

ㄱ	① ② ③ ④
ㅁ	① ② ③ ④

75
① 하나의 취미에 열중하는 타입이다.
② 모임에서 회장에 어울린다고 생각한다.
③ 성공한 사람의 이야기를 좋아한다.
④ 어떠한 일도 의욕을 가지고 임하는 편이다.

ㄱ	① ② ③ ④
ㅁ	① ② ③ ④

76
① 활동력이 있는 편이다.
② 비판력이 강하다.
③ 문제를 신속하게 해결한다.
④ 감수성이 풍부하다.

ㄱ	① ② ③ ④
ㅁ	① ② ③ ④

77
① 인생의 목표는 큰 것이 좋다.
② 어떤 일이라도 바로 시작하는 타입이다.
③ 복잡한 문제를 해결해 가는 것이 즐겁다.
④ 생각하고 나서 행동하는 편이다.

| ㄱ | ① ② ③ ④ |
| ㅁ | ① ② ③ ④ |

78
① 남을 잘 배려하는 편이다.
② 몸을 움직이는 것을 좋아한다.
③ 끈기가 있는 편이다.
④ 신중한 편이라고 생각한다.

| ㄱ | ① ② ③ ④ |
| ㅁ | ① ② ③ ④ |

79
① 문제점을 해결하기 위해 여러 사람과 상의한다.
② 내 방식대로 일을 한다.
③ 영화를 보고 운 적이 많다.
④ 어떤 것에 대해서도 화낸 적이 없다.

| ㄱ | ① ② ③ ④ |
| ㅁ | ① ② ③ ④ |

80
① 주변에 싫어하는 사람이 없다.
② 빨리 결정하고 과감하게 행동하는 편이다.
③ 쓸데없는 고생을 하는 일이 많다.
④ 자주 기계를 잘 다룬다.

| ㄱ | ① ② ③ ④ |
| ㅁ | ① ② ③ ④ |

81
① 남 탓을 잘한다.
② 자신을 변덕스러운 사람이라고 생각한다.
③ 고독을 즐기는 편이다.
④ 자존심이 강하다고 생각한다.

ㄱ	① ② ③ ④
ㅁ	① ② ③ ④

82
① 내 의견이 반영되지 않으면 화가 난다.
② 언제나 실패가 걱정이 되어 어쩔 줄 모른다.
③ 다수결의 의견에 따르는 편이다.
④ 혼자서 식당에 들어가는 것은 전혀 두려운 일이 아니다.

ㄱ	① ② ③ ④
ㅁ	① ② ③ ④

83
① 재미있는 것을 추구하는 경향이 있다.
② 어려움에 처해 있는 사람을 보면 원인을 생각한다.
③ 돈이 없으면 걱정이 된다.
④ 한 가지 일에 매달리는 편이다.

ㄱ	① ② ③ ④
ㅁ	① ② ③ ④

84
① 체험을 중요하게 여기는 편이다.
② 예의바른 사람을 좋아한다.
③ 연구직에 알맞은 성격이다.
④ 쉬는 날은 외출하고 싶다.

ㄱ	① ② ③ ④
ㅁ	① ② ③ ④

85
① 친구가 적은 편이다.
② 결론이 나도 여러 번 생각을 하는 편이다.
③ 걱정이 별로 없다.
④ 같은 일을 계속해서 잘 하지 못한다.

ㄱ	① ② ③ ④
ㅁ	① ② ③ ④

86
① 갑작스러운 상황에 유연히 대응하는 편이다.
② 휴일에는 집 안에서 편안하게 있을 때가 많다.
③ 위험성을 무릅쓰면서 성공하고 싶다고 생각하지 않는다.
④ 의존적인 성격이다.

ㄱ	① ② ③ ④
ㅁ	① ② ③ ④

87
① 음식점에 가면 늘 먹는 음식만 시킨다.
② 여러 가지 일을 경험하고 싶다.
③ 스트레스를 해소하기 위해 집에서 조용히 지낸다.
④ 늘 계획만 거창하다.

ㄱ	① ② ③ ④
ㅁ	① ② ③ ④

88
① 활발한 사람이라는 말을 듣는 편이다.
② 자주 기회를 놓치는 편이다.
③ 단념하는 것이 필요할 때도 있다.
④ 학창시절 체육수업을 못했다.

ㄱ	① ② ③ ④
ㅁ	① ② ③ ④

89
① 밝고 개방적인 편이다.
② 현실 인식을 잘하는 편이라고 생각한다.
③ 공평하고 공적인 상사를 만나고 싶다.
④ 시시해도 계획적인 인생이 좋다.

ㄱ	① ② ③ ④
ㅁ	① ② ③ ④

90
① 구체적인 일에 관심이 있는 편이다.
② 일은 착실히 하는 편이다.
③ 괴로워하는 사람을 보면 우선 이유를 생각한다.
④ 사회가 정한 범주 내에서 생각한다.

ㄱ	① ② ③ ④
ㅁ	① ② ③ ④

91
① 교제 범위가 넓은 편이다.
② 상식적인 판단을 할 수 있는 타입이라고 생각한다.
③ 너무 객관적이어서 실패한다.
④ 보수적인 면을 추구한다.

ㄱ	① ② ③ ④
ㅁ	① ② ③ ④

92
① 평범하고 평온하게 행복한 인생을 살고 싶다.
② 모험하는 것이 좋다.
③ 특별히 소극적이라고 생각하지 않는다.
④ 이것저것 평하는 것이 싫다.

ㄱ	① ② ③ ④
ㅁ	① ② ③ ④

93
① 예절 · 규칙 · 법 따위에 민감하다.
② '참 착하네요'라는 말을 자주 듣는다.
③ 내가 즐거운 것이 최고다.
④ 누구도 예상하지 못한 일을 해보고 싶다.

ㄱ	① ② ③ ④
ㅁ	① ② ③ ④

94
① 사람과 만나는 것이 즐겁다.
② 질문을 받으면 그때의 느낌으로 대답하는 편이다.
③ 땀을 흘리는 것보다 머리를 쓰는 일이 좋다.
④ 이미 결정된 것이라도 그다지 구속받지 않는다.

ㄱ	① ② ③ ④
ㅁ	① ② ③ ④

95
① 되도록 환경은 변하지 않는 것이 좋다.
② 밝은 성격이다.
③ 지나간 일에 연연하지 않는다.
④ 활동범위가 좁은 편이다.

ㄱ	① ② ③ ④
ㅁ	① ② ③ ④

96
① 단체 생활을 잘 한다.
② 세상의 일에 관심이 많다.
③ 안정을 추구하는 편이다.
④ 도전하는 것이 즐겁다.

ㄱ	① ② ③ ④
ㅁ	① ② ③ ④

97
① 혼자 자유롭게 생활하는 것이 편하다.
② 다른 사람의 소문에 관심이 많다.
③ 실무적인 편이다.
④ 비교적 냉정한 편이다.

ㄱ	① ② ③ ④
ㅁ	① ② ③ ④

98
① 자유보다 질서를 중요시하는 편이다.
② 사람들과 이야기하는 것을 좋아한다.
③ 경험에 비추어 판단하는 편이다.
④ 영화나 드라마는 각본의 완성도나 화면구성에 주목한다.

ㄱ	① ② ③ ④
ㅁ	① ② ③ ④

99
① 여유 있게 대비하는 타입이다.
② 업무가 진행 중이라도 야근을 하지 않는다.
③ 즉흥적으로 약속을 잡는다.
④ 노력하는 과정이 결과보다 중요하다.

ㄱ	① ② ③ ④
ㅁ	① ② ③ ④

100
① 아무것도 생각하지 않을 때가 많다.
② 스포츠는 하는 것보다는 보는 게 좋다.
③ 성격이 급한 편이다.
④ 비가 오지 않으면 우산을 가지고 가지 않는다.

ㄱ	① ② ③ ④
ㅁ	① ② ③ ④

PLUS tip
한국사에 대한 기본 소양이 어느 정도인지 평가하는 시험으로 일반상식 수준의 난이도로 출제된다.

1 다음은 고려의 대외 관계를 대표하는 주요 사건을 나열한 것이다. 일어난 순서는 어떻게 되는가?

> A. 귀주대첩
> B. 별무반 편성
> C. 동북 9성 축조
> D. 강화도 천도
> E. 삼별초 항쟁

① A − B − C − D − E
② A − B − D − C − E
③ B − A − C − D − E
④ B − A − C − E − D

 고려의 대외관계 주요 사건 순서
서희의 외교담판→귀주대첩→천리장성 축조→별무반 편성→동북 9성 축조→몽골 침입
→강화도 천도→삼별초 항쟁→쌍성총관부 수복

Answer 1.①

2 다음 그림과 글을 보고 이 성을 축조하라고 지시한 왕은 누구인가?

- 유네스코 세계문화유산으로 지정된 수원 화성
- 정약용의 거중기를 사용하여 건축
- 개혁의 의지를 담아 축조

① 숙종   ② 영조

③ 정조   ④ 철종

 수원 화성은 조선 후기 정조 때에 축조되었다. 정조는 수원 화성을 정치·군사·경제적 기능을 갖춘 새로운 도시로 육성하고자 하였다. 또한 수원 화성의 축조에는 중국을 통해 들어온 서양 과학 기술이 활용되었는데, 특히 정약용이 만든 거중기가 사용되어 건축 기간이 단축되었다. 수원 화성은 1997년 유네스코 세계문화유산으로 지정되었다.

3 다음에서 설명하는 개혁을 한 왕은 누구인가?

- 전제 왕권 강화
- 김흠돌의 난 이후 개혁 실시
- 국학 설립
- 관료전 지급
- 녹읍 폐지

① 문무왕   ② 무열왕

③ 신문왕   ④ 경덕왕

 신문왕의 개혁 내용이다. 신문왕은 전제 왕권 강화를 위해 국학 설립, 관료전 지급, 9주 5소경 체제 등을 추진하였다. 그리고 귀족이 조세를 수취하고 노동력을 징발할 수 있는 녹읍을 폐지함으로써 귀족 세력의 경제적 기반을 약화시켰다.

4 다음에서 설명하는 이 나라는 어디인가?

> 이 나라 사람들은 12월이 되면 하늘에 제사를 드리는데, 온 나라 백성이 크게 모여서 며칠을 두고 음식을 먹고 노래하며 춤추니, 그것을 곧 영고라 한다. 이 때에는 형옥(刑獄)을 중단하고 죄수를 풀어 준다. 전쟁을 하게 되면 그 때에도 하늘에 제사를 지내고, 소를 잡아서 그 발굽을 가지고 길흉을 점친다.

① 부여　　　　　　　　　　② 고구려
③ 동예　　　　　　　　　　④ 옥저

 부여의 사회 모습을 보여주는 사료이다. 부여는 왕 아래에 가축의 이름을 딴 마가, 우가, 저가, 구가라는 부족장이 존재하였으며 이들은 사출도를 다스렸다. 이들은 왕을 선출하기도 하고 흉년이 들면 왕에게 책임을 묻기도 하였다.

5 다음은 지눌의 업적을 정리한 것이다. 빈 칸에 들어갈 내용으로 적절한 것은?

> • 보조국사
> • (　　　)
> • 선종 입장에서 교종 통합
> • 돈오점수
> • 정혜쌍수
> • 수선사 조직
> • 권수정혜결사문 선포

① 천태종 개창　　　　　　② 조계종 확립
③ 왕오천축국전 집필　　　④ 화엄사상

 주어진 내용은 지눌의 업적을 정리한 것이다. 무신 정권 성립 이후 불교계가 타락하자 지눌은 정혜결사(수선사)를 조직하여 신앙 결사 운동을 전개하였다. 이러한 결사 운동은 이후 조계종으로 발전하였다. 교종의 입장에서 선종을 통합한 의천과 달리, 지눌은 선종을 중심으로 교종을 포용하는 선·교 일치의 사상 체계를 정립하였다.

Answer 2.③　3.③　4.①　5.②

6 이곳은 고려 시대에 송과 아라비아 상인 등이 드나들며 교역이 이루어진 국제 무역항으로 수도 개경과 가까운 예성강 하구에 위치해 있었다. 이곳은 어디인가?

① 의주   ② 서경

③ 합포   ④ 벽란도

 벽란도는 고려 때의 국제 무역항이다. 개경에 가까운 예성강은 물이 비교적 깊어 강어귀에서 약 20리 되는 벽란도까지 큰 배가 올라갈 수 있었으며, 송(宋)·왜(倭)·사라센(Sarasen) 등의 상인들이 그칠 사이 없이 드나들었다.

7 다음의 역사적 사건이 일어난 순서는 어떻게 되는가?

A. 무신정변
B. 위화도회군
C. 이자겸의 난
D. 귀주대첩
E. 개경환도

① D − C − E − A − B   ② D − C − A − E − B

③ E − D − C − A − B   ④ E − C − D − B − A

 귀주대첩 → 이자겸의 난 → 무신정변 → 개경환도 → 위화도회군

8 다음 중 세종대왕의 명에 의해 장영실이 제작한 발명품을 고르면?

① 거북선   ② 신기전

③ 거중기   ④ 양부일구

 앙부일구는 해시계로 종로 등에 설치하여 오가는 사람에게 시간을 알려주었다. 세종은 집현전 학자들과 함께 훈민정음을 창제하여 민족 문화를 발전시켰다.

9 다음의 내용과 관련이 있는 나라는 어디인가?

> • 상가, 고추가
> • 데릴사위제(서옥제)
> • 제가회의
> • 추수감사제(동맹)

① 고구려　　　　　　　　② 백제
③ 신라　　　　　　　　　④ 삼한

 고구려는 5부족 연맹체를 토대로 발전하였다. 왕 아래 상가, 고추가 등의 대가가 존재하였으며, 이들은 독자적인 세력을 유지하였다. 국가의 중대사는 제가회의를 통해 결정하였으며, 10월에는 추수감사제인 동맹이 열렸고 데릴사위제가 행해졌다.

10 다음의 내용과 관계있는 인물은 누구인기?

> 금강삼매경론, 대승기신론소 등을 저술하여 불교를 이해하는 기준을 확립하였으며, 불교의 대중화에 공헌하였다.

① 원효　　　　　　　　　② 의상
③ 의천　　　　　　　　　④ 지눌

 제시된 내용은 원효에 대한 내용이다.

11 다음에서 설명하는 고려 말기의 세력은 누구인가?

> • 지방의 중소지주층이나 향리 출신이 많았다.
> • 성리학을 공부하여 과거를 통해 중앙관리로 진출하였다.
> • 불교의 폐단을 지적하여 사회개혁을 적극적으로 주장하였다.

① 문벌귀족　　　　　　　② 권문세족
③ 신진사대부　　　　　　④ 무인세력

 신진사대부는 권문세족에 도전하는 고려 후기의 새로운 사회세력으로 유교적 소양이 높고, 행정실무에도 밝은 학자 출신의 관료이다.

Answer ↠ 6.④　7.②　8.④　9.①　10.①　11.③

12 다음 조선 중기 사화를 발생한 순서대로 나열하면?

> A. 갑자사화 B. 기묘사화
> C. 무오사화 D. 을사사화

① A − B − C − D
② B − A − D − C
③ C − A − B − D
④ D − A − B − C

 무오사화(1498) − 갑자사화(1504) − 기묘사화(1519) − 을사사화(1545)

13 다음의 설명과 관련이 깊은 조선 후기 화가는 누구인가?

> • 서민들의 일상 생활을 소박하고 익살스럽게 묘사
> • 서당도, 씨름도 등

① 신윤복
② 강세황
③ 장승업
④ 김홍도

 김홍도는 서민을 주인공으로 하여 밭갈이, 추수, 집짓기, 대장간 등 주로 농촌의 생활상을 그리면서 땀 흘려 일하는 사람들의 일상생활을 소박하고 익살맞게 묘사하였다.

14 다음의 내용과 관련이 깊은 사건은 무엇인가?

> • 고종이 러시아 공사관으로 거처를 옮겼다.
> • 열강에 의한 각종 이권침탈이 심화되었다.
> • 독립협회가 조직되어 환궁을 요구하였다.

① 갑오개혁
② 아관파천
③ 갑신정변
④ 임오군란

 아관파천 … 을미사변 이후 고종과 왕세자가 1896년부터 1년간 러시아 공사관에서 거처한 사건으로 친러파 정부가 구성되었다. 이로 인해 러시아는 압록강과 울릉도의 삼림채벌권 및 여러 경제적 이권을 요구하였고 다른 서구 열강들도 최혜국 조항을 들어 이권을 요구하였다. 이후 고종은 러시아의 영향에서 벗어날 것을 요구하는 내외의 주장에 따라 환궁하고 광무개혁을 추진하였다.

15 다음의 역사적 사건이 일어난 순서는 어떻게 되는가?

> A. 병자호란
> B. 삼별초 항쟁
> C. 한글 창제
> D. 3·1운동
> E. 갑오개혁

① A - B - C - D - E   ② B - A - C - D - E
③ B - A - E - C - D   ④ C - A - E - B - D

 삼별초 항쟁(1270년) → 병자호란(1636년) → 갑오개혁(1894년) → 한글 창제(1910년) → 3·1운동(1919년)

16 다음 인물들을 그들이 살아온 시대 순으로 정리하면 어떻게 되는가?

> A. 유관순   B. 김유신
> C. 왕건   D. 정약용
> E. 허준

① B - C - E - D - A   ② B - E - C - D - A
③ C - B - E - D - A   ④ C - D - E - A - B

 A. 유관순(1902. 12. 16 ~ 1920. 9. 28)
B. 김유신(595 ~ 673)
C. 왕건(877 ~ 943)
D. 정약용(1762. 6. 16 ~ 1836. 2. 22)
E. 허준(1539 ~ 1615)

Answer → 12.③ 13.④ 14.② 15.③ 16.①

17 다음의 나라들이 건국된 순서대로 바르게 정렬하면 어떻게 되는가?

> A. 고조선   B. 발해
> C. 백제   D. 고려
> E. 조선

① A − B − C − D − E ② A − B − C − E − D
③ A − C − B − D − E ④ A − C − D − B − E

 A. **고조선** : BC 108년까지 요동과 한반도 서북부 지역에 존재한 한국 최초의 국가
B. **발해** : 698년에 고구려의 장수였던 대조영이 고구려의 유민과 말갈족을 거느리고 동모산에 도읍하여 세운 나라. 수도는 건국 초기를 제외하고 상경 용천부에 두고 '해동성국'이라 불릴 만큼 국세를 떨쳤으나 926년 요나라에 멸망
C. **백제** : 서기전 18년에 부여족 계통인 온조집단에 의해 현재의 서울 지역을 중심으로 건국되었다. 4세기 중반에는 북으로 황해도에서부터 경기도 · 충청도 · 전라도 일대를 영역으로 하여 전성기를 누렸다. 그러나 660년에 나당연합군에 의해 멸망
D. **고려** : 918년에 왕건이 궁예를 내쫓고 개성에 도읍하여 세운 나라. 후삼국을 통일한 왕조로 불교와 유학을 숭상하였고, 문종 때 문물이 가장 발달하였으나 무신의 난 이후 외부의 침입에 시달리다가 1392년에 이성계에 의하여 멸망
E. **조선** : 이성계가 고려를 멸망시키고 건국한 나라이며 1392년부터 1910년까지 한반도를 통치

18 이순신 장군이 승리한 해전이 아닌 것은?

① 옥포해전 ② 한산대첩
③ 명량해전 ④ 행주대첩

 이순신 장군의 해전 순서
㉠ **옥포해전(1592. 5. 7)** : 이순신장군이 지휘하는 조선수군이 임진왜란이 일어난 후 거둔 첫 승리, 왜선 42척 격파(옥포, 합포, 적진포)
㉡ **사천해전(1592. 5. 29)** : 거북선이 처음으로 실전 투입 활약한 해전, 왜선 13척 격파
㉢ **당포해전(1592. 6. 2)** : 사천해전에 이어 두 번째로 거북선을 앞세운 전투, 왜선 21척 격파
㉣ **한산대첩(1592. 7. 8)** : 이순신 장군이 출전한 해전 중 가장 유명한 해전으로 학날개전법을 사용해 왜선을 모두소탕
㉤ **부산포해전(1592. 9. 1)** : 부산포에서 왜선 430여척과 싸운 해전, 왜선 100여척 격파
㉥ **명량해전(1597. 9. 16)** : 백의종군에서 풀려나 통제사로 돌아온 이순신장군이 단 13척이 배를 이끌고 왜선 330척과 맞서 싸운 해전, 왜선 133척을 격파
㉦ **노량해전(1598. 11. 19)** : 조선수군과 일본함대가 벌인 마지막 해전, 전투는 승리하였으나 이순신 장군은 왜군의 총탄에 전사하였으며 "나의 죽음을 알리지 말라"며 아군의 사기를 떨어뜨리지 않음

19 국보 제32호로 몽골이 고려를 침입하자 부처의 힘으로 몽골군을 물리치기 위해 만든 것은?

① 팔만대장경   ② 직지심경

③ 고려사절요   ④ 동사강목

 팔만대장경은 고려 고종 23년(1236)부터 38년(1251)까지 16년에 걸쳐 완성한 대장경으로 부처의 힘으로 외적을 물리치기 위해 만들었으며, 경판의 수가 8만 1,258판에 이르며, 현재 합천 해인사에서 보관하고 있다.

20 1372년 백운화상이선의 참뜻을 깨닫게 하려고 엮은 책으로 금속활자로 만든 세계 최초의 책은 무엇인가?

① 삼국유사   ② 팔만대장경

③ 삼국사기   ④ 직지심체요절

 직지심체요절은 고려 승려 경한이 선의 요체를 깨닫는 데 필요한 내용을 뽑아 엮은 책으로 상하 2권으로 되어 있다. 정식 서명은 백운화상초록불조직지심체요절이고, 간략하게 직지심체요절이라고 한다. 내용은 경덕전등록 · 선문염송 등의 사전 관계 문헌을 섭렵하여 역대의 여러 부처를 비롯한 조사와 고승들의 게 · 송 · 찬 · 명 · 서 · 시 · 법어 · 설법 등에서 선의 요체를 깨닫는 데 긴요한 것을 초록하여 편찬한 것이다.

21 최씨 무신정권이 고용한 군인으로서 좌별초, 우별초, 신의군으로 구성된 것은 무엇인가?

① 별무반   ② 삼별초

③ 어영청   ④ 별기군

 최씨 무신정권의 사병으로 좌별초(左別抄) · 우별초(右別抄) · 신의군(神義軍)을 말한다. 삼별초는 경찰 · 전투 등 공적 임무를 수행했으므로 공적인 군대에 준한다.

Answer ↪ 17.③   18.④   19.①   20.④   21.②

22 조선 후기, 양반 최제우가 유교, 불교, 도교, 무속신앙 등의 교리들을 합쳐 만든 우리나라 민족 종교로 '인내천'이라는 중심 사상을 가진 것은 무엇인가?

① 동학   ② 대종교
③ 천도교   ④ 실학

 동학 … 1860년 최제우가 창시한 민족 종교로 기일원론과 후천개벽 사상, 인내천 사상을 특징으로 한다. 2대 교주인 최시형이 교단과 교리를 체계화하였다. 1894년 농민전쟁에 큰 영향을 끼쳤으며, 1905년 천도교로 개칭하였다.

23 단군이 홍익인간의 이념으로 건국한 우리나라 최초의 나라는 어디인가?

① 고구려   ② 조선
③ 고조선   ④ 고려

 고조선 … 우리나라 최초의 국가. 기원전 2333년 무렵에 단군왕검이 세운 나라로, 중국의 요동과 한반도 서북부 지역에 자리 잡았으며, 위만이 집권한 이후 강력한 국가로 성장하였으나 기원전 108년에 중국 한나라에 의해 멸망하였다.

24 조선시대의 나라를 다스리는 기준이 된 최고의 법전은 무엇인가?

① 경국대전   ② 대전통편
③ 속대전   ④ 대전회통

 경국대전 … 조선시대에 나라를 다스리는 기준이 된 최고의 법전으로, 세조 때 최항, 노사신, 강희맹 등이 집필을 시작하여 성종 7년(1476년)에 완성하고, 16년(1485년)에 펴냈다.

25 다음의 사건들을 일어난 순서대로 바르게 나열하면?

> A. 척화비 건립   B. 병인양요
> C. 제너럴 셔먼호 사건   D. 오페르트 남연군 묘 도굴 미수 사건
> E. 신미양요

① A − B − C − D − E   ② B − C − A − D − E
③ C − B − D − E − A   ④ D − A − B − C − E

 제너럴 셔먼호 사건(1866) − 병인양요(1866) − 오페르트 남연군 묘 도굴 미수 사건(1868) − 신미양요(1871) − 척화비 건립

26 다음 역사적 사건을 순서대로 나열하면?

> A. 5 · 18 민주화 운동
> C. 유신헌법 공포
> B. 6월 민주 항쟁
> D 4 · 19 혁명

① D － A － B － C
② D － B － A － C
③ D － C － B － A
④ D － C － A － B

 D. 4 · 19 혁명(1960)은 3 · 15 부정선거를 원인으로 이승만 독재 정치 타도를 위해 일어난 민주혁명이다.
C. 유신헌법 공포(1972)는 박정희 정부 때 대통령에게 초법적 권한을 부여한 권위주의적 체제이다.
A. 5 · 18 민주화 운동(1980)은 10 · 26 사태 이후 등장한 신군부에 저항한 운동이다.
B. 6월 민주 항쟁(1987)은 전두환 정권 때 대통령 직선제 개헌을 요구하며 일어난 민주화 운동이다.

27 조선을 건국한 왕은 누구인가?

① 이방원
② 이방과
③ 이성계
④ 이도

 태조 이성계는 국호를 조선으로 짓고, 수도를 한양으로 옮겼으며, 정도전의 도움으로 조선의 기틀을 마련하였으며 과거제를 강화하고 중앙집권적 국가를 만들었다. 하지만 세자 책봉 과정에서 실수를 저질러 이방원의 난이 일어나는 계기를 만들었다.

28 조선시대 궁궐로 1868년 경복궁이 다시 지어질 때까지 경복궁의 역할을 대체하여 임금이 거처하며 나라를 다스리는 정궁이 된 곳은 어디인가?

① 경복궁
② 창덕궁
③ 창경궁
④ 덕수궁

 창덕궁은 정궁인 경복궁보다 오히려 더 많이 쓰인 궁궐이다. 임진왜란 때 소실된 이후 다시 지어졌고, 1868년 경복궁이 다시 지어질 때까지 경복궁의 역할을 대체하여 임금이 거처하며 나라를 다스리는 정궁 역할을 하였다. 건축사에 있어 조선시대 궁궐의 한 전형을 보여 주며, 후원의 조경은 우리나라의 대표적인 왕실 정원으로서 가치가 높다.

Answer ☞ 22.① 23.③ 24.① 25.③ 26.④ 27.③ 28.②

29 왕의 친척이나 신하가 강력한 권력을 잡고 온갖 결정을 마음대로 하는 정치 형태를 무엇이라고 하는가?

① 수렴청정

② 탕평정치

③ 대리정치

④ 세도정치

> (Tip) 세도정치 … 조선 후기 국왕이 총애하는 신하나 외척이 실권을 장악하고 행한 변태적 정치 형태로, 원래 세도란 세상을 다스리는 커다란 도리라는 뜻으로, 세도정치는 국왕이 인격과 학식 · 덕망이 높은 사람에게 높은 관직을 주어 우대함으로써 세상을 올바르게 다스리고 인심을 바로잡기 위해 행하는 정치를 뜻하는 말이었다. 그러나 일반적으로 세도정치란 정조 이후 신하들이 정권을 장악해 권세를 부리며 멋대로 행한 정치를 뜻한다.

30 기원전 18년 고구려에서 내려온 유이민들이 한강 근처의 위례성에 자리 잡고 세운 나라는 어디인가?

① 고구려

② 신라

③ 백제

④ 가야

> (Tip) 백제는 기원전 18년 고구려에서 내려온 유이민들이 한강 근처의 위례성에 자리 잡고 세운 나라로, 마한의 한 나라인 '백제국'으로부터 시작하였다.

31 출신성분에 따라 골과 품으로 등급을 나누는 신라의 신분제도를 무엇이라 하는가?

① 골품제

② 화랑도

③ 카스트

④ 화백제

> (Tip) 골품제는 출신성분에 따라 골(骨)과 품(品)으로 등급을 나누는 신라의 신분제도로, 개인의 혈통의 높고 낮음에 따라 정치적인 출세는 물론, 혼인, 가옥의 규모, 의복의 빛깔, 우마차의 장식에 이르기까지 사회생활 전반에 걸쳐 여러 가지 특권과 제약이 가해졌다. 세습적인 성격이나 제도 자체의 엄격성으로 보아, 흔히 인도의 카스트제도와 비교되고 있다.

32 신라 제27대 왕으로 진평왕의 뒤를 이은 신라 최초의 여왕은 누구인가?

① 선화공주

② 진덕여왕

③ 선덕여왕

④ 진성여왕

33 태조의 셋째 아들로 노비안검법을 제정하고, 958년 쌍기의 건의에 따라 과거 제도를 실시한 고려 제4대 왕은 누구인가?

① 목종 ② 성종
③ 경종 ④ 광종

 광종은 고려 제4대 왕(재위 949~975)으로, 태조의 넷째 아들이며 정종의 친동생이다. 노비안검법과 과거제를 실시하는 등 개혁정책을 통해 많은 치적을 쌓았다.

34 삼국시대에 낙동강 하류의 변한 땅에서 여러 작은 나라들이 모여 연맹체를 이룬 나라는 어디인가?

① 고구려 ② 신라
③ 가야 ④ 백제

Tip 가야는 기원 전후부터 562년까지 낙동강 하류지역에 있던 여러 국가들의 연맹 왕국 또는 그 지역에 위치한 각 국가들의 명칭이다. 가야는 낙동강 하류의 변한 땅에서 여러 작은 나라들이 가야 연맹 왕국을 성립한 것이며, 연맹 왕국이란 여러 마을로 이루어진 작은 국가들이 하나의 우두머리 국가를 중심으로 연맹체를 이룬 국가를 말한다.

35 우리 역사상 가장 넓은 영토를 개척했으며, 해동성국이라 불렸던 나라는 어디인가?

① 고구려 ② 발해
③ 고려 ④ 조선

Tip 발해는 698년에 고구려의 장수였던 대조영이 고구려의 유민과 말갈족을 거느리고 동모산에 도읍하여 세운 나라이다. 수도는 건국 초기를 제외하고 상경 용천부에 두고 '해동성국'이라 불릴 만큼 국세를 떨쳤으나 926년 요나라에 의해 멸망하였다.

Answer ↪ 29.④ 30.③ 31.① 32.③ 33.④ 34.③ 35.②

36 조선 후기 서민들 사이에서 유행했던 그림으로 꽃, 새, 물고기, 까치, 십장생, 산수, 풍속 등 자연 생활에서 흔히 볼 수 있는 것들이 소재가 되었던 그림을 무엇이라 하는가?

① 풍속화　　　　　　　　　　② 민화
③ 산수화　　　　　　　　　　④ 문인화

 민화 … 정통회화의 조류를 모방하여 생활공간의 장식을 위해, 또는 민속적인 관습에 따라 제작된 실용화를 말한다. 조선 후기 서민층에게 유행하였으며, 이규경의 오주연문장전산고에는 이를 속화라 하고, 여염집의 병풍·족자·벽에 붙인다고 하였다. 대부분이 정식 그림교육을 받지 못한 무명화가나 떠돌이화가들이 그렸으며, 서민들의 일상생활양식과 관습 등의 항상성에 바탕을 두고 발전하였기 때문에 창의성보다는 되풀이하여 그려져 형식화한 유형에 따라 인습적으로 계승되었다. 따라서 민화는 정통회화에 비해 수준과 시대 차이가 더 심하다. 민화는 장식장소와 용도에 따라 종류를 달리하는데 이를 화목별로 분류하면 화조영모도·어해도·작호도·십장생도·산수도·풍속도·고사도·문자도·책가도·무속도 등이 있다.

37 다음과 같이 주장한 학자는 누구인가?

> 재물이란 우물의 물과 같다. 퍼내면 차게 마련이고 이용하지 않으면 말라 버린다. 그렇듯이 비단을 입지 않기 때문에 나라 안에 비단 짜는 사람이 없고, 그릇이 찌그러져도 개의치 않으며 정교한 기구를 애써 만들려 하지 않으니, 기술자나 질그릇 굽는 사람들이 없어져 각종 기술이 전해지지 않는다. 심지어 농업도 황폐해져 농사짓는 방법을 잊어버렸고, 장사를 해도 이익이 없어 생업을 포기하기에 이르렀다. 이렇듯 사민(四民)이 모두 가난하니 서로가 도울 길이 없다. 나라 안에 있는 보물도 이용하지 않아서 외국으로 흘러 들어가 버리는 실정이다. 그러니 남들이 부강해질수록 우리는 점점 가난해지는 것이다.

① 박제가　　　　　　　　　　② 유형원
③ 홍대용　　　　　　　　　　④ 박지원

 박제가는 18세기 후기의 대표적인 조선 실학자로, 북학의를 저술하여 청나라 문물의 적극적 수용을 주장하였다. 또한 절약보다 소비를 권장하여 생산의 자극을 유도하였으며 수레와 선박의 이용, 상공업의 발달을 주장하였다.

38 불교를 도입하고, 태학을 설립하였으며 율령을 반포하는 등 국가체제를 정비하여 5세기 고구려 전성기의 기틀을 마련한 고구려의 제17대 왕은 누구인가?

① 광개토대왕　　　　　　　　② 장수왕
③ 소수림왕　　　　　　　　　④ 고국천왕

소수림왕은 고구려의 제17대 왕으로, 재위 기간은 371~384년이다. 불교를 도입하고, 태학을 설립하였으며 율령을 반포하는 등 국가 체제를 정비하여 5세기 고구려 전성기의 기틀을 마련하였다.

39 백제가 왜 왕에게 하사한 철제 칼로 일본 국보로 지정되어 있는 이 칼의 이름은 무엇인가?

① 첨자도   ② 은장도

③ 단도   ④ 칠지도

 칠지도 … 백제 왕세자가 왜왕에게 하사한 철제 칼로, 길이 75cm 정도의 곧은 칼에 몸체 좌우로 3개씩 가지 모양이 엇갈린 배열로 나와 있다. 때문에 모두 7개의 칼날을 이루고 있어 칠지도라 이름 붙여졌다. 일본 나라현의 이소노카미 신궁에 소장되어 있으며 1953년에 일본 국보로 지정되었다. 우리나라에는 칠지도에 관한 특별한 기록이 없으나, 일본에서 만든 일본서기에 '백제가 일본에 하사하였다.'라고 기록되어 있다. 4세기 후반 근초고왕 때 일본으로 전해진 것으로 보이며 뛰어난 백제의 제철 기술을 알 수 있다.

40 꽃처럼 아름다운 청년이라는 뜻의 신라시대의 청소년 수련단체는 무엇인가?

① 향도   ② 백화도

③ 화랑도   ④ 수호대

 화랑도는 신라 때에 있었던 화랑의 무리를 일컫는 말로, 꽃처럼 아름다운 남성의 무리라는 의미를 갖는다.

41 백제의 장군으로 5,000명의 결사대를 이끌고 죽을 각오로 황산벌에서 전투를 한 사람은 누구인가?

① 을지문덕   ② 관창

③ 연개소문   ④ 계백

백제 말기의 장군으로, 나당연합군이 백제를 공격하자 군사 5,000명을 이끌고 출전하여 황산벌에서 신라 김유신의 군대와 맞서 네 차례나 격파하였다.

Answer ⇢ 36.②   37.①   38.③   39.④   40.③   41.④

42 수나라의 대군을 상대로 살수에서 수나라군 30만을 수장시키며 고구려와 수나라의 전투를 승리로 이끈 장군의 이름은 무엇인가?

① 을지문덕
② 연개소문
③ 김유신
④ 강감찬

 을지문덕 … 고구려 26대 영양왕 때의 장수로, 계루부 출신의 귀족이다. 지략과 무용에 뛰어났고 시문에도 능했다. 영양왕 23년(612)에 수양제가 거느린 수나라 군사 200만을 살수에서 전멸시켰다.

43 신라 진평왕 때 승려 원광이 화랑에게 일러 준 다섯 가지 계율인 세속오계가 아닌 것은?

① 사군이충
② 부부유별
③ 교우이신
④ 임전무퇴

 세속오계 … 원광이 수나라에서 구법하고 귀국한 후, 화랑 귀산과 추항이 찾아가 일생을 두고 경계할 금언을 청하자, 원광이 이 오계를 주었다고 한다. 사군이충(事君以忠 : 충성으로써 임금을 섬긴다) · 사친이효(事親以孝 : 효도로써 어버이를 섬긴다) · 교우이신(交友以信 : 믿음으로써 벗을 사귄다) · 임전무퇴(臨戰無退 : 싸움에 임해서는 물러남이 없다) · 살생유택(殺生有擇 : 산 것을 죽임에는 가림이 있다)이다. 이는 뒤에 화랑도의 신조가 되어 화랑도가 크게 발전하고 삼국통일의 기초를 이룩하게 하는 데 크게 기여하였다.

44 돌로 구불구불한 도랑을 타원형으로 만들고, 그 도랑을 따라 물이 흐르게 만든 정원으로, 신라귀족들은 이 물줄기의 둘레에 둘러앉아 흐르는 물에 잔을 띄우고 시를 읊으며 화려한 연회를 벌였다고 한다. 훗날 경애왕이 이곳에서 화려한 연회를 벌이던 중 뜻하지 않은 후백제군의 공격을 받아 잡혀죽었다는 일화가 전하기도 하는 이곳은 어디인가?

① 안압지
② 포석정
③ 경회루
④ 팔각정

 포석정 … 경상북도 경주시 배동에 있는 통일신라시대의 정원 시설물이다. 돌로 구불구불한 도랑을 타원형으로 만들고 그 도랑을 따라 물이 흐르게 만든 것으로서, 신라귀족들은 이 물줄기의 둘레에 둘러앉아 흐르는 물에 잔을 띄우고 시를 읊으며 화려한 연회를 벌였다. 기록상으로는 880년대에 신라 헌강왕이 이곳에서 놀았다는 것이 처음 나타나나, 7세기 이전부터 만들어졌던 것으로 추측된다. 927년 11월 신라 경애왕이 이곳에서 화려한 연회를 벌이던 중 뜻하지 않은 후백제군의 공격을 받아 잡혀죽었다고 전하는 곳이다.

45 통일신라시대 서원경 근처 4개 촌락의 여러 가지 경제생활을 기록한 토지문서로 남녀별, 연령별 인구와 노비의 수 등이 기록되어 있는 것은 무엇인가?

① 토지대장

② 노비문서

③ 민정문서

④ 촌주일지

 민정문서 … 통일신라시대의 경제생활을 알 수 있는 중요한 토지 문서로 1933년 일본 동대사 정창원에서 발견되어 현재 일본에 소장되어 있다. 755년경 서원경 인근 네 개 마을에 대한 인구·토지·마전·과실나무의 수·가축의 수를 조사한 문서로, 촌주가 3년마다 촌의 노동력 징발과 조세, 공납 징수를 잘 하기 위해 작성한 것이다. 노동력 징발을 위해 나이·남녀별로 인구를 조사하였고, 조세와 공납을 징수하기 위해 토지·가축의 수, 과실나무의 수 등 개인의 재산 정도를 기록하였다.

46 통일신라시대 때 군사제도를 정비하면서 만든 중앙군으로 옛 삼국인과 말갈인을 포함시켜 민족 융합을 도모한 군대는 무엇인가?

① 9주

② 5소경

③ 9서당

④ 10정

 9서당 … 신라의 중앙에 배치된 9개 부대이다. 통일 이후 수도의 방어와 치안을 맡은 핵심적 중앙군단을 말한다. 통일 이전인 진평왕 때 녹금서당(신라인)·자금서당(신라인) 등 2개의 서당이 조직되었는데, 통일이후 문무왕 때 백금서당(백제인)·비금서당(신라인)이 설치되고, 신문왕 때 황금서당(고구려인)·흑금서당(말갈인)·벽금서당(보덕국인)·적금서당(보덕국인)과 청금서당(백제인)이 추가되어 9서당으로 완성되었다.

47 청해진을 설치해 우리나라에서 최초로 동아시아 바다를 지배해 바다를 통한 교역을 연 신라의 인물은 누구인가?

① 대조영

② 장영실

③ 최무선

④ 장보고

 장보고 … 신라 흥덕왕 때의 장수로, 본명은 궁복이다. 중국 당나라에 들어가 무령군 소장이 되었다가 돌아와, 청해진 대사로 임명되어 황해와 남해의 해적을 없애고 해상권을 잡았으며, 신라와 당의 교역을 활발하게 하였다. 희강왕 2년(837) 왕위 계승 다툼에서 밀려난 김우징이 청해진으로 오자 이듬해 같이 반란을 일으켜 민애왕을 죽이고 우징, 곧 신무왕을 왕으로 즉위시켰다. 후에 그의 세력에 불안을 느낀 문성왕의 자객 염장에게 살해되었다.

Answer 42.① 43.② 44.② 45.③ 46.③ 47.④

48 삼국시대에 신라와 백제가 고구려의 남진을 막기 위해 체결한 동맹은 무엇인가?

① 나당동맹 　　　　　　　　 ② 조명동맹

③ 나려동맹 　　　　　　　　 ④ 나제동맹

 나제동맹 … 고구려의 장수왕은 427년에 평양으로 천도하고 남진정책을 추진하였다. 이에 위협을 느낀 신라와 백제는 433년(고구려 장수왕 21, 신라 눌지왕 17, 백제 비유왕 7)에 우호관계를 맺으며 나제동맹이 성립되었다.

49 고구려의 명장이자 안시성전투를 승리로 이끈 안시성의 성주는 누구인가?

① 양만춘 　　　　　　　　 ② 온사문

③ 최영 　　　　　　　　　 ④ 김종서

 양만춘 … 고구려 보장왕 때 안시성의 성주로, 연개소문이 정변을 일으켰을 때 끝까지 싸워 성주의 지위를 유지하였으며, 당나라 태종이 침공하였을 때도 당나라군을 물리쳤다.

50 백제의 13대 왕으로, 백제의 전성기를 이끌었던 왕은 누구인가?

① 비류왕 　　　　　　　　 ② 근초고왕

③ 개로왕 　　　　　　　　 ④ 동성왕

 근초고왕 … 백제 제13대 왕이며, 재위 기간은 346년 ~ 375년까지이다. 4세기 중반 백제의 전성기를 이룩한 왕이다. 북으로는 고구려 평양성을 공격해 고국원왕을 전사시켰으며, 남으로는 마한을 완전히 정복해 백제의 영토를 최대로 확장시켰다. 또한 바다 건너 중국의 동진, 왜와 교류하기도 했다. 안으로는 부자 상속의 왕위 계승 체제를 확립시켰으며, 박사 고흥으로 하여금 역사서인 서기를 편찬하게 했다. 백제는 고이왕을 지나 근초고왕에 이르러 전성기를 맞이했다.

Answer ⌐→ 48.④　49.①　50.②

MEMO

MEMO

여러분을
응원합니다

수험서 전문출판사 **서원각**

목표를 위해 나아가는 수험생 여러분을 성심껏 돕기 위해서 서원각에서는 최고의 수험서 개발에 심혈을 기울이고 있습 니다. 희망찬 미래를 위해서 노력하는 모든 수험생 여러분을 응원합니다.

공무원 대비서

취업 대비서

군 관련 시리즈

자격증 시리즈

동영상 강의

서원각 동영상강의와
도전하라!

🎥 www.sojungmedia.com
홈페이지에 들어오신 후 서원각 알짜 강의, 샘플 강의를 들어보세요!

자 격 증

건강운동관리사
사회복지사 1급
사회조사분석사 2급
임상심리사 2급
관광통역안내사
청소년상담사 3급

군 관 련 (부사관/장교)

육군부사관
공군장교
공군 한국사
육군·해군 근현대사

공 무 원

소방공무원 소방학개론
소방공무원 생활영어
9급 기출해설(국어/영어/한국사)
9급 파워특강(행정학개론/교육학개론)
기술직 공무원(물리·화학·생물)

BIG EVENT

시험 보느라 고생한 수험생 여러분들께 서원각이 쏜다! 쏜다!
네이버 카페 기업과 공사공단에 시험 후기를 남겨주신 모든 분들께 비타 500 기프티콘을 드립니다!

선물 받는 방법

① 네이버 카페 검색창에서 [기업과 공사공단]을 검색해주세요.

② 기업과 공사공단 필기시험 후기 게시판에 들어가 주세요.

③ 기업체 또는 공사·공단 필기시험에 대한 후기 글을 적어주세요.

자격증 BEST SELLER

매경TEST 출제예상문제

TESAT 종합본

청소년상담사 3급

임상심리사 2급 필기

유통관리사 2급 종합기본서

직업상담사 1급 필기·실기

사회조사분석사 사회통계 2급

초보자 30일 완성 기업회계 3급

관광통역안내사 실전모의고사

국내여행안내사 기출문제

손해사정사 1차시험

건축기사 기출문제 정복하기

건강운동관리사

2급 스포츠지도사

택시운전 자격시험 실전문제

수산물품질관리사